ASAMI KIYOKAWA
5 STITCH STORIES

清川あさみ作品集

Contents 目次

004　　Preface　　はじめに

005　　Stitch Story 1　Space　　空間
　　　　ドレス「pathos」/ Complexシリーズ / Dream Timeシリーズ /
　　　　光るおうち / 空間デザイン
　　　　文：浅井俊裕

035　　Stitch Story 2　Photographs　　写真
　　　　HAZY DREAM / Re: / 美女採集 / 美女採集neo / 宝塚歌劇団 × 清川あさみ /
　　　　伊藤 歩 × 清川あさみ / 城田 優 / 早乙女太一 / TOKYO MIRRORS
　　　　文：秋元 康

131　　Stitch Story 3　Books and Literature　　文学
　　　　絵本『幸せな王子』より / 絵本『人魚姫』より / 絵本『銀河鉄道の夜』より /
　　　　雑誌『すばる』より /
　　　　作品集『futo ― Kiyokawa Asami × Takimoto Mikiya × Morimoto Chie』/
　　　　書籍装画 / 書籍『com-po-ji』より
　　　　文：武田双雲 / 山崎ナオコーラ

165　　Stitch Story 4　Fashion　　ファッション
　　　　ETRO × SWITCH Show Window Collaboration /
　　　　松屋銀座　2009 CHRISTMAS STARS made with CRYSTALLIZED™ - Swarovski Elements /
　　　　木村カエラ × 清川あさみ / ファッションビル広告 / 花魁 / 書籍『PRISM』より
　　　　文：ヤコポ・エトロ

185	Stitch Story 5　Communication	コミュニケーション

CD・DVD / CM / カレンダー / イラストレーション・アート作品
文：VERBAL

212	Asami Kiyokawa's Biography	略歴
215	Asami Kiyokawa at Work	清川あさみの制作現場
216	Words for Stitch Stories	清川あさみの言葉
218	Description of Works	作品解説
220	Index	作品インデックス

Preface　はじめに

私は自分自身が一番見たいと思う世界をいつも創りたいと思っています。

リアルとファンタジーは常に同一線上に並んでいて私をじっと見つめています。

そのことから目を逸らさないように向かい合いながら創っています。

本書はそんな一瞬一瞬を10年間積み重ねた軌跡の一部です。

これから先、どんな作品が生まれるか私にも想像がつきません。

でも確かなことは

自分自身が一番見たいと思う世界であり続けるということです。

清川あさみ

空間

[01] **Stitch Story** Space

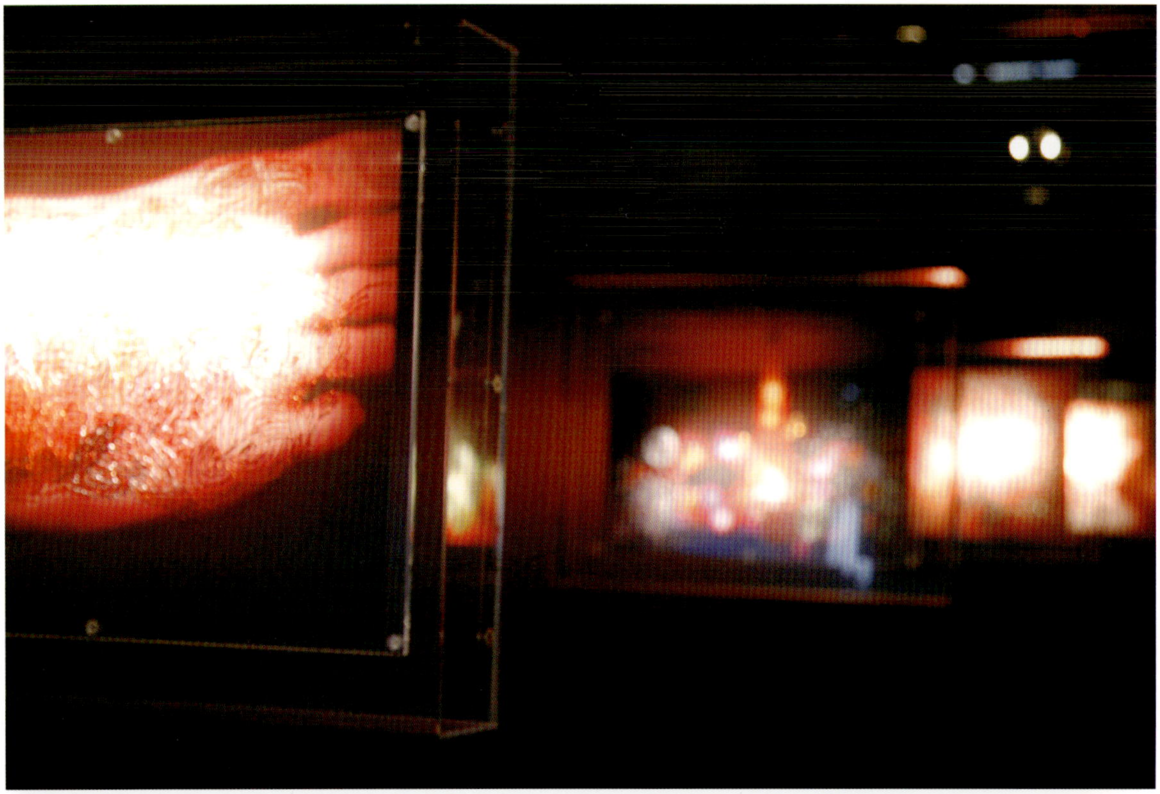

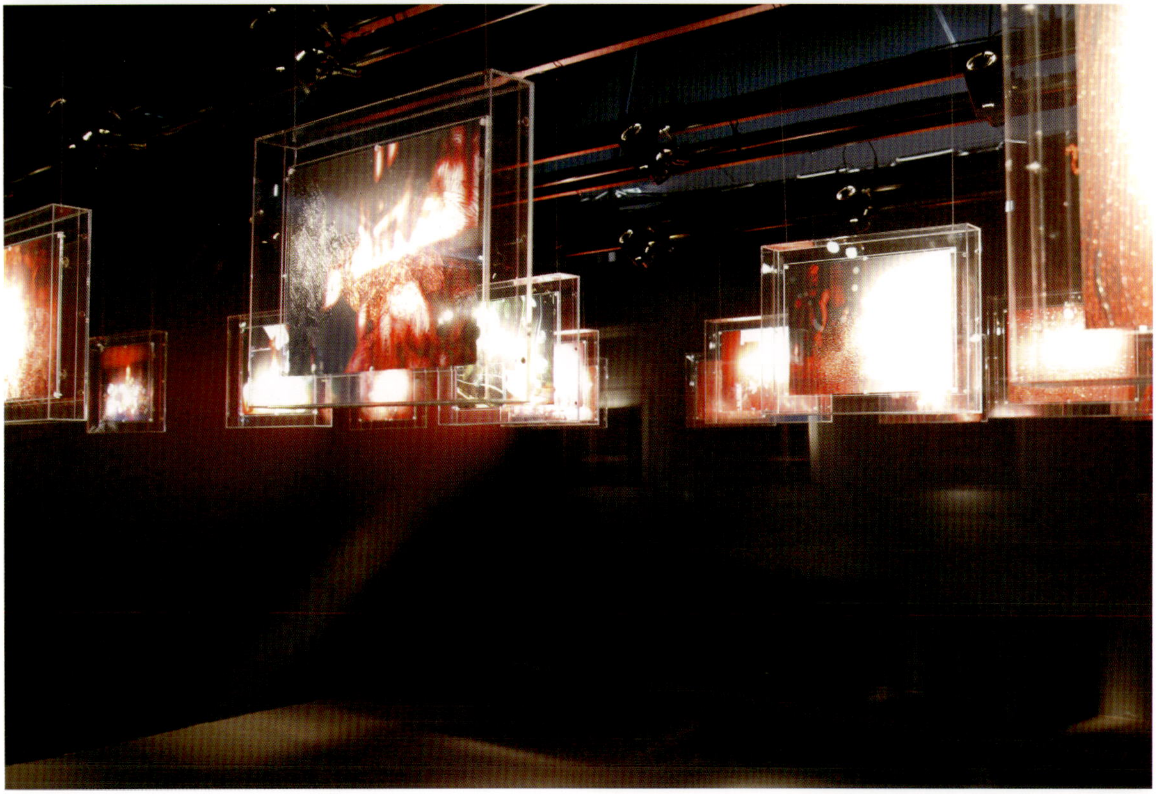

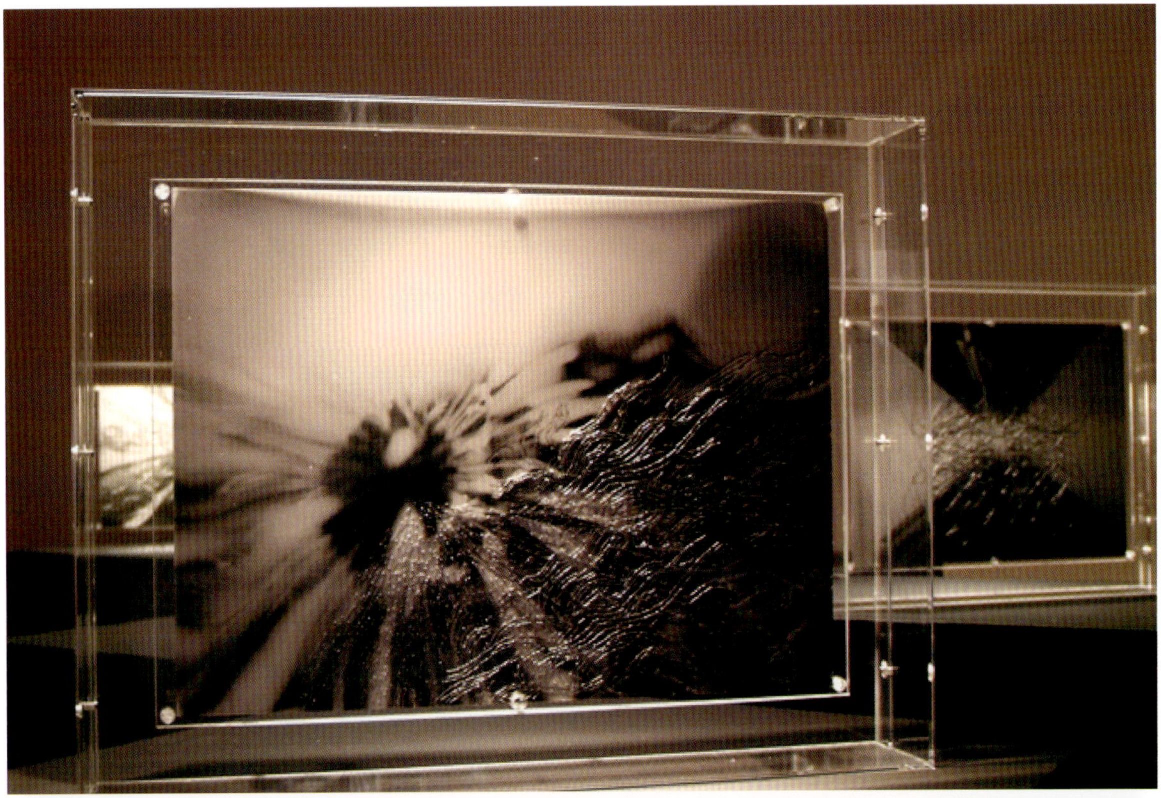

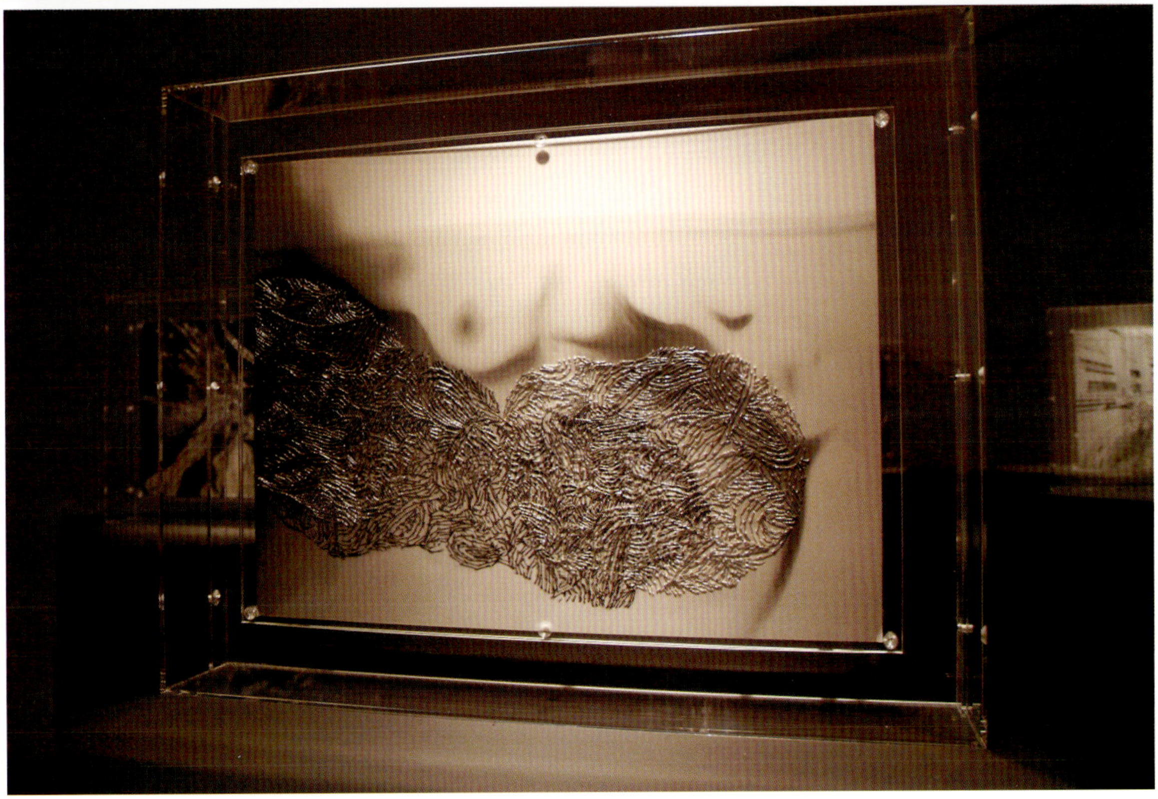

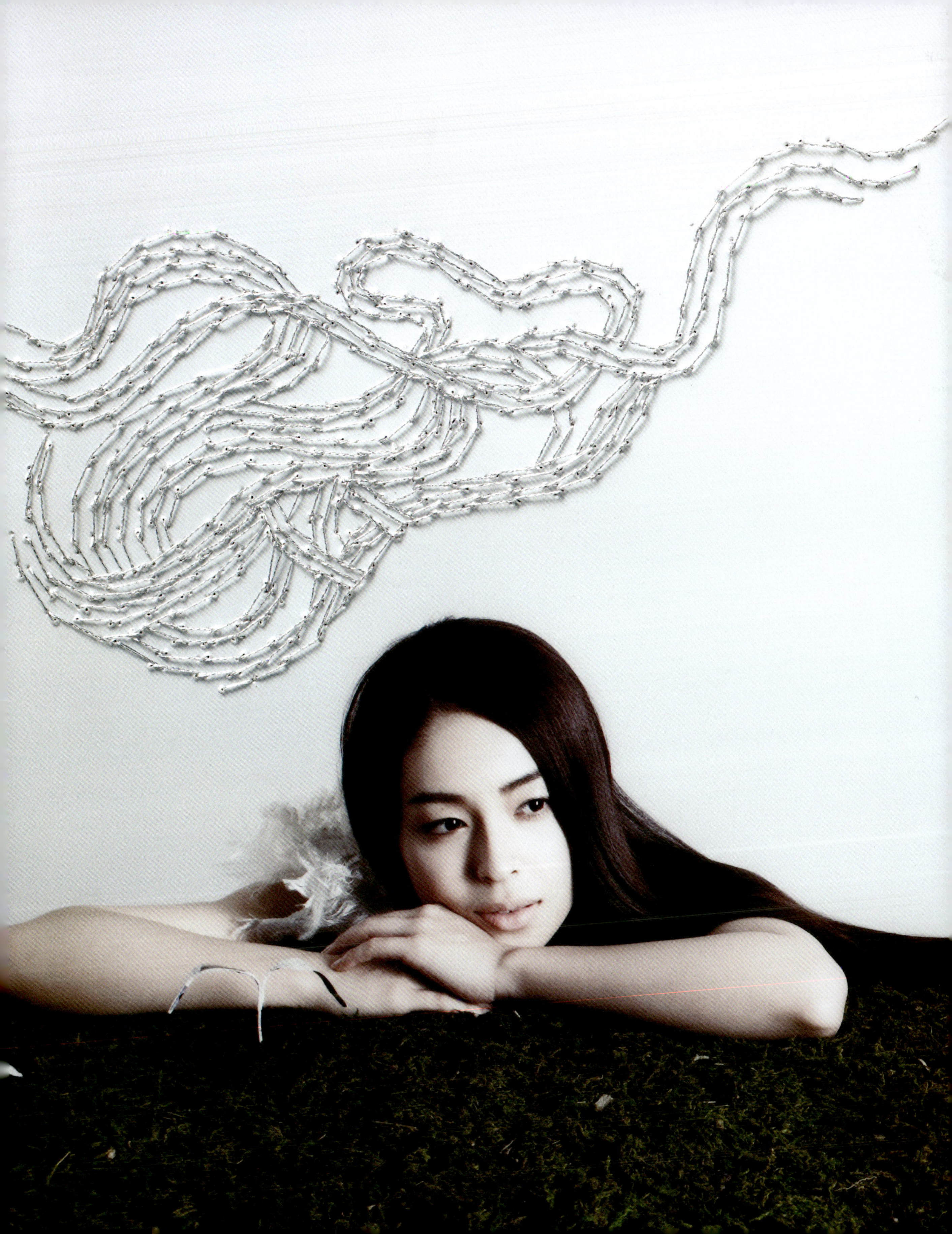

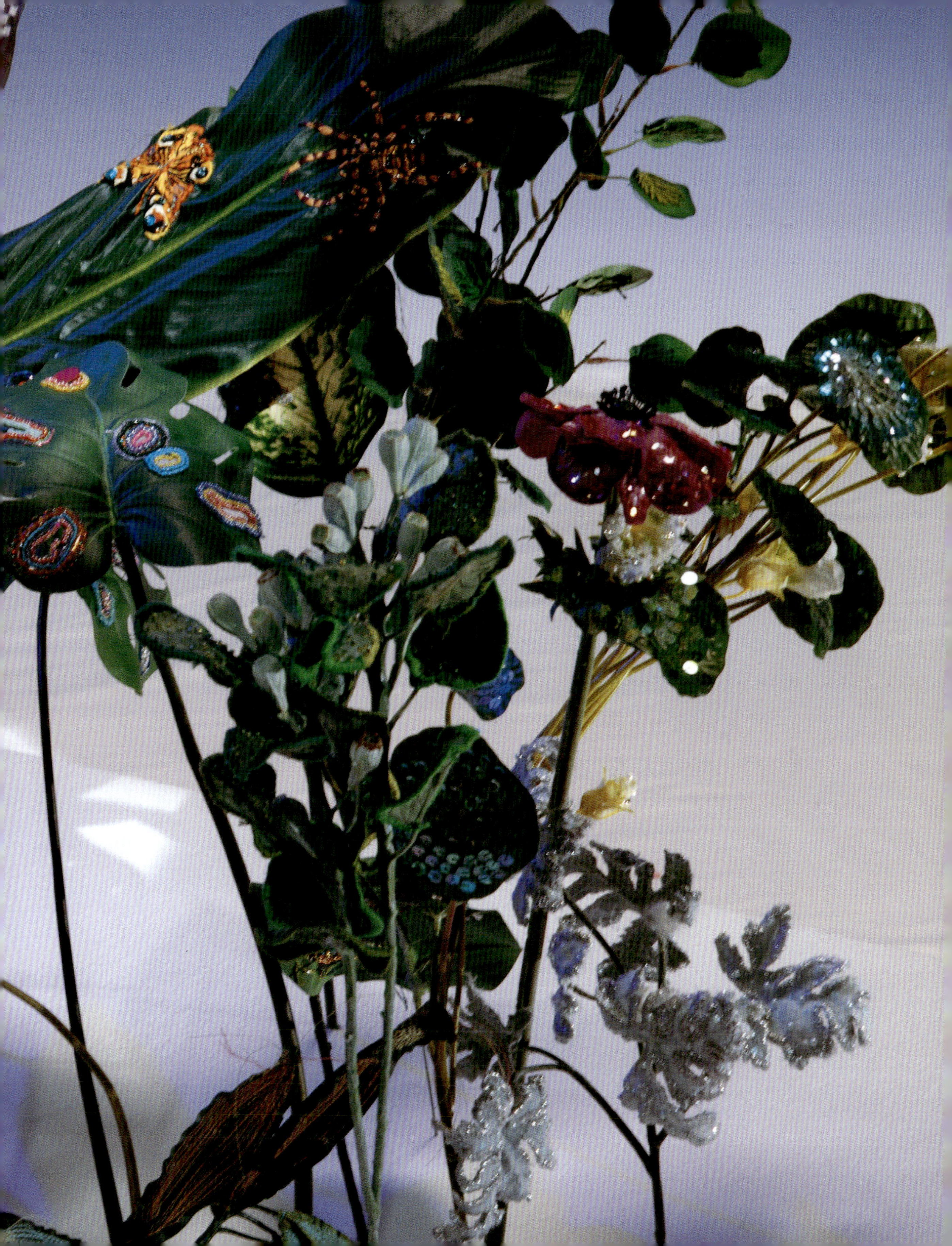

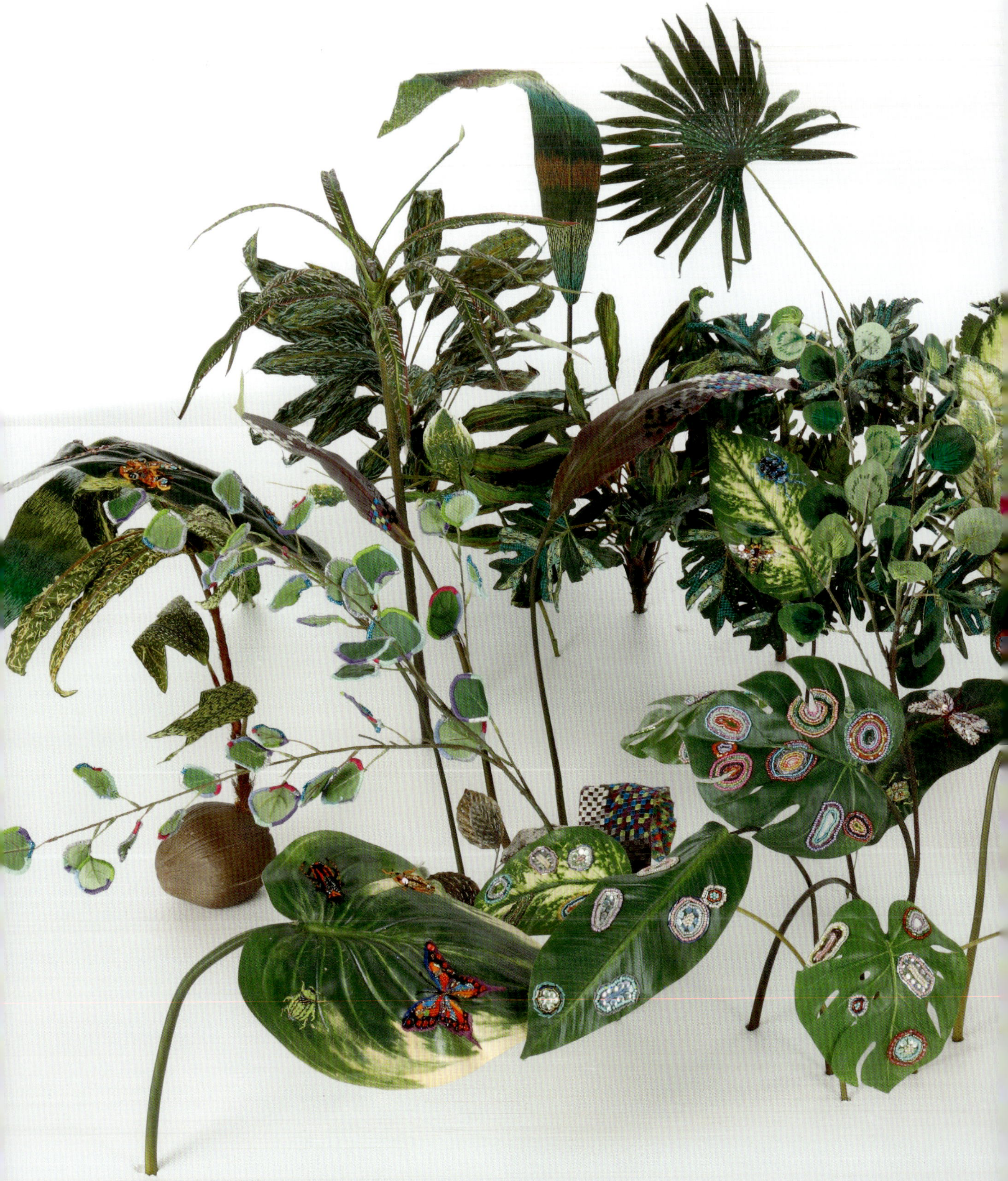

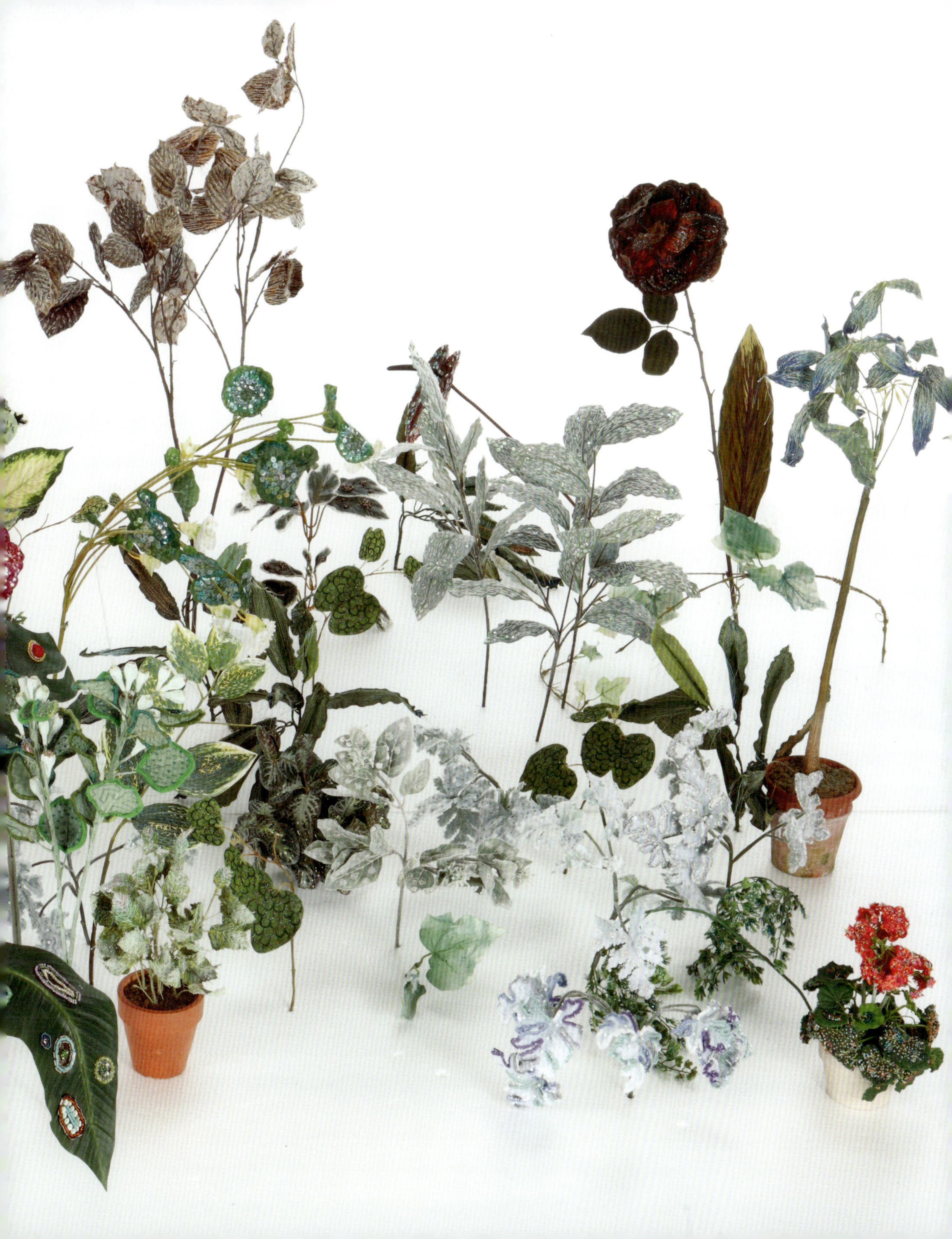

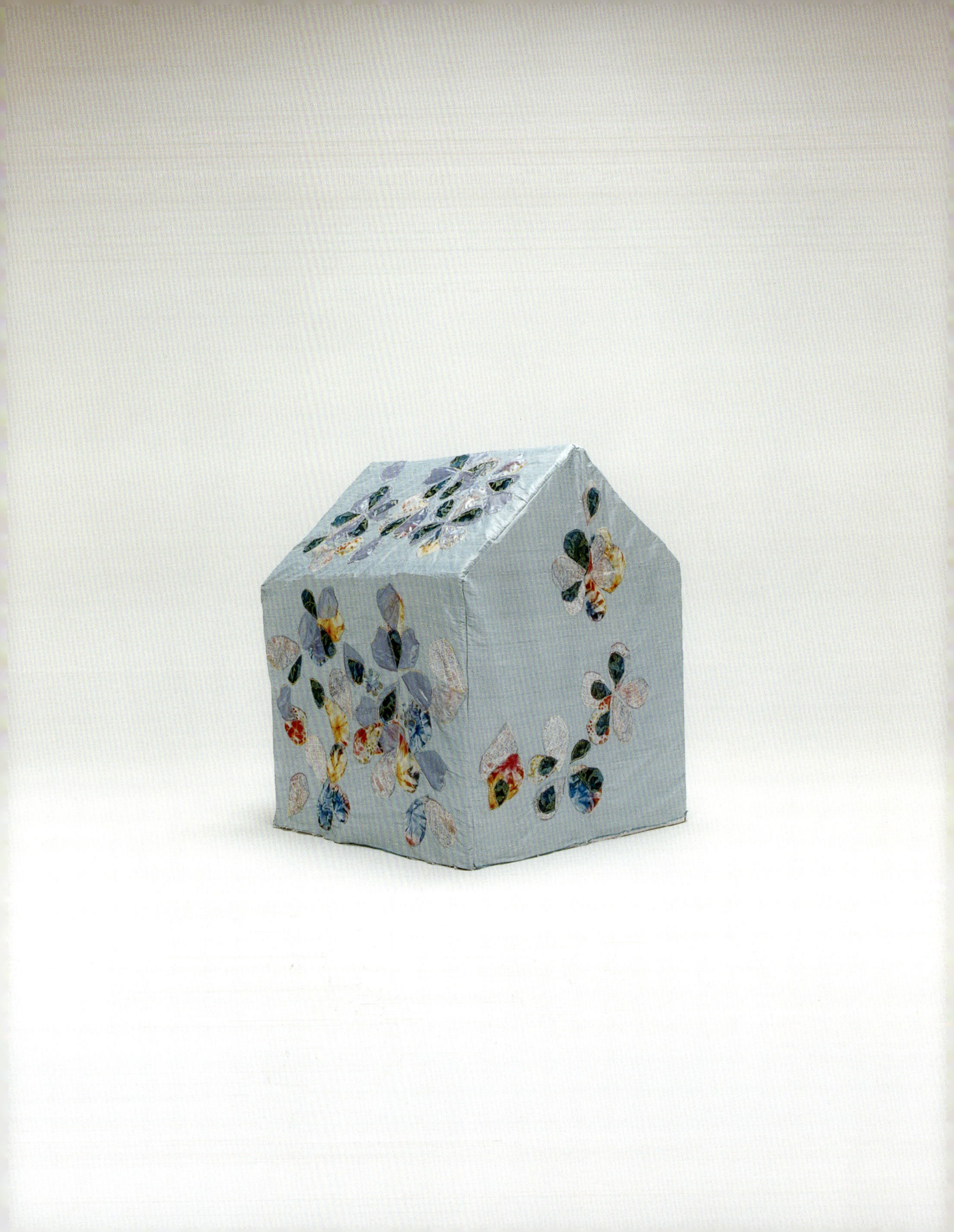

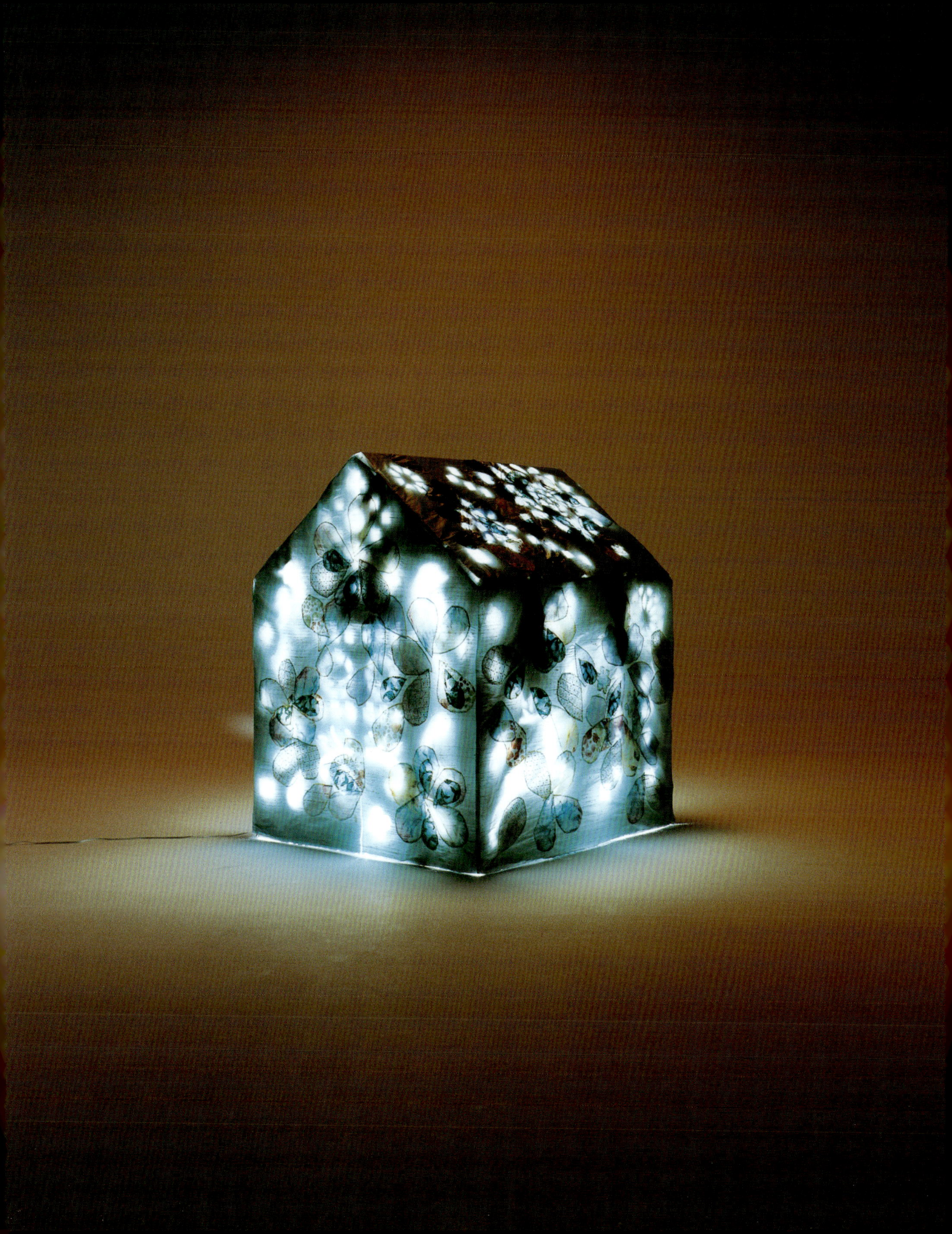

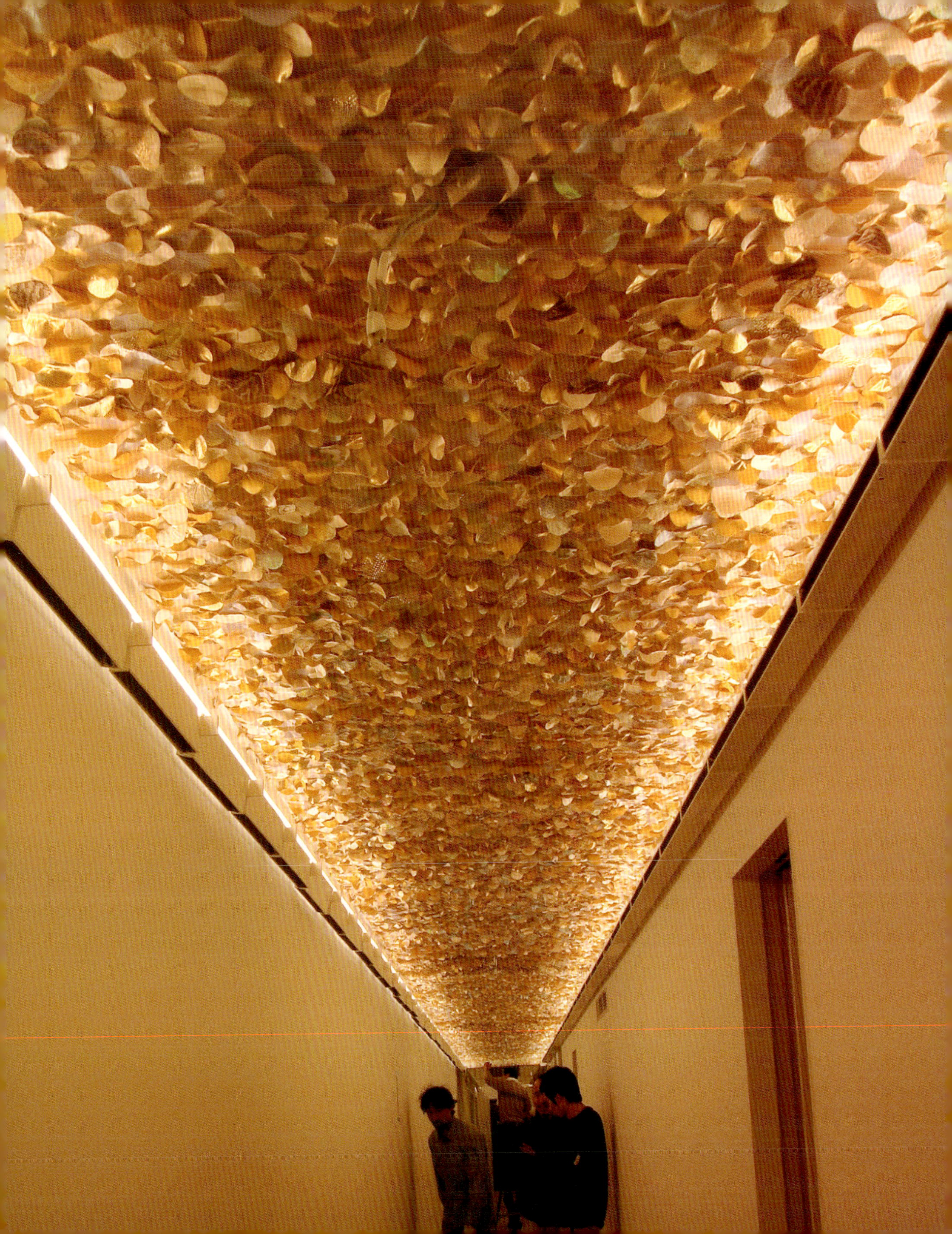

031

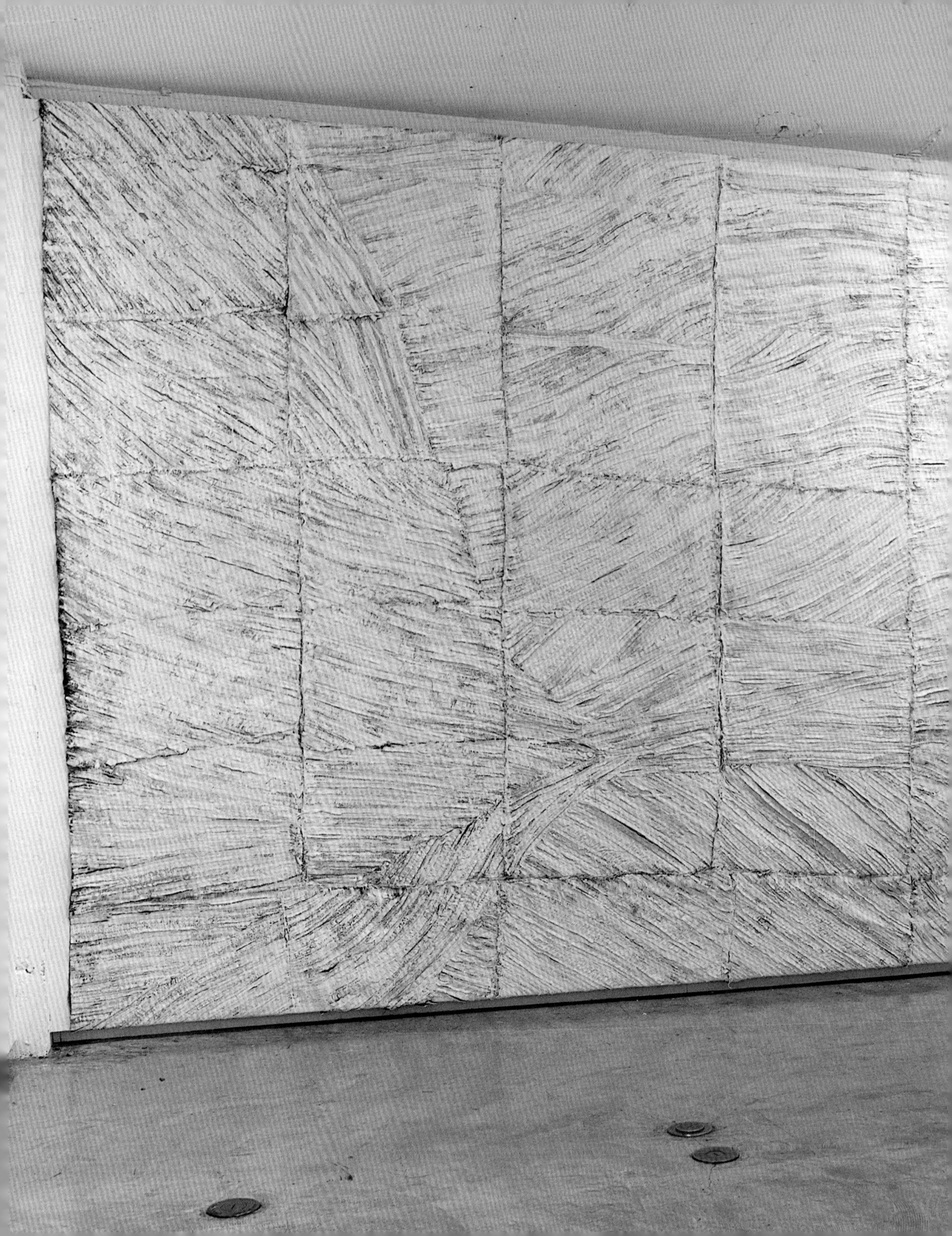

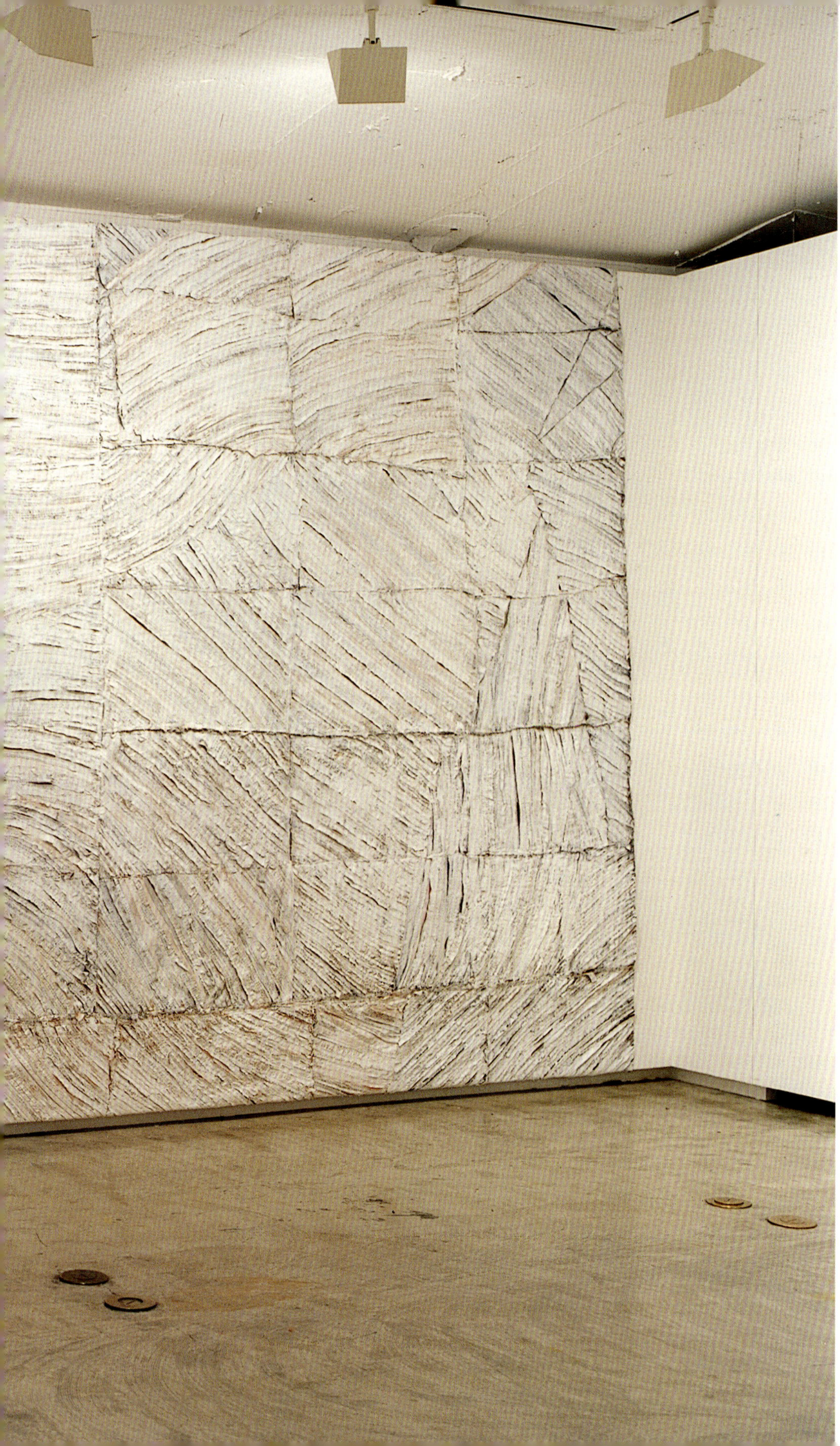

刺し傷の快楽

　清川あさみは、文化服装学院在学中からファッション誌でモデルとして活躍し、その後も糸や布を使った独特な作品をはじめ、衣装、空間デザイン、広告、アートディレクション等、幅広い分野で才能を発揮している。

　いわゆる"ファインアート"の作品としては、刺繍やキルティングといった手工芸的な手法を生かした煌びやかな作品を作っているが、そのなかでもとくに人物写真に針と糸で直接刺繍を施した《Complex》という作品群は、写真というものの呪術性をあらためて考えさせられる魅惑的なシリーズだ。私たちは写真にはありのままの現実が記録されていると思っているが、その意識は同時に写されたものが写真の中に保存されているような錯覚を生み出している。たとえば愛する人の写真を破けない、あるいは逆にフラれた恋人の写真を燃やしてせいせいする、といった行為は限られた人だけのものではないはずだ。冷静に考えれば、こうした意識はフェティシズム(呪物崇拝)に過ぎないと言ってしまうこともできる。焼き増した写真はただの紙でしかないのだから、たとえ写真を破ったとしてもそこに写っている被写体にも破った者にも何の災いも起こらないはずだ。しかし私たちは写真につい特別な感情を抱いてしまうので、清川のように写真に針を刺したり縫ったりされると、被写体となっているモデルの身体が実際に針で縫われているようで痛々しい気持ちになってくるのである。

　同じように造花に刺繍したりラメを縫い込んだりした《Dream Time》も見る者に奇妙な感覚を呼び覚ます。布や樹脂で作られた、本来生きていないはずの造花は、縫われることによって生命を吹き込まれる。ここで今さら「偉大な芸術家は生きているように対象を描くことができる」などという青臭い主張をしたいわけではない。縫うという行為、すなわち対象物に直接触りながらひと針ずつ刺し綴るという行為は、その対象物が確かに存在していることを確かめる作業でもあり、見る者もその行為の痕をたどることで造花というものの存在、つまり造花の生と死を確かめるのである。その意味で造花は清川によって命を得ることになるのだ。

　この奇妙な感覚は、フランスの批評家ロラン・バルトの示唆に富んだ写真論を連想させる。彼は「対象が現実のものであったということを保証することによって、写真はひそかに、対象が生きているものであると思い込ませるのだが、その原因はわれわれの錯覚にある。われわれはとかく『現実のもの』に、絶対的にすぐれた、いわば永遠の価値を与えてしまうのだ。しかし写真は、その現実のものを過去へ押しやる(《それは=かつて=あった》)ことによって、それがすでに死んでしまっているということを暗示する」(『明るい部屋』P.97)という。つまり、死体や静物の写真であってもそれを見たとき、その対象が実在していた、すなわち死体が死体として、静物が静物として、生きていたという感情が、たとえ錯覚によるにしろ、生起する。しかし、今度は逆に生きているものが対象であっても、写真は、その対象が写された瞬間は戻ってこないという意味では、それが死んでいることを示すのだ。写真は、そこに写っているものが確かに存在したがもはやそこには存在しないことを暗示する、存在と不在の複合体なのである。

　存在と不在を合わせもつ写真というものを素材とした《Complex》はまた視覚と触覚の複合体でもある。被写体の痛みを目を通じて私たちは感じとるからだ。そしてそこには生／死、美／醜、好き／嫌いといった、相反するけれども簡単には整理できない感情への思い—まさに心の底に抑圧された感情の複合体としての「コンプレックス」も込められている。清川は、ラメやスパンコールといった美しい素材で女性のさまざまな欲望を表現しているが、こうした複合した欲望は至高の瞬間に訪れる死としてしか成就しないようなものなのかもしれない。そんな想いを空間作品として表現したのが、高さ10メートルにも及ぶ大作《Pathos》だ。無数の骸骨の手をデザインしたオリジナルの布で作られたこの巨大な白いドレスは、美しさと隣り合わせの破滅、究極の恍惚としての死をイメージさせるような作品である。

　ここではもはや生／死、美／醜、好き／嫌いといった、単純な二項対立は意味をもたない。同じく、彼女の作品をファインアート／コマーシャルアート(あるいはサブカルチャー)という二項対立で計ることにも意味がない。

　かつてファインアートと呼ばれるものは、日常的な価値観に疑いをもたないコマーシャルアートやサブカルチャーに対して異を唱えることでアイデンティティを保っていたが、いまやこの対立構造にこだわること自体が古風に思える。「ポップや反芸術による嘲弄がすべてあれほどたやすく『回収』されるのは、それらが神話の一部であり、本書の冒頭でふれたモノの形式的儀礼のなかで対偶主題となって神話を完成させるからである」と、モノと現代社会の在り様をシニカルに分析した『消費社会の神話と構造』の末尾(P.310)でジャン・ボードリヤールが述べているように、二項対立の構造を信じる無邪気な思考は、各項が取り換え可能な差異の集合でしかないという現実から目をそらさせ、むしろアートにまつわる神話を硬直化させるだけなのだ。

　それに対して、清川あさみというアーティストは、ファインアート／コマーシャルアートというそれぞれの枠組みや対立構造にとらわれず、多様なクリエイティブ活動においてその都度高いクオリティを保ちつつ、たえずその場から軽やかに逸脱し続けている。どの陣営に対するコンプレックスも無いように思えるところが彼女の特異さでもあり、そんな彼女のアートに対する立ち居振る舞いは、刺繍をしているときのように無心でクールだ。

　ところで先のバルトは、写真の魅力を分析するのに際し「プンクトゥム」というオリジナルの概念をもち出していた。プンクトゥムとは、ラテン語で刺し傷、小さな穴、小さな斑点、小さな裂け目のことである。ある種の写真の〈細部〉はまさに「私を突き刺す」のである。プンクトゥムは写真を活気づけ、〈私〉の心に突き刺さり、〈私〉の心を掻き乱す。それは「不意にやってくるもの」であり、欲望をかきたて、享楽や苦悩を伴い、見る者をフレームの外に連れ出す。同じように清川の針も、見る者を突き刺し、欲望をかきたて、ファインアート／コマーシャルアートという陳腐な対立構造を超えたところに見る者を連れ出すのである。

水戸芸術館現代美術センター芸術監督
浅井俊裕　Toshihiro Asai

写真

[02] **Stitch Story** Photographs

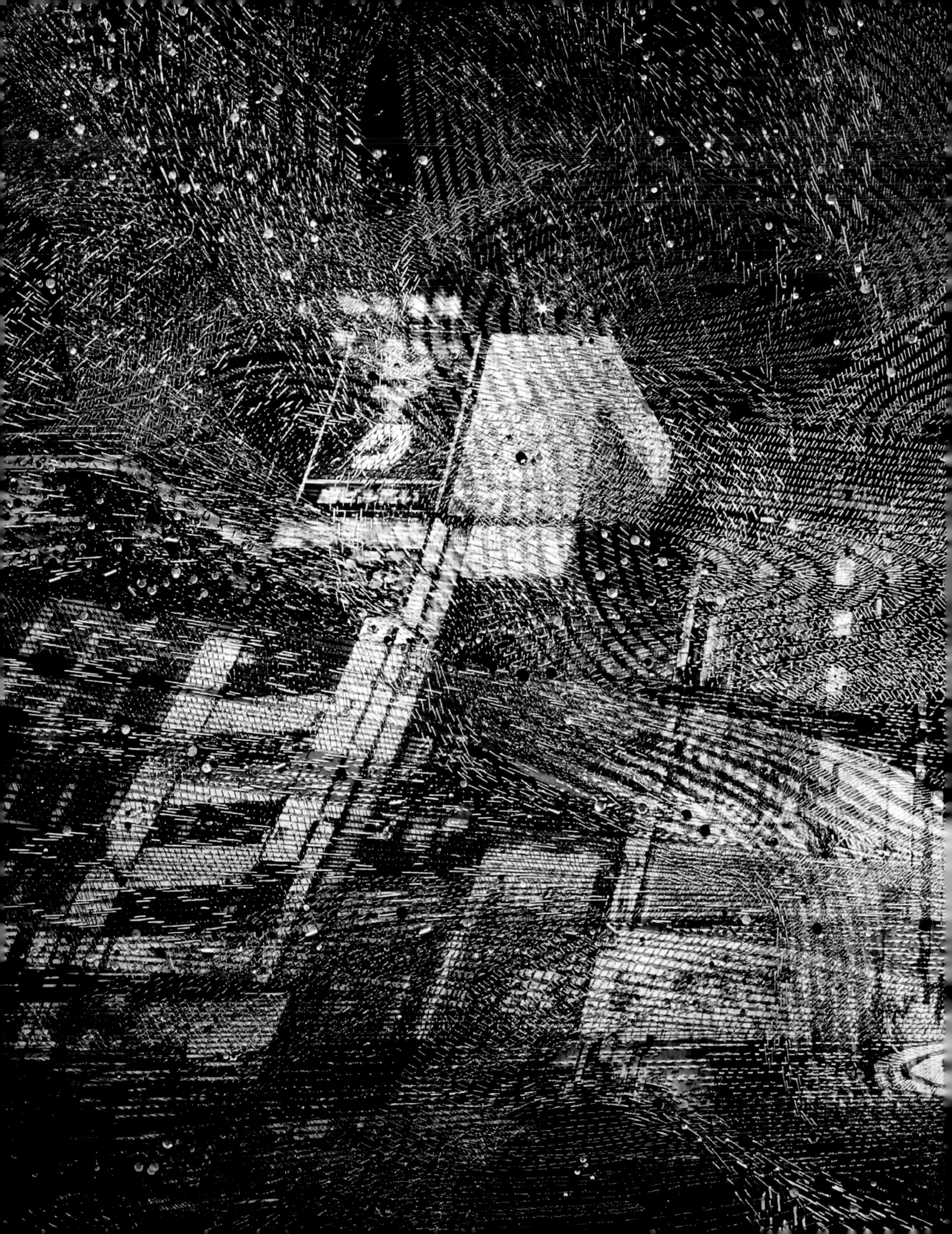

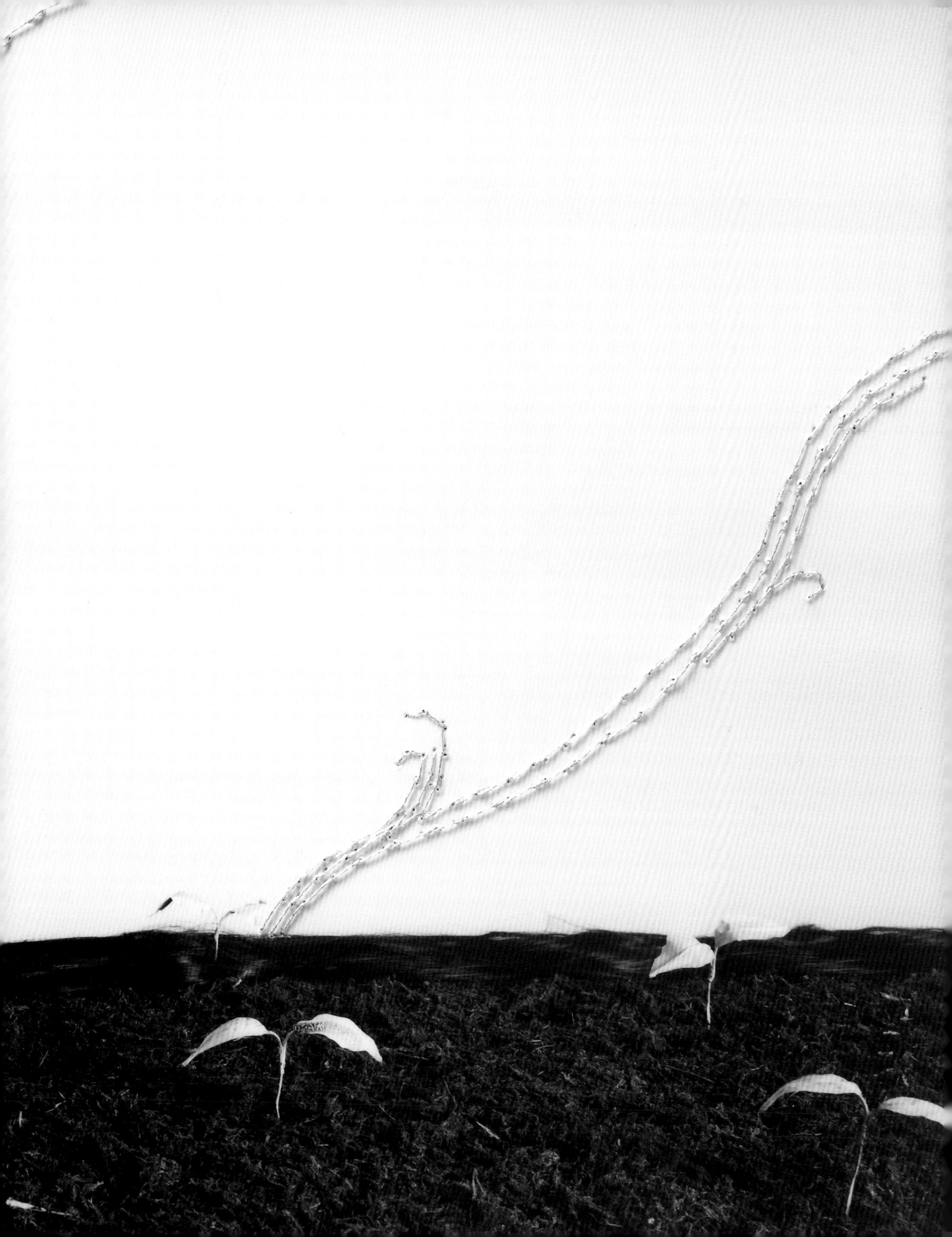

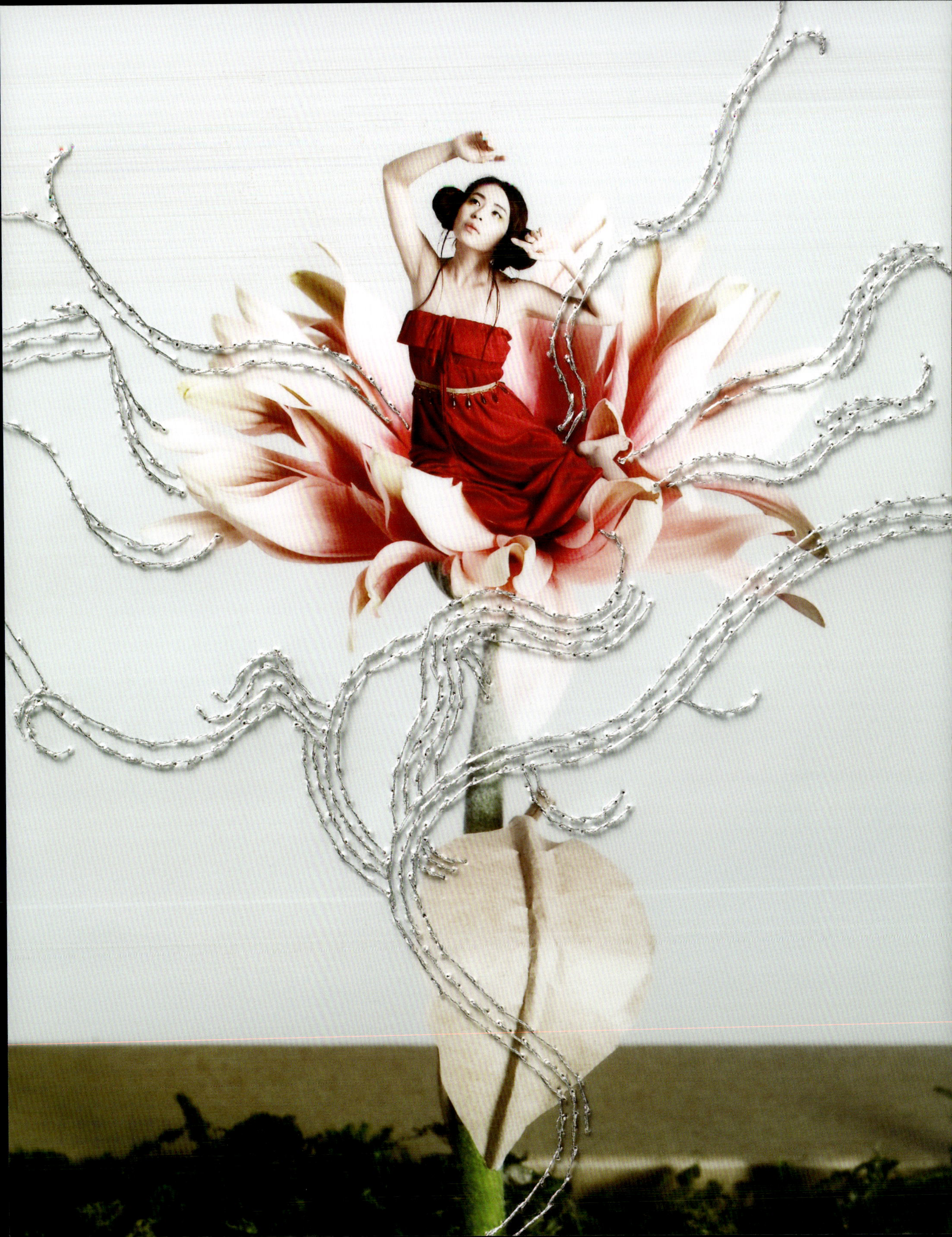

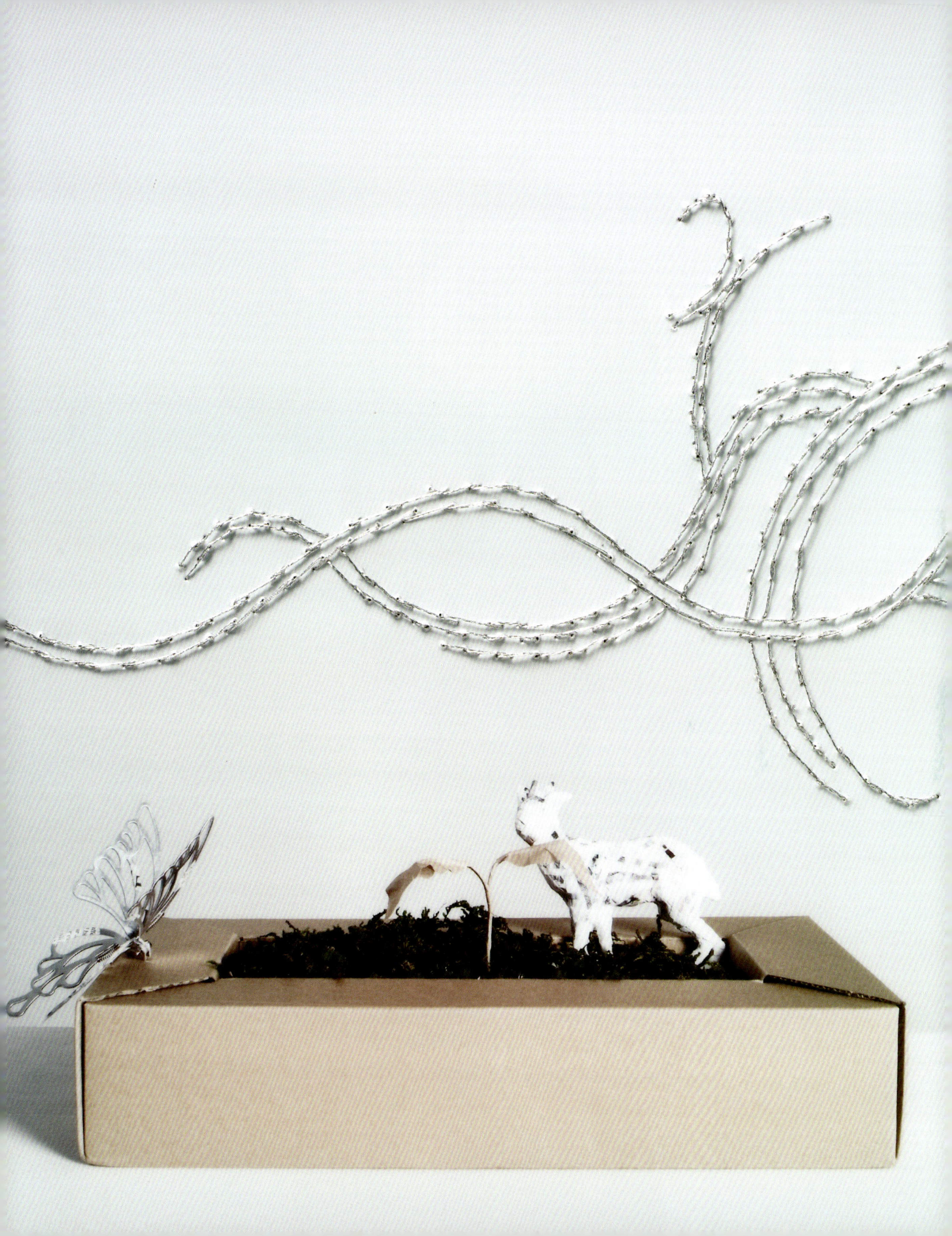

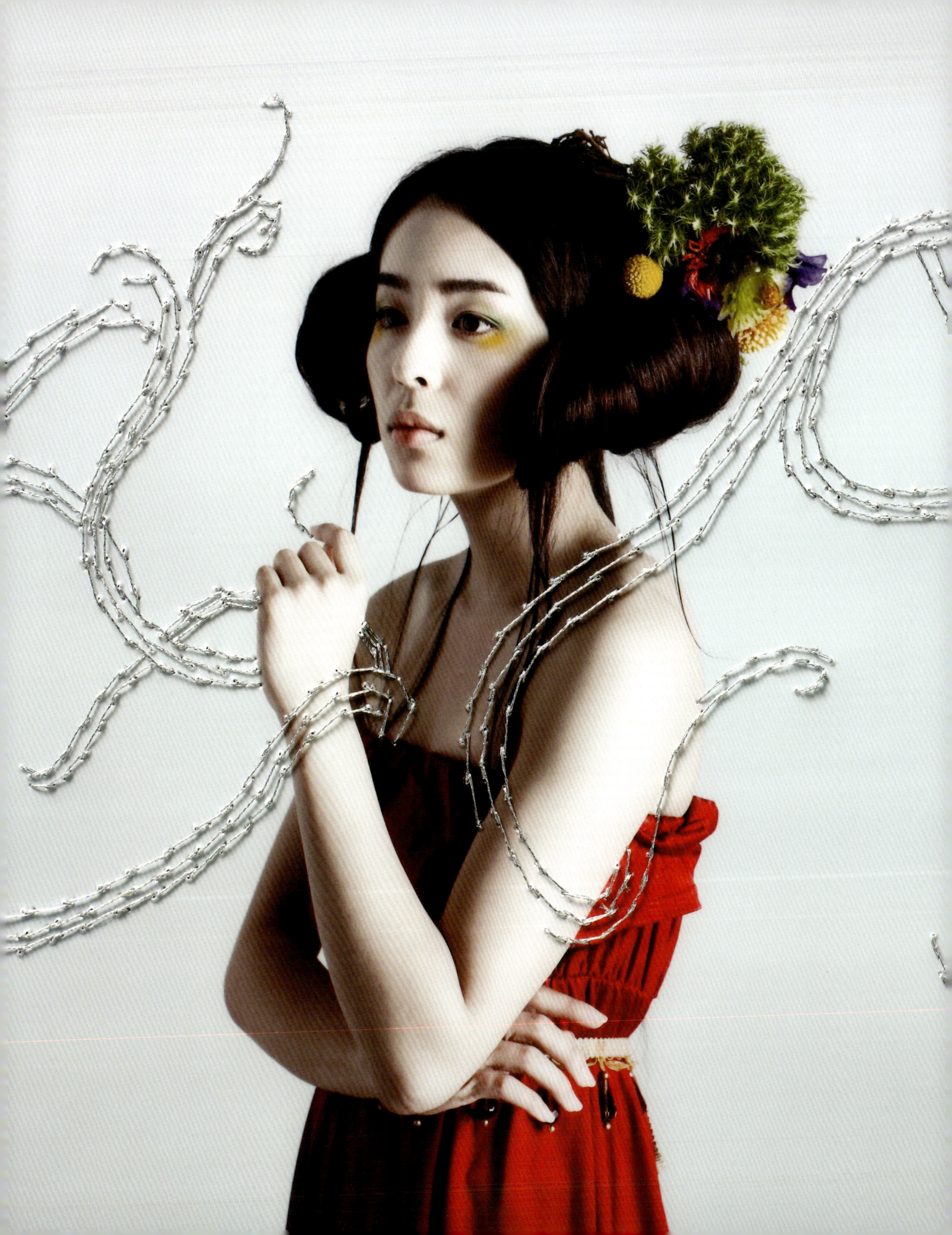

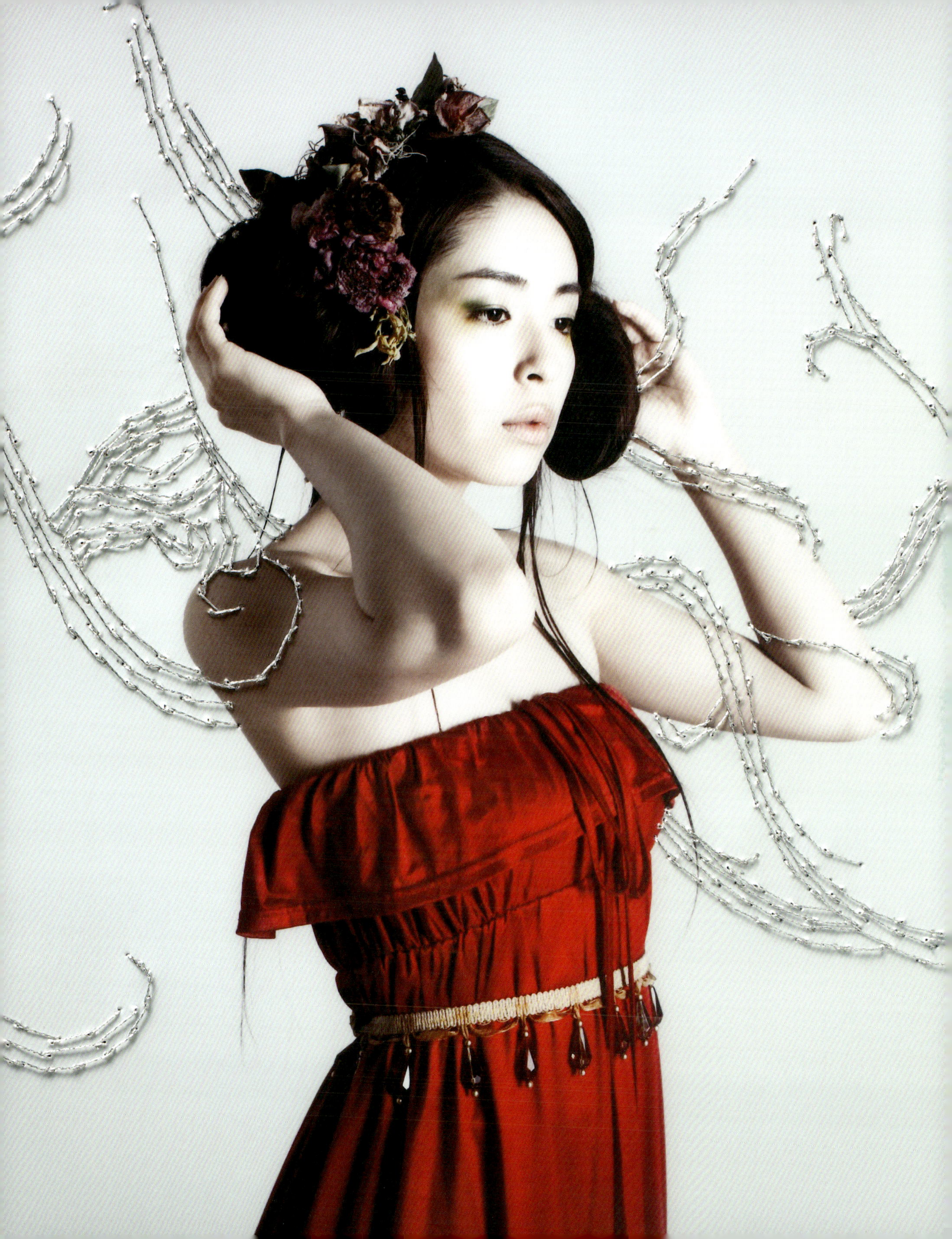

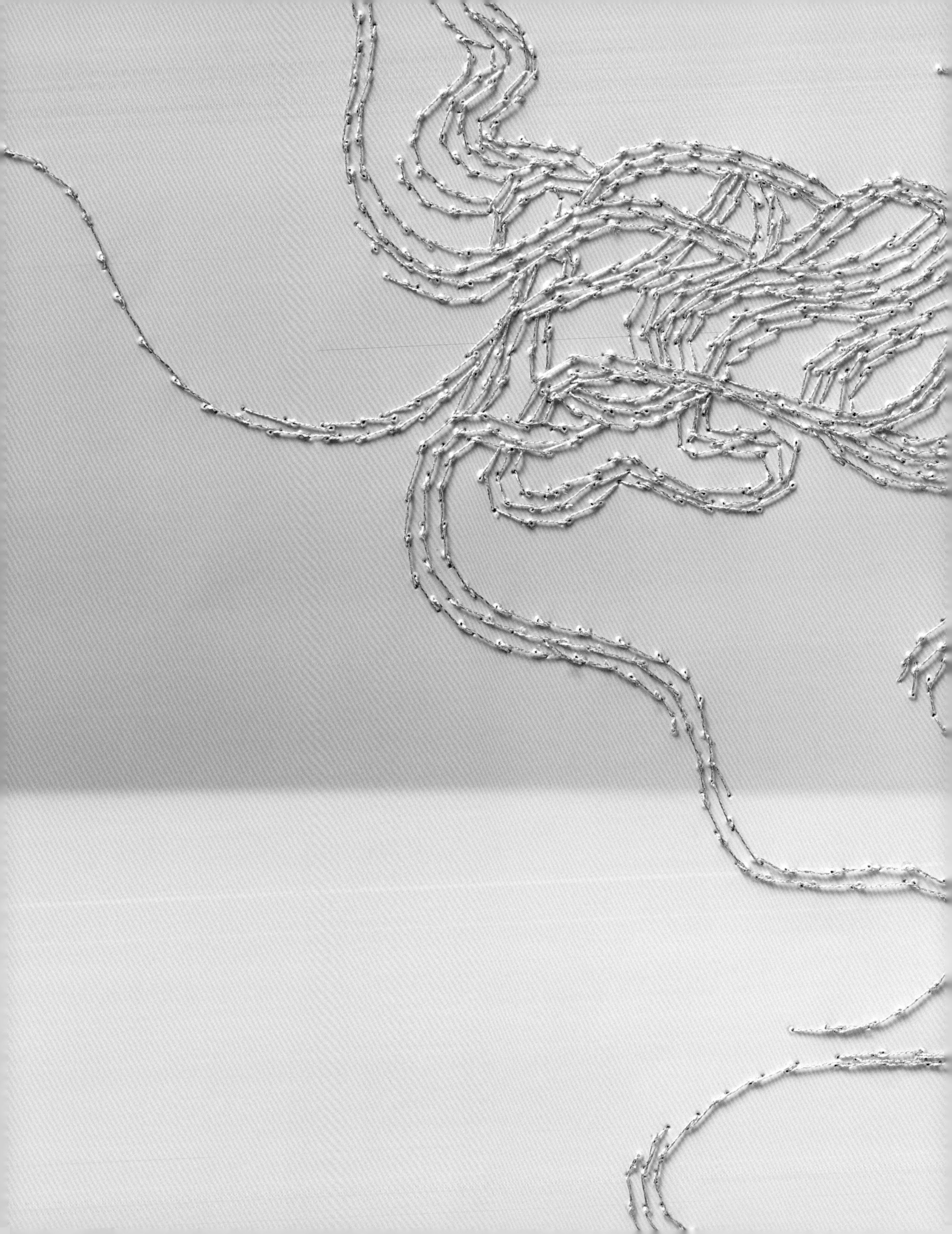

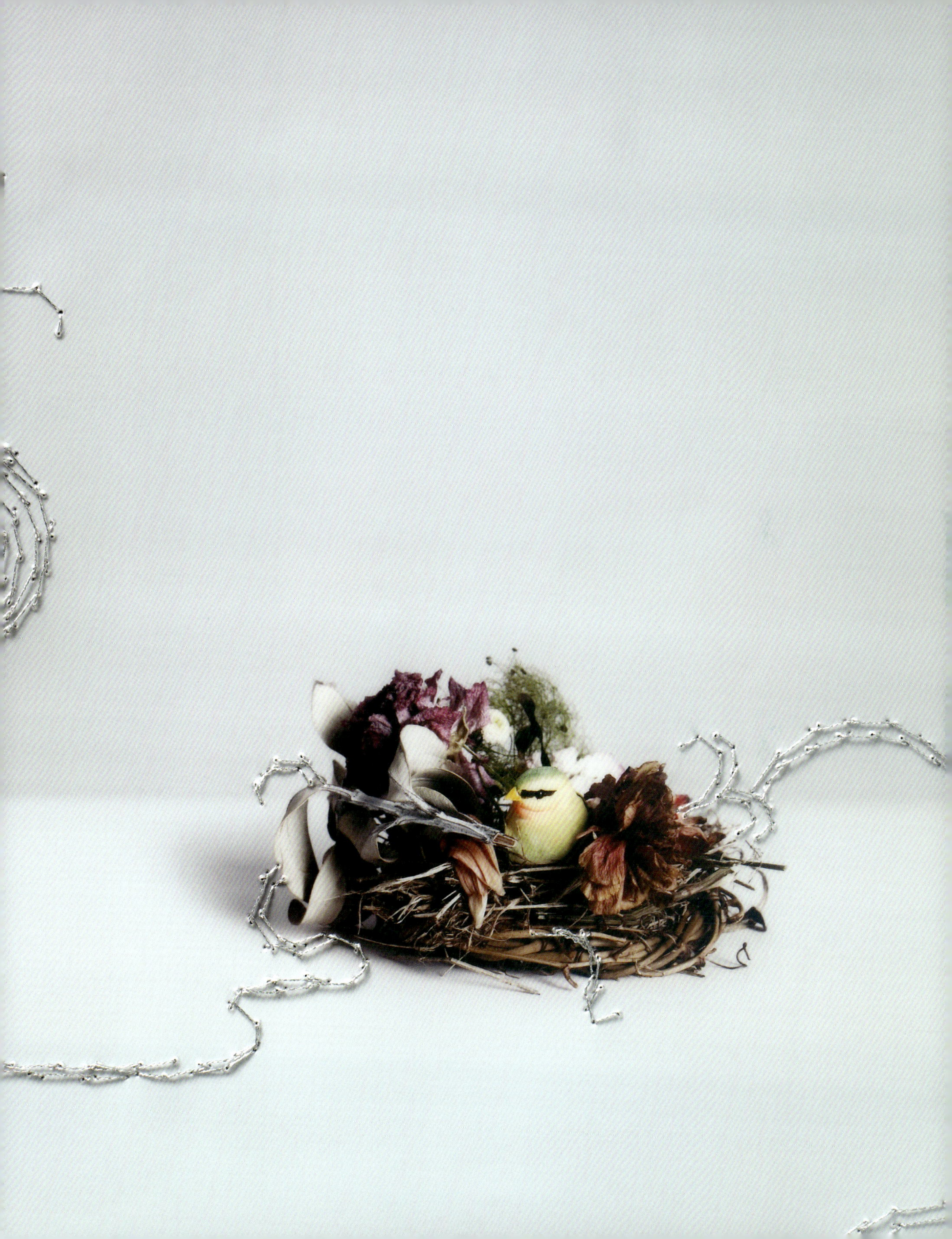

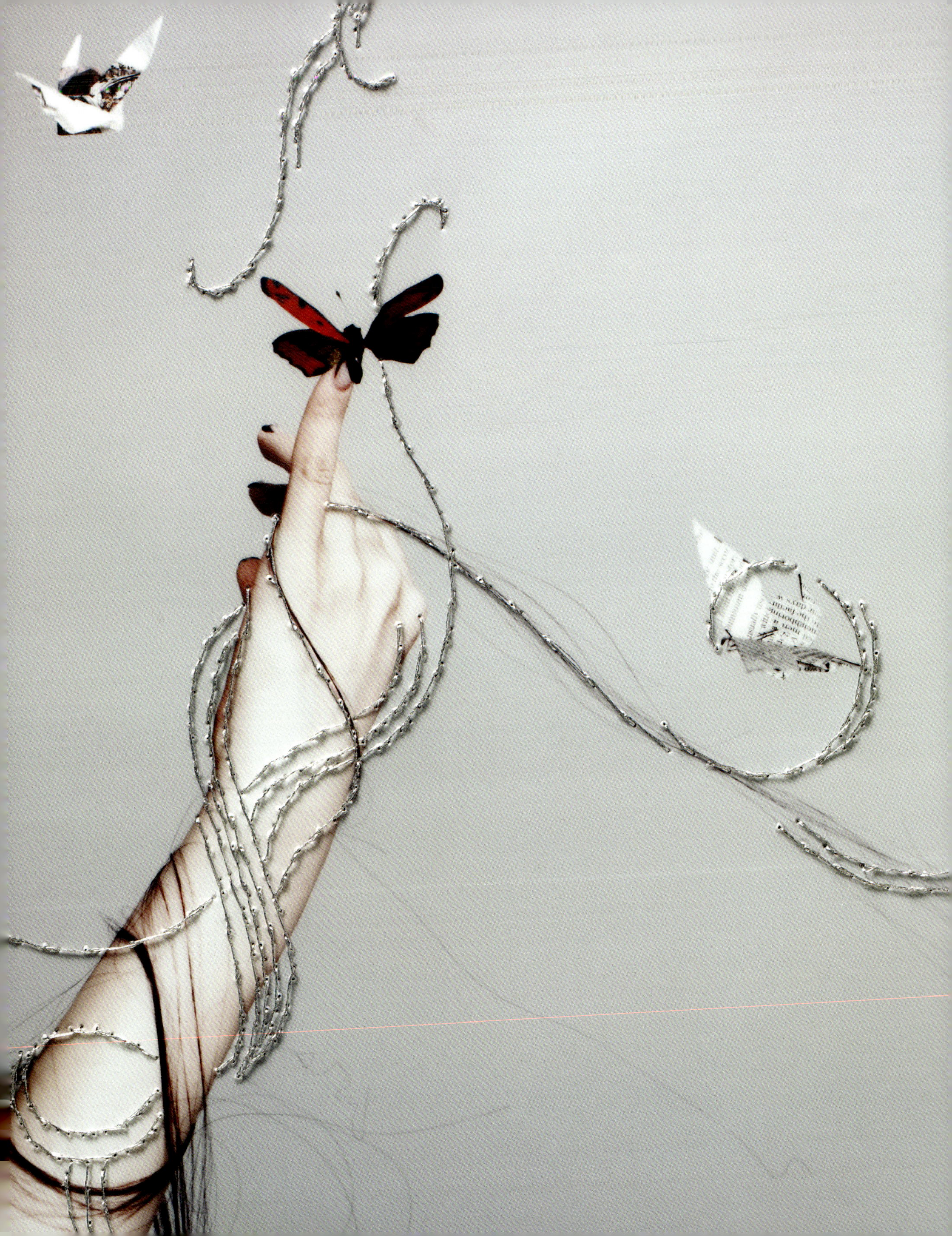

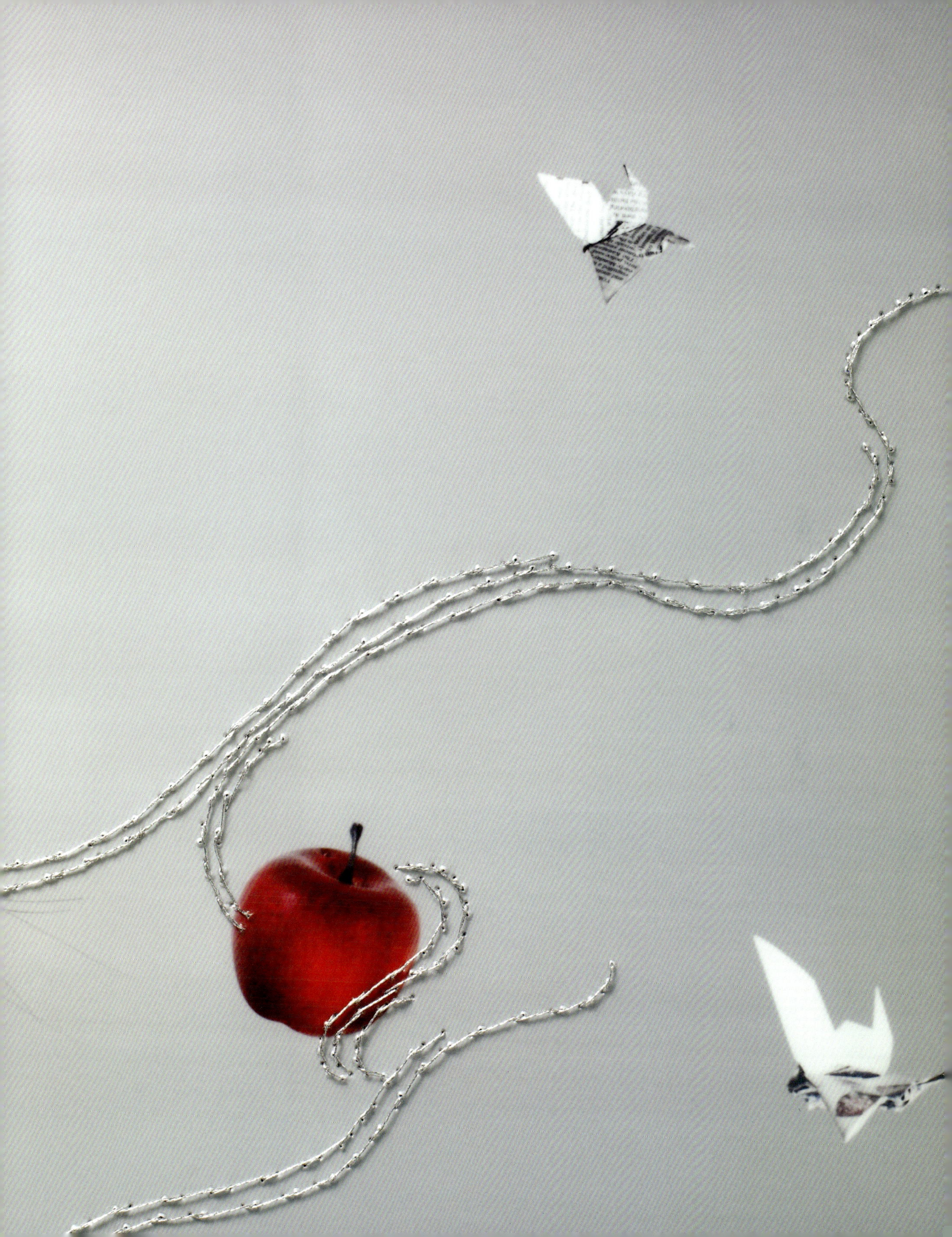

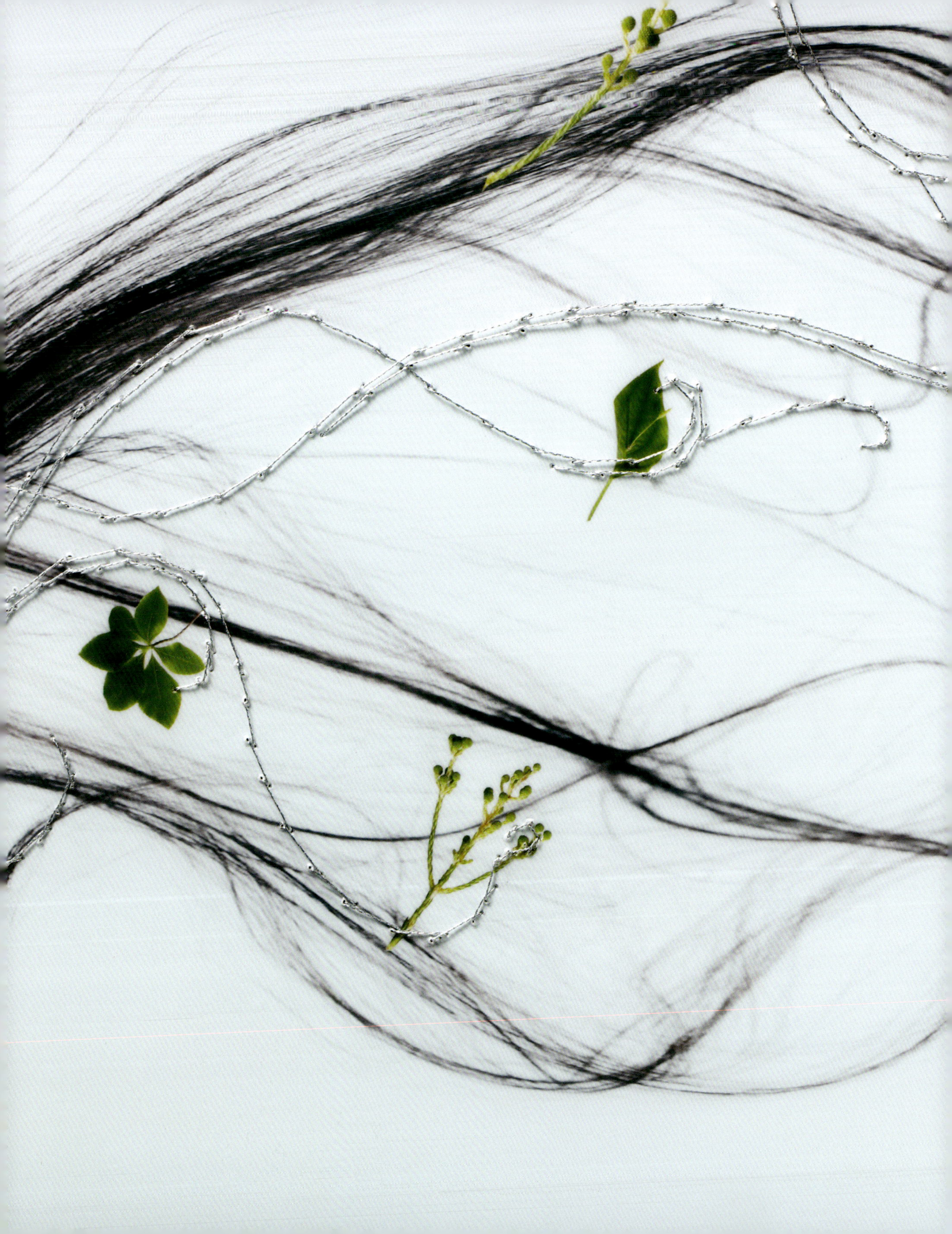

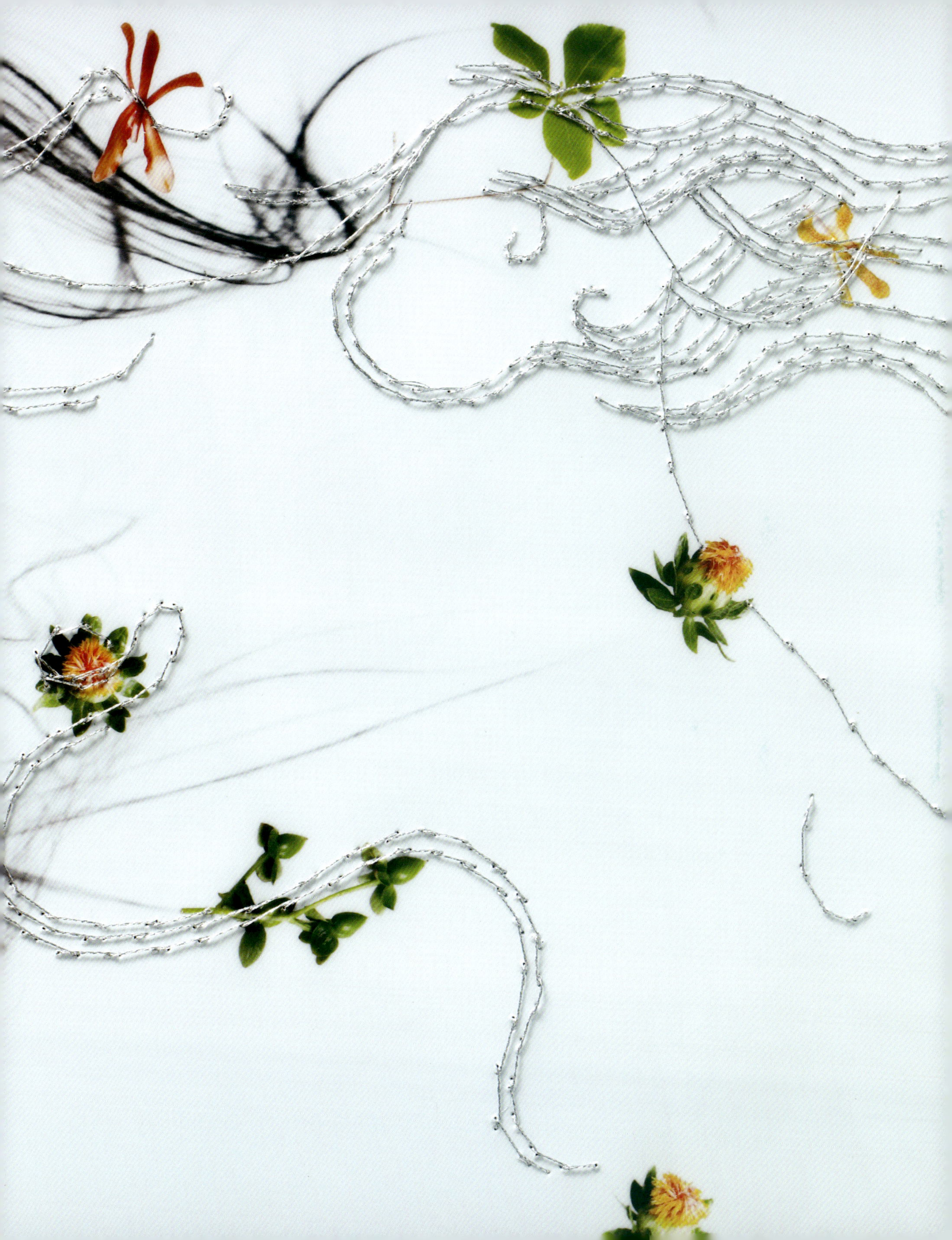

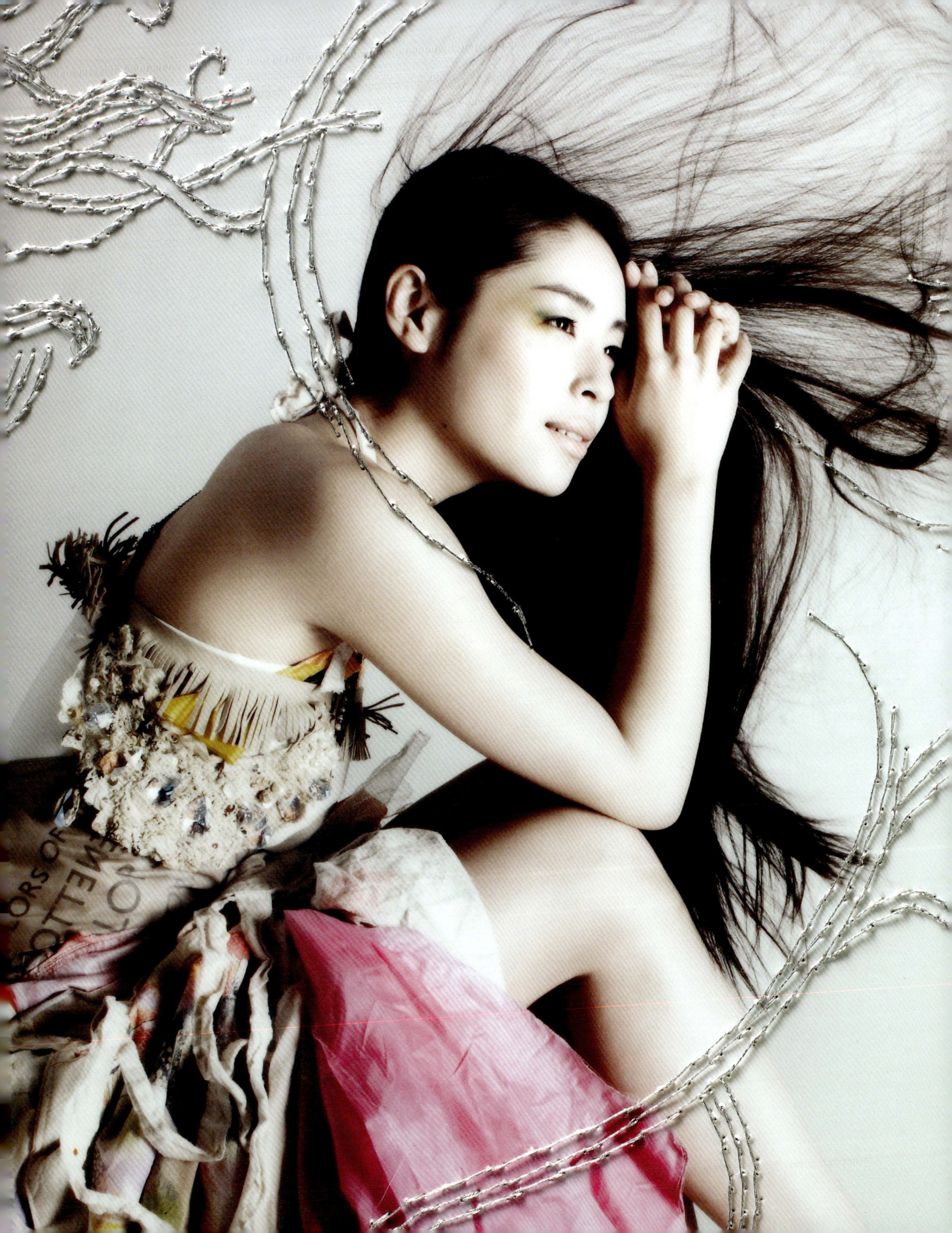

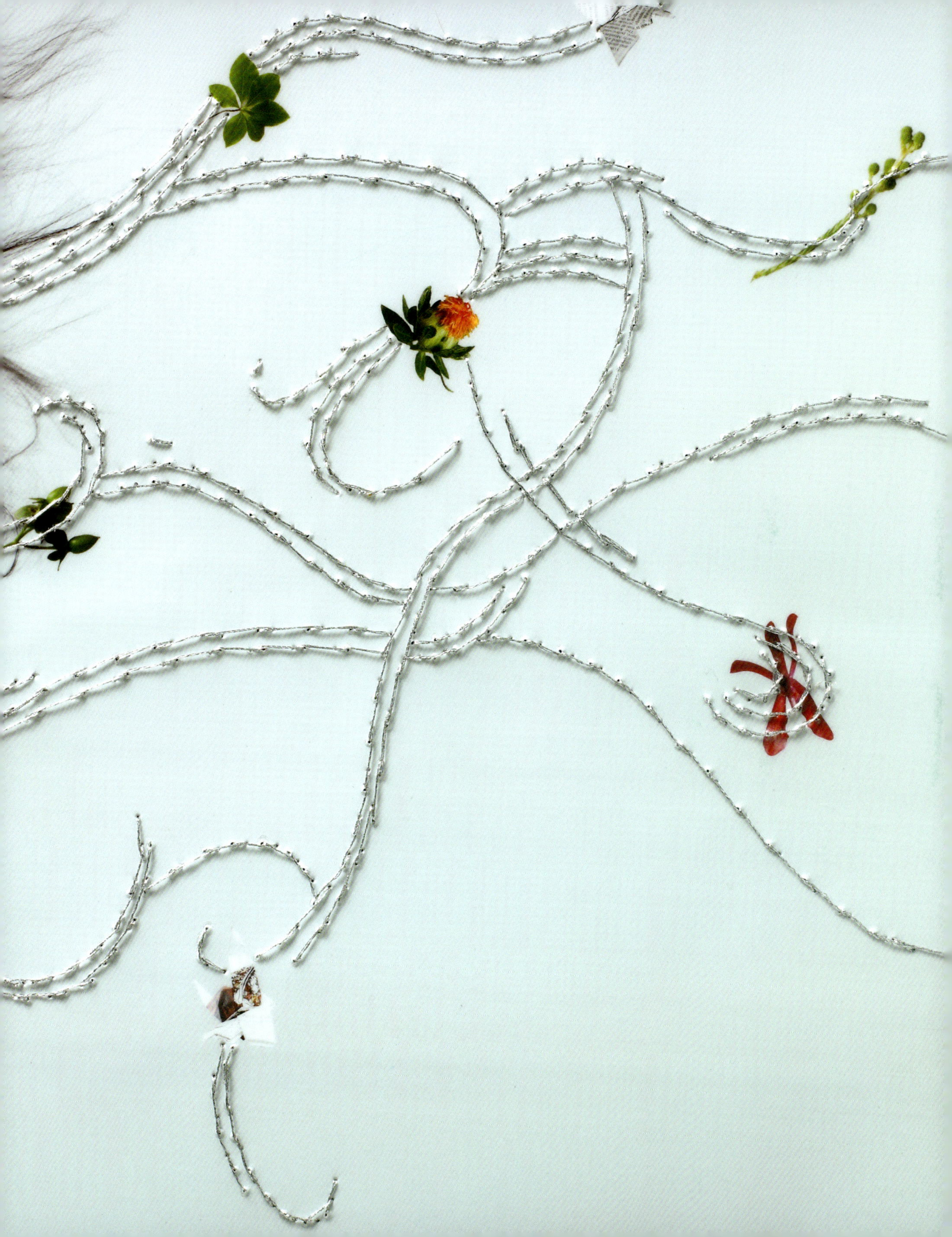

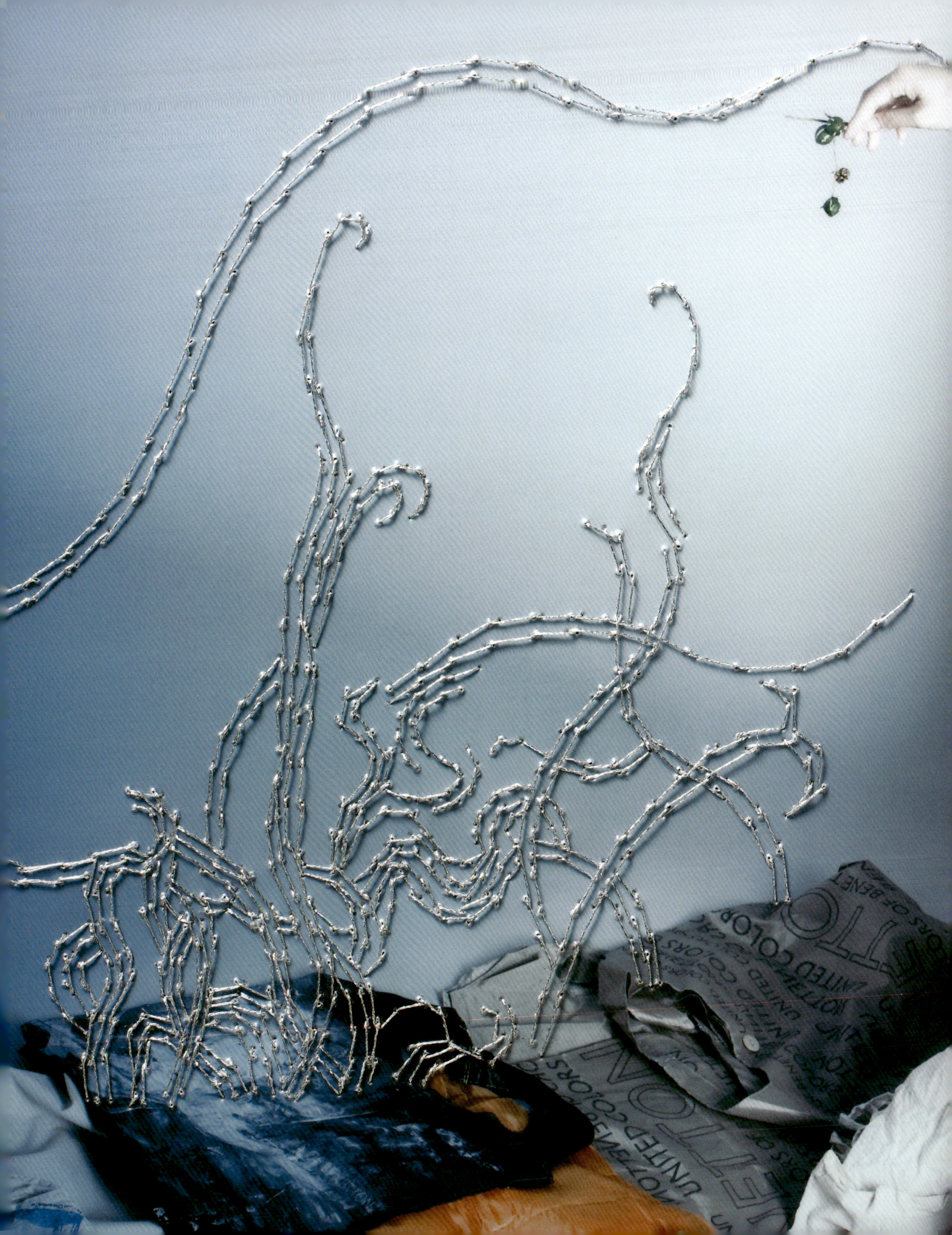
UNITED COLORS

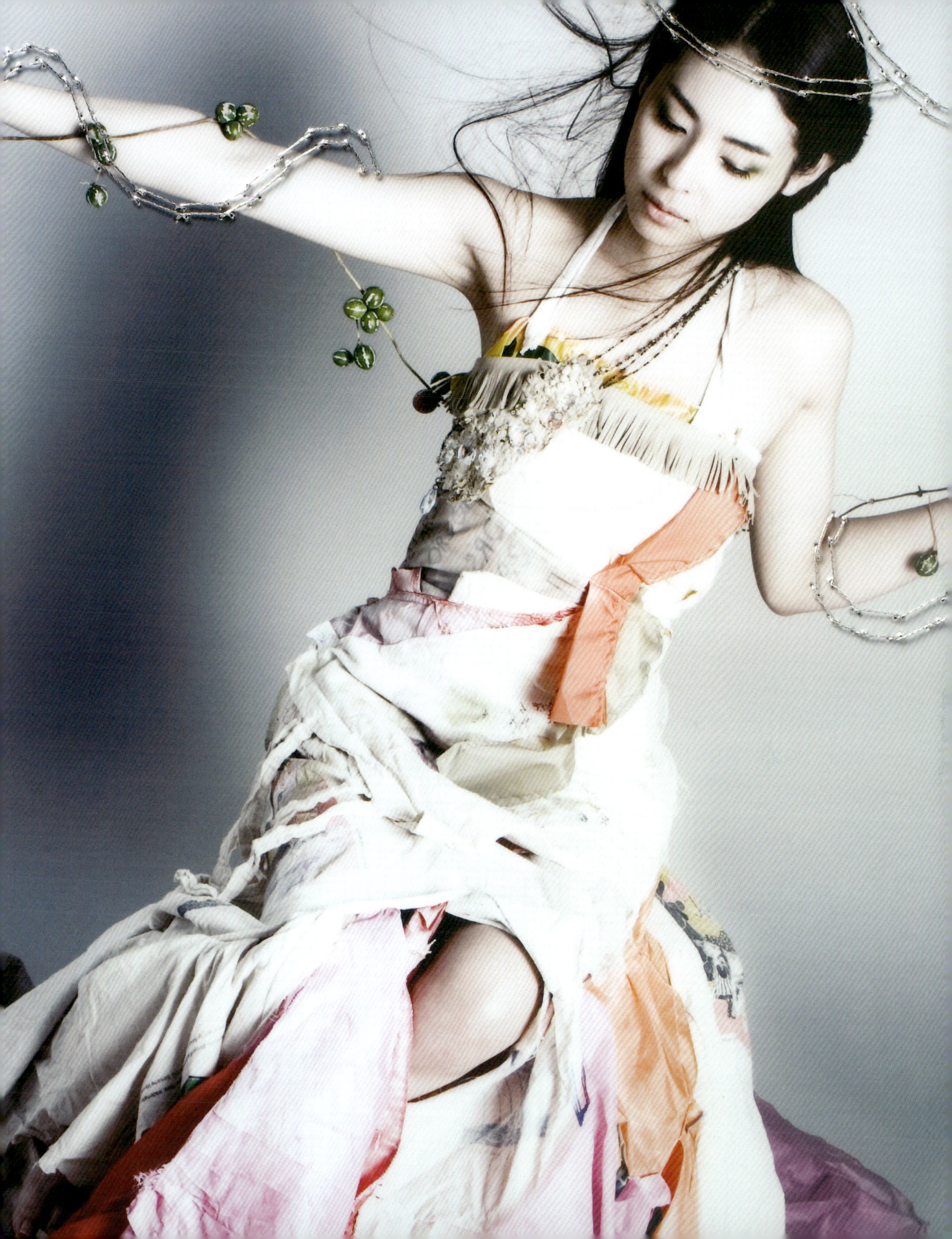

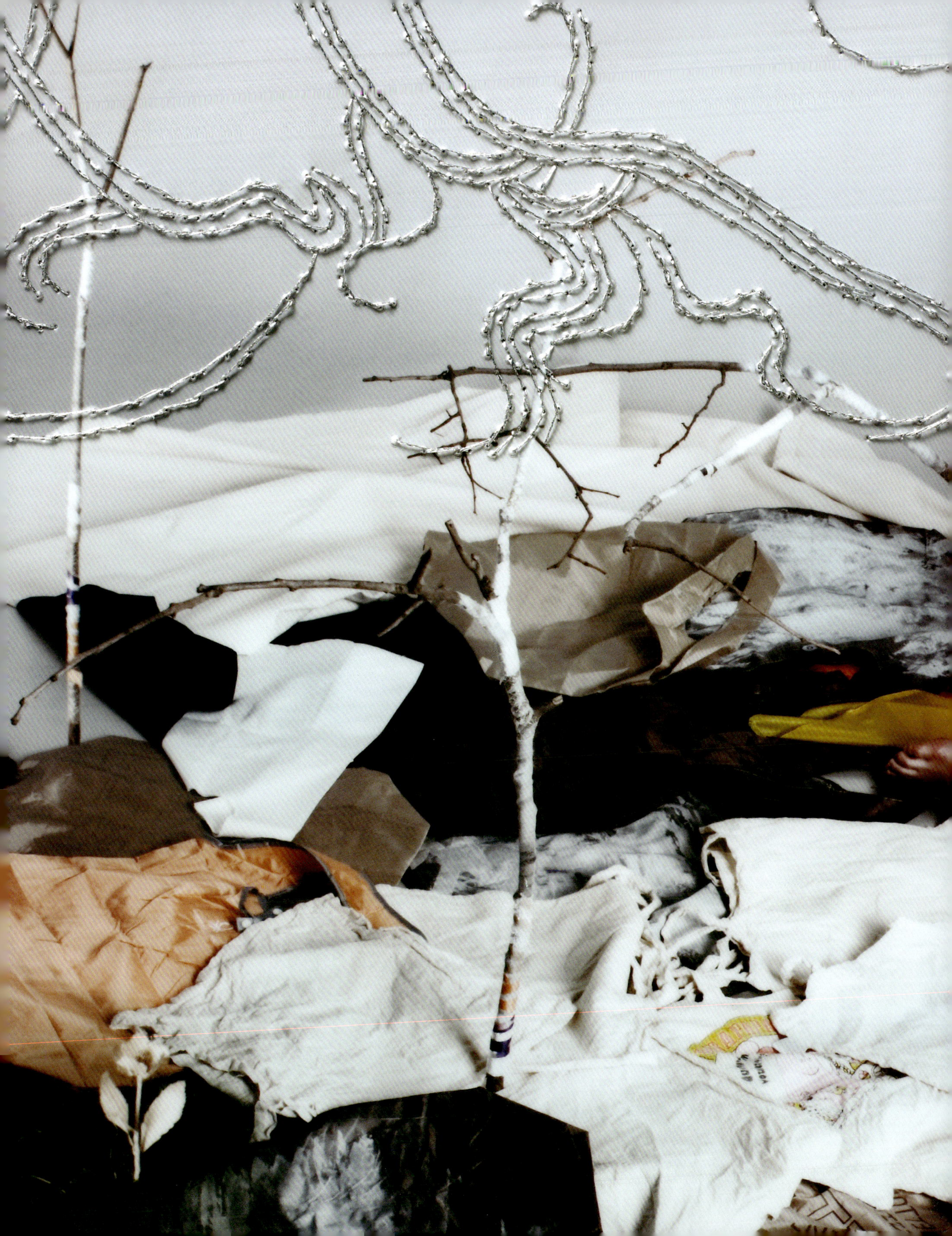

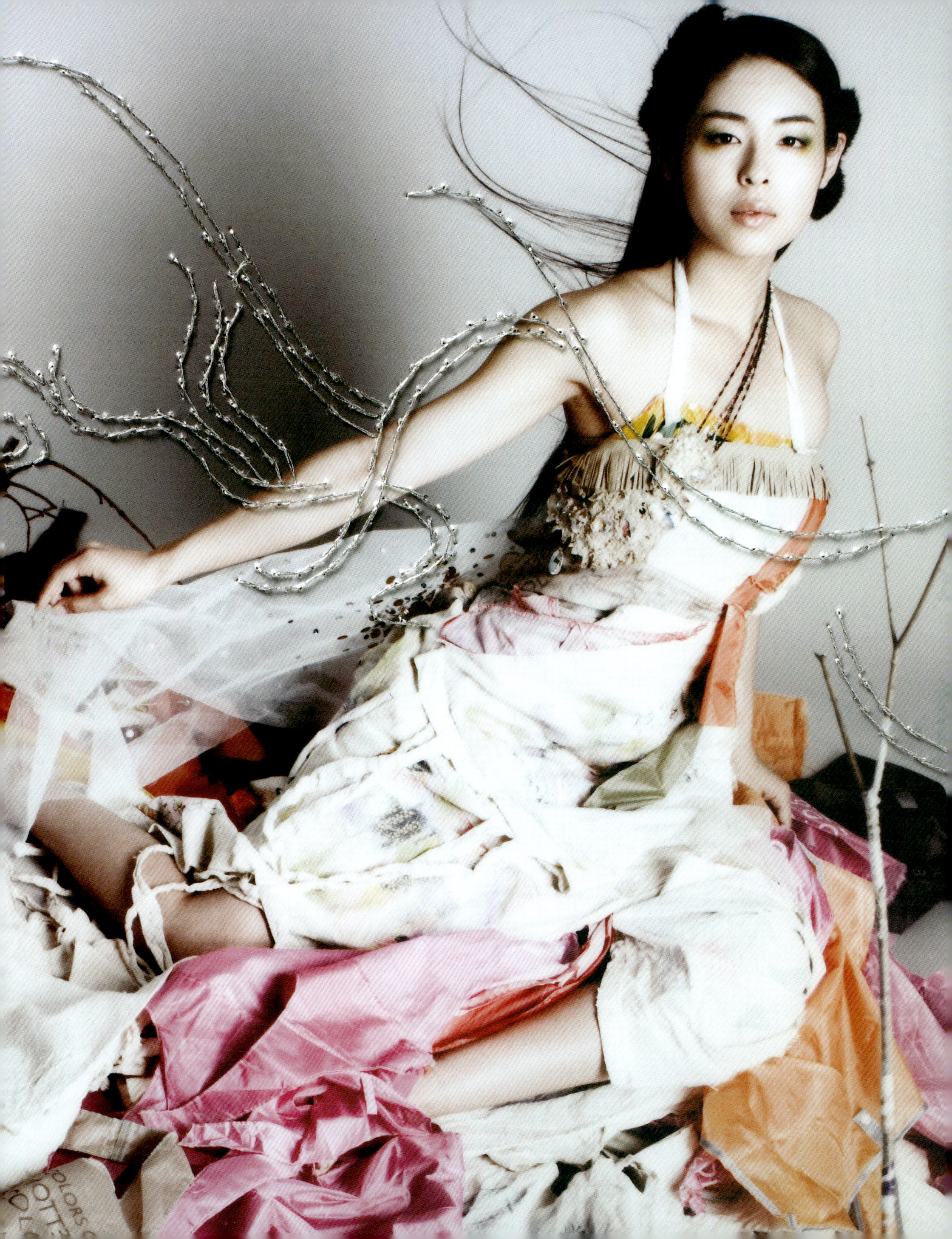

UNITED COLORS OF BENETTON

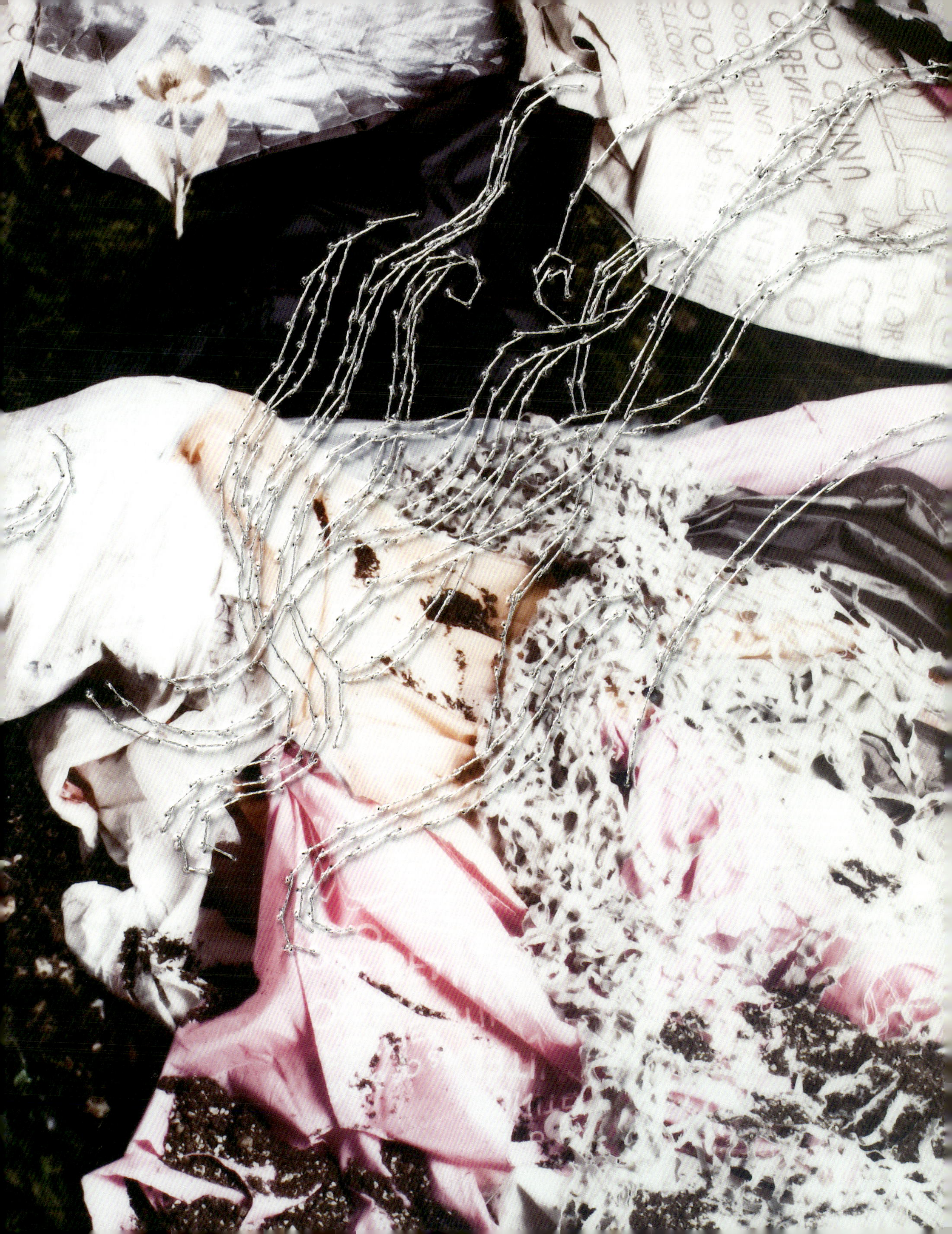

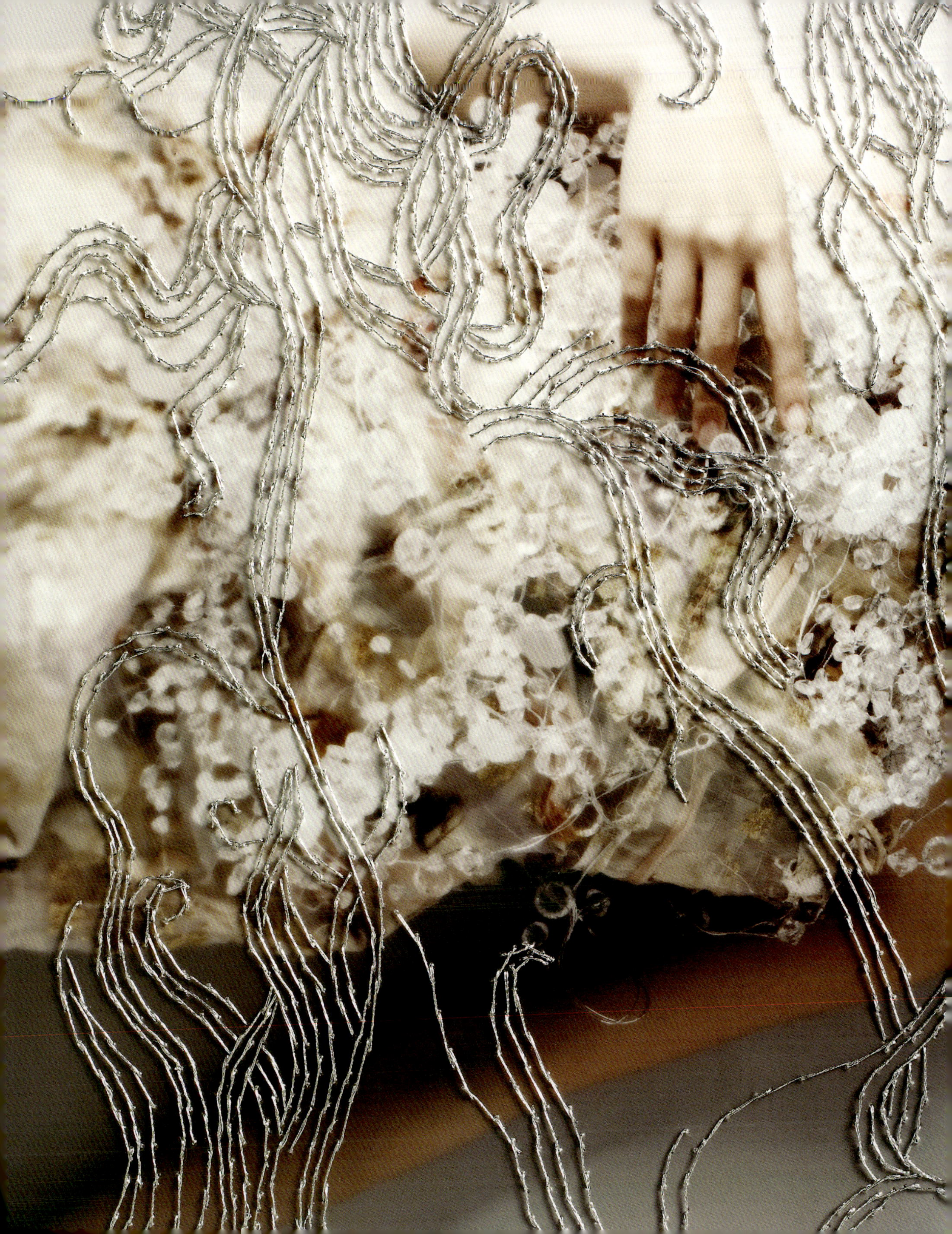

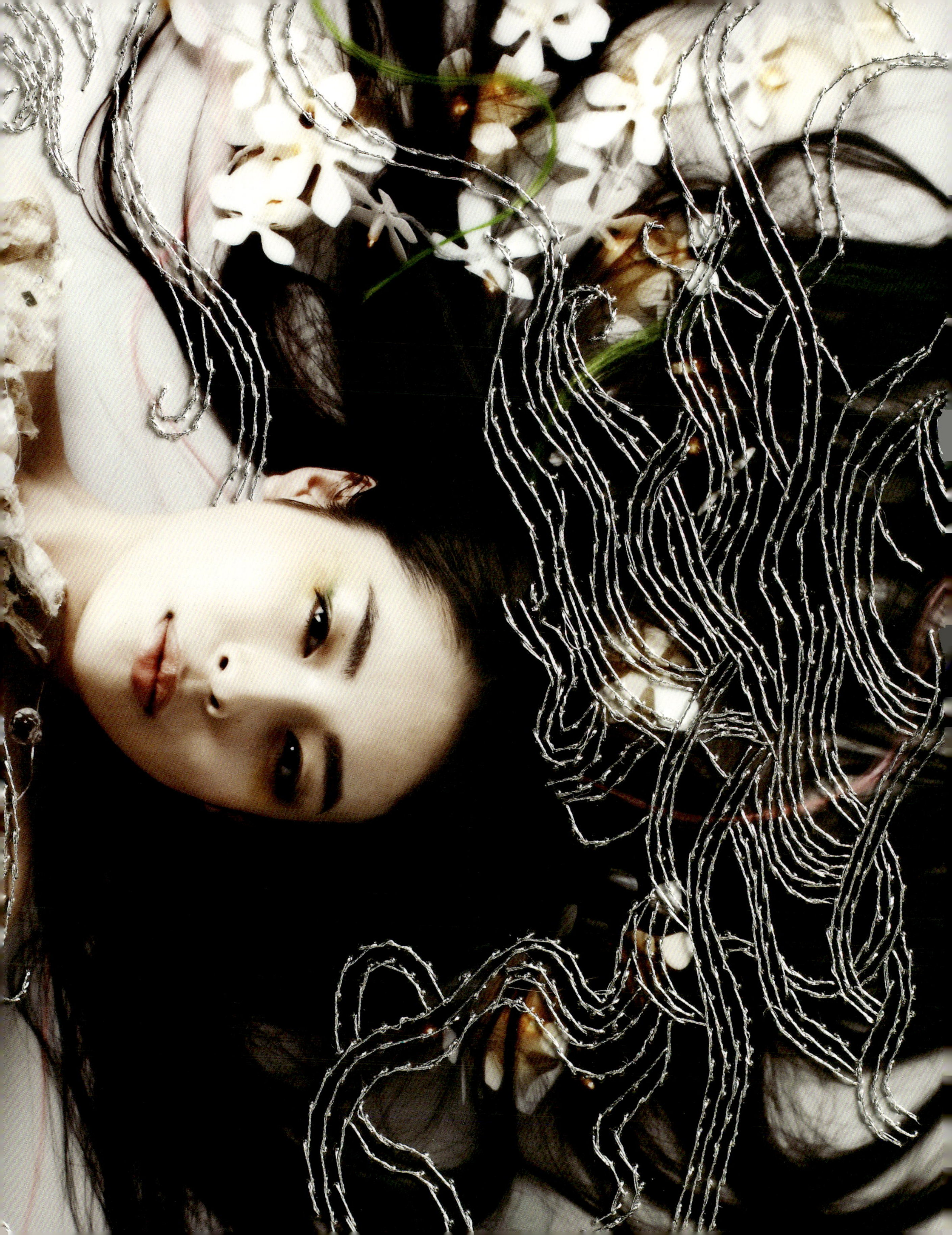

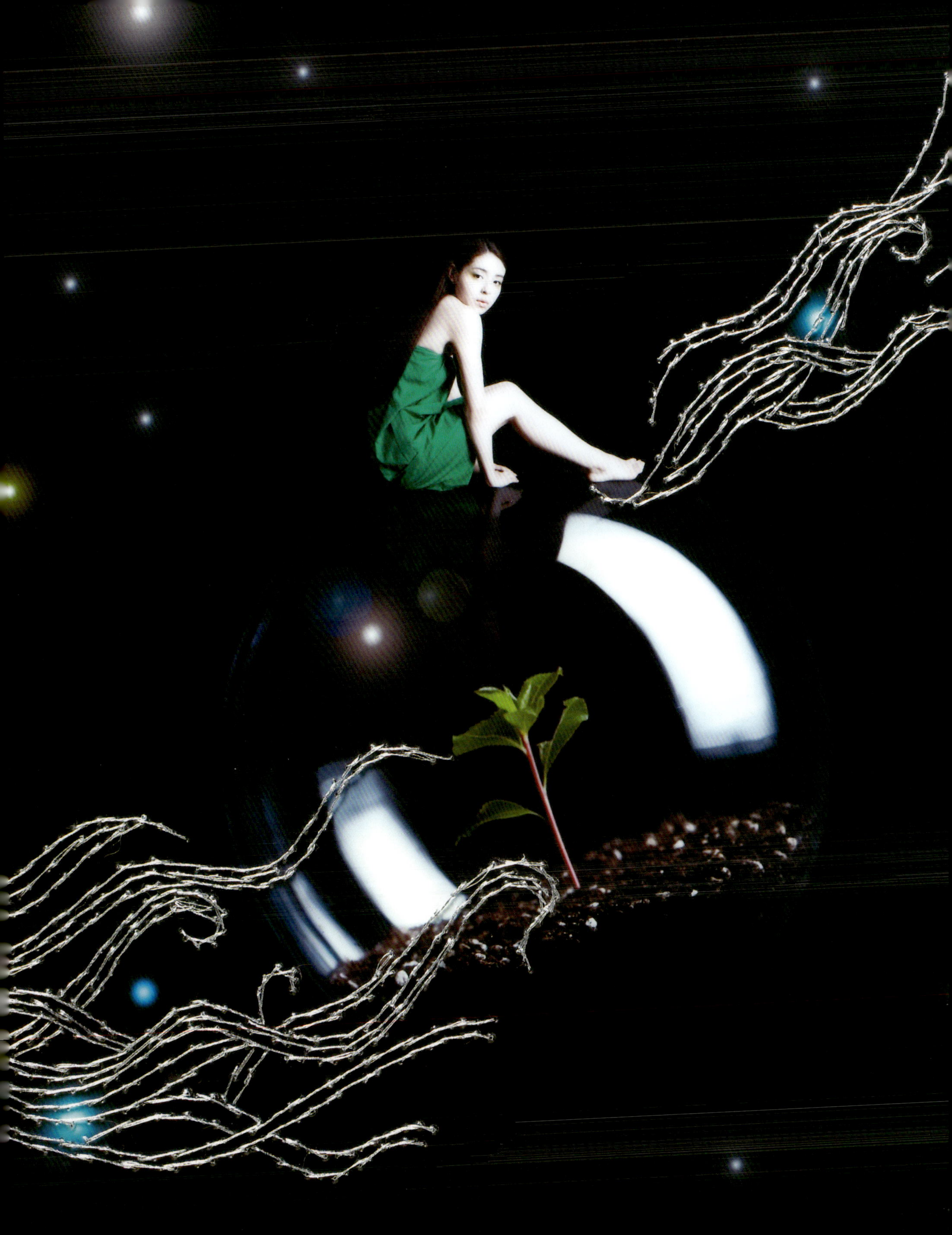

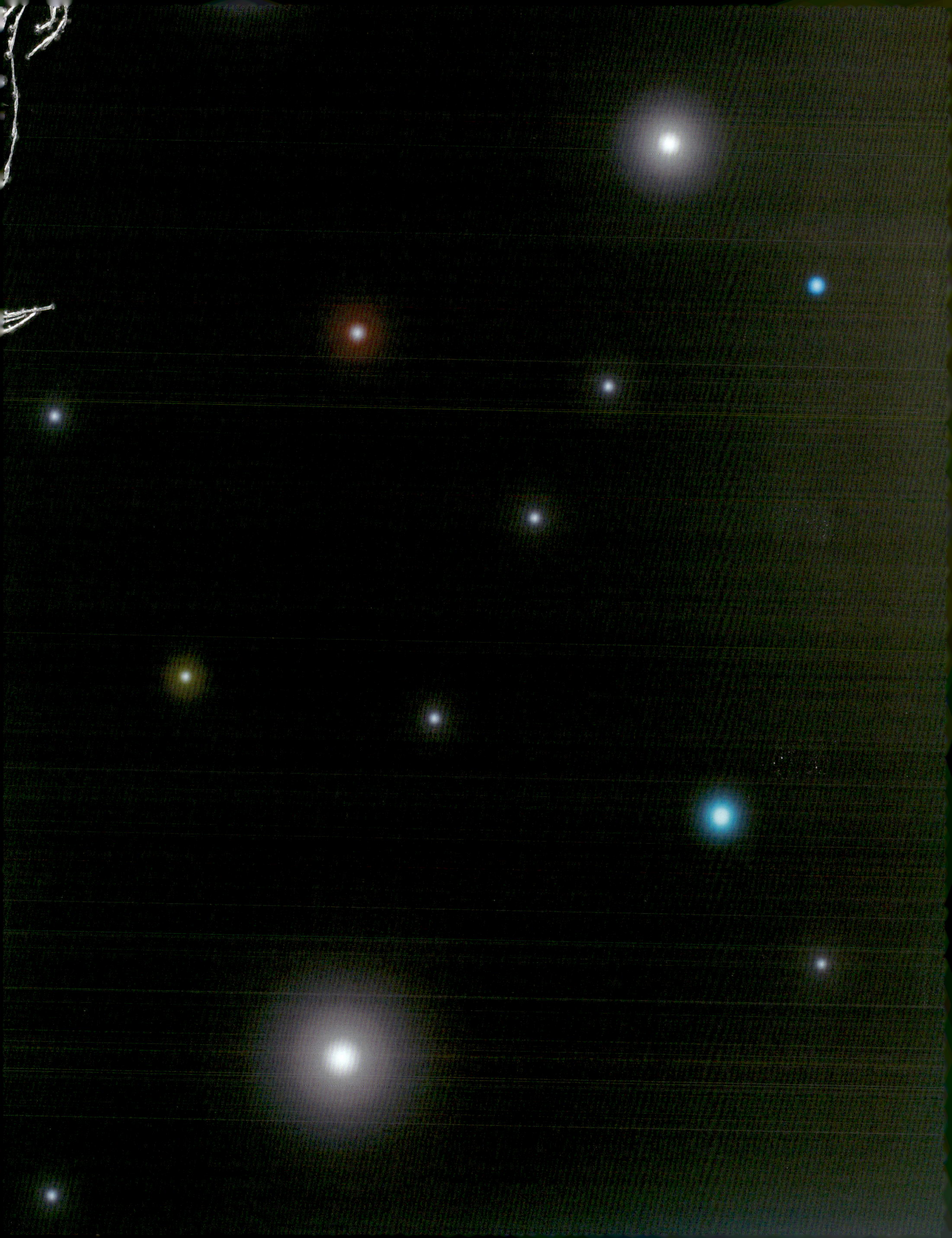

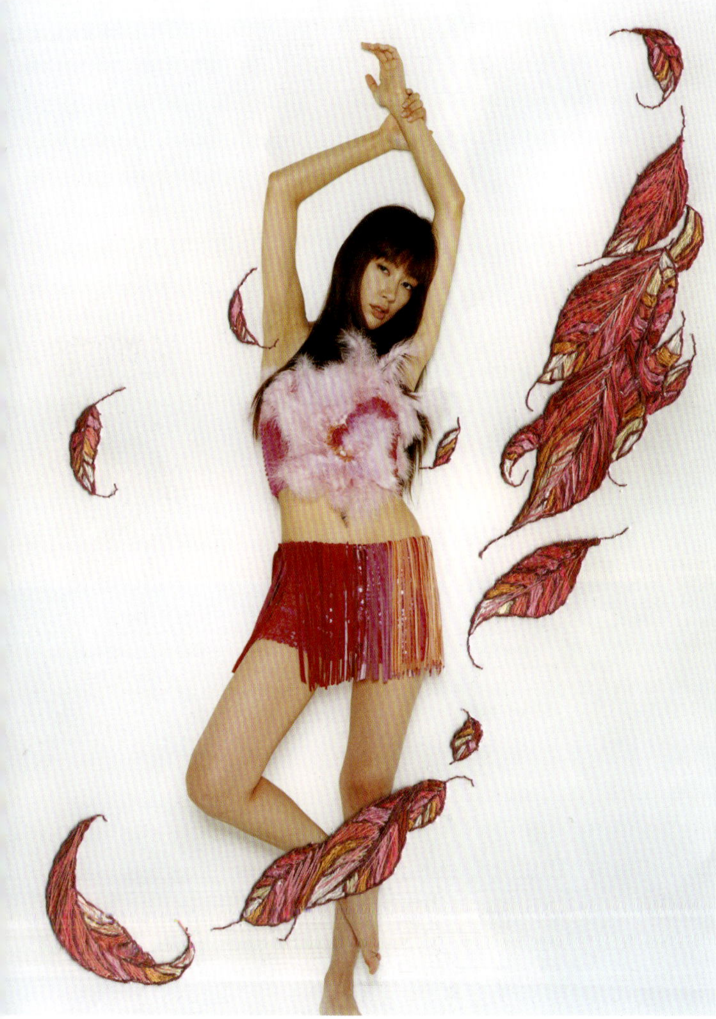
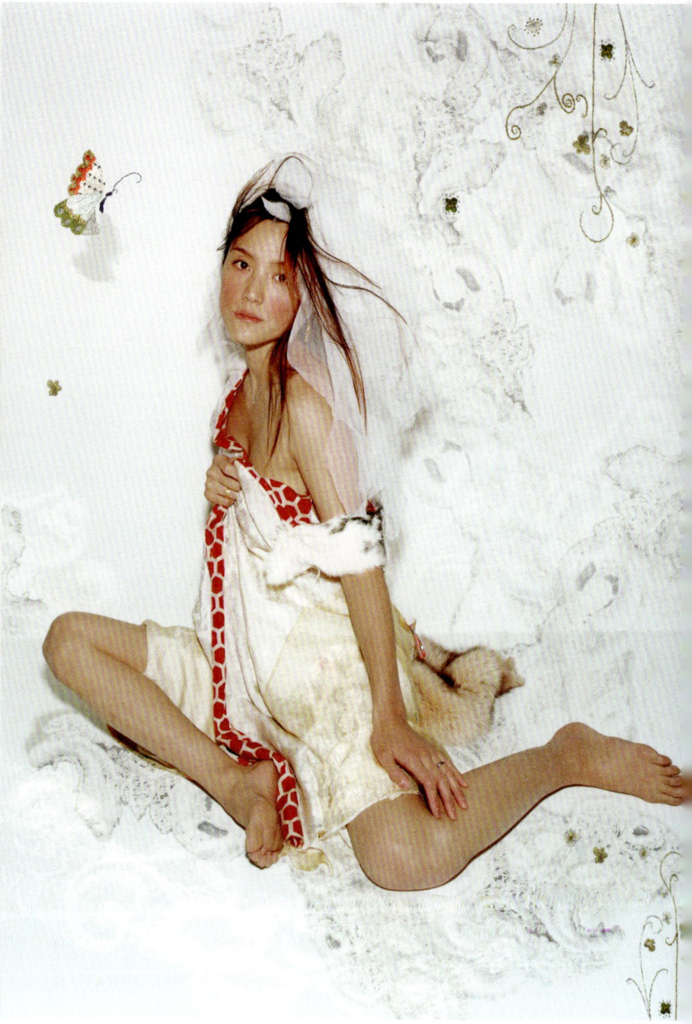

073

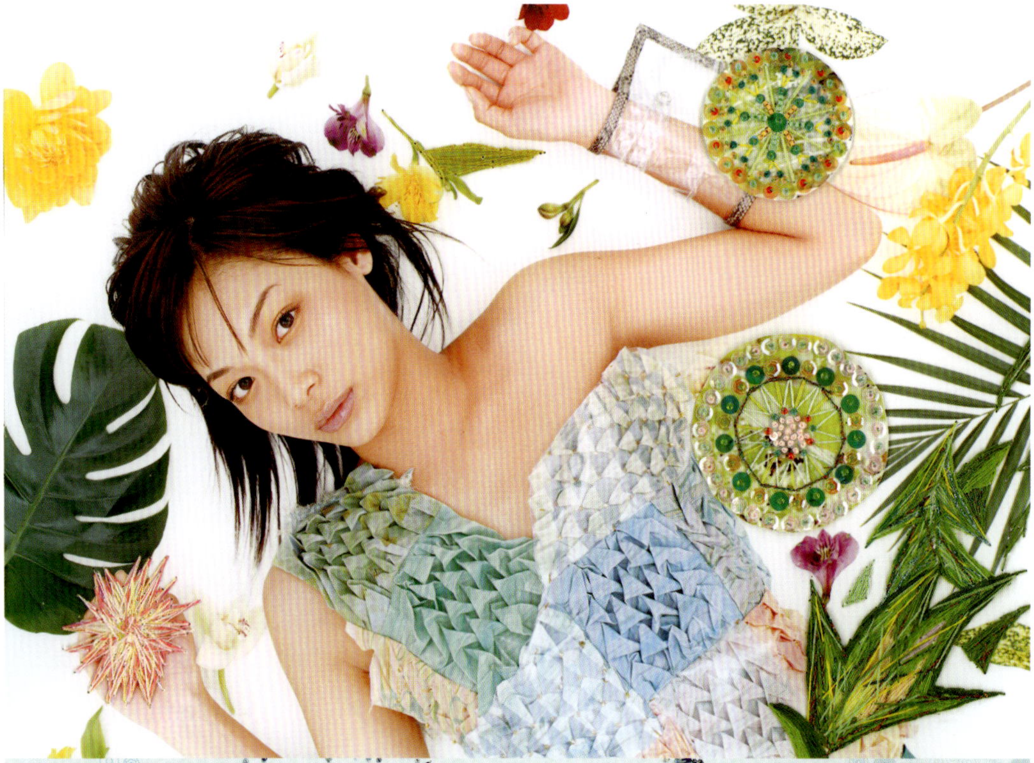

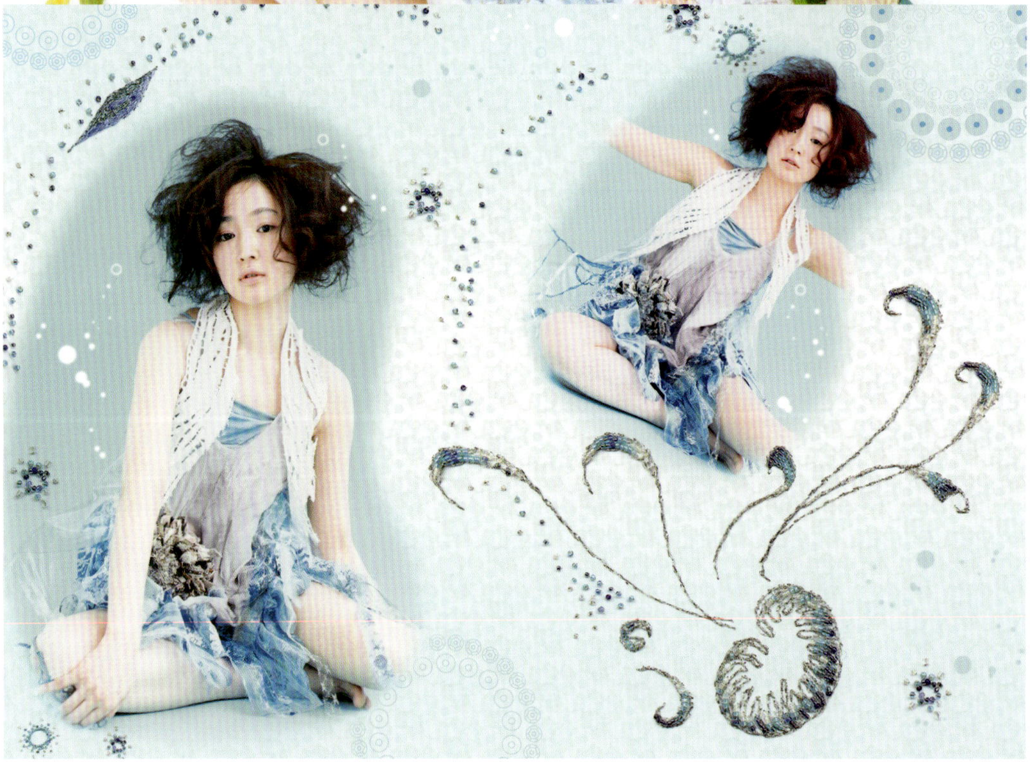

075

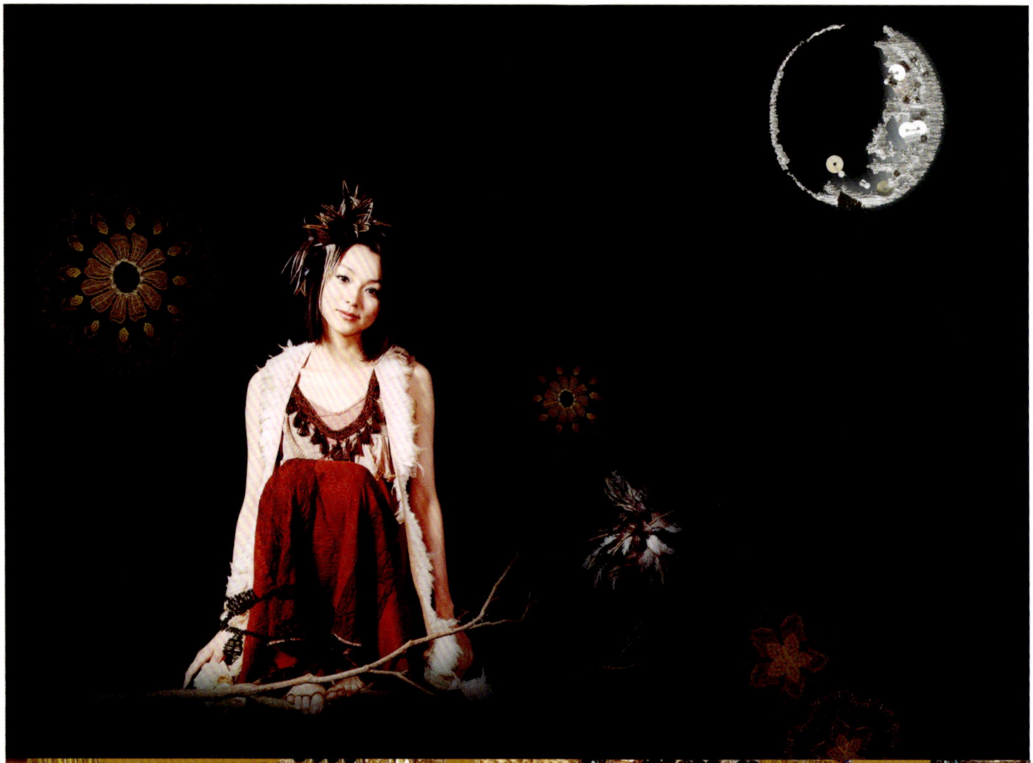

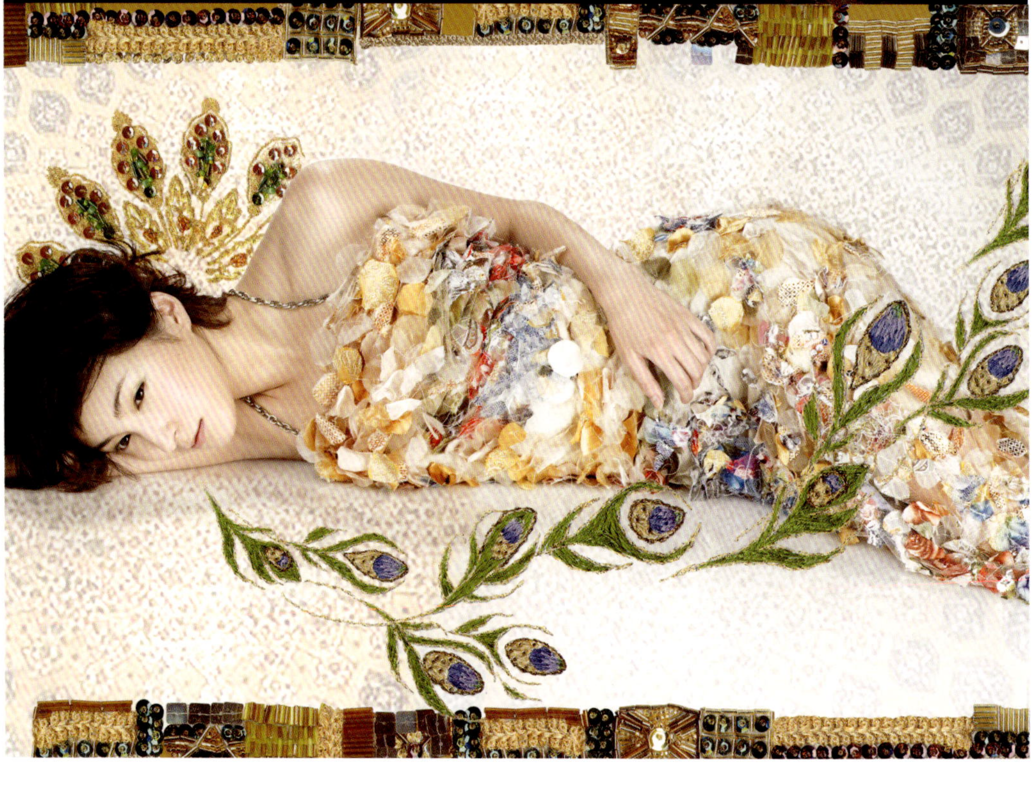

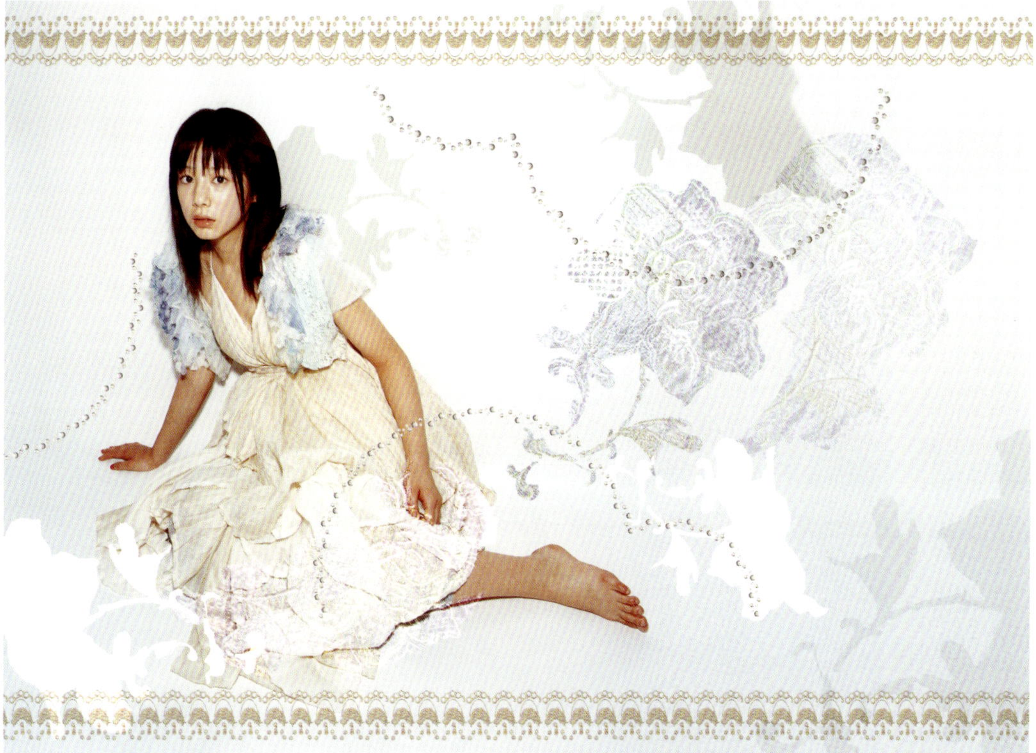

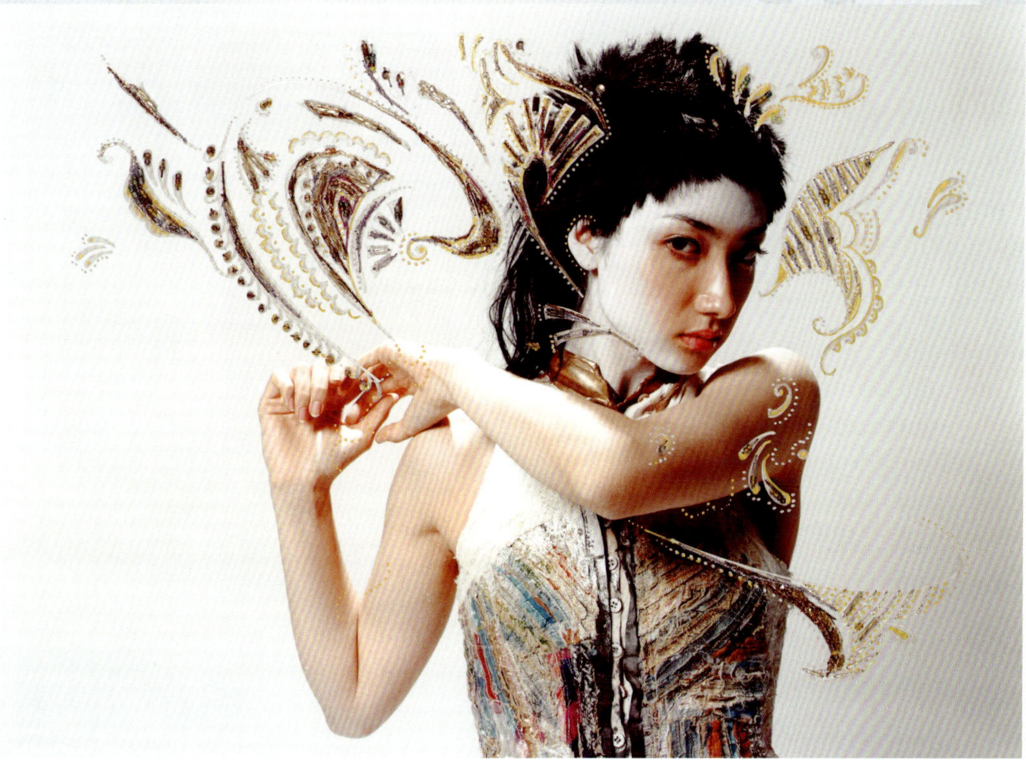

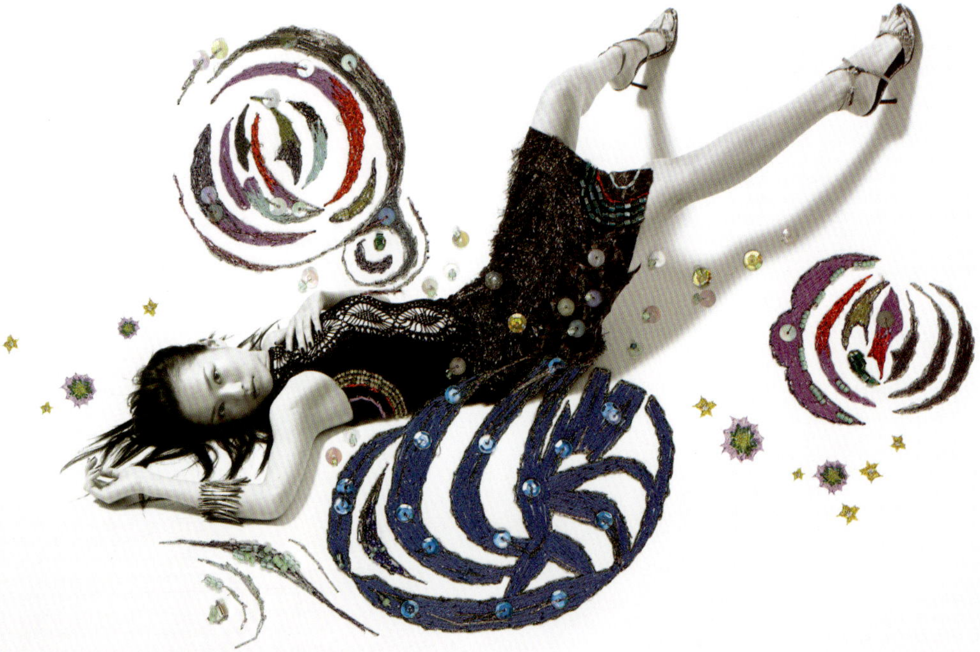

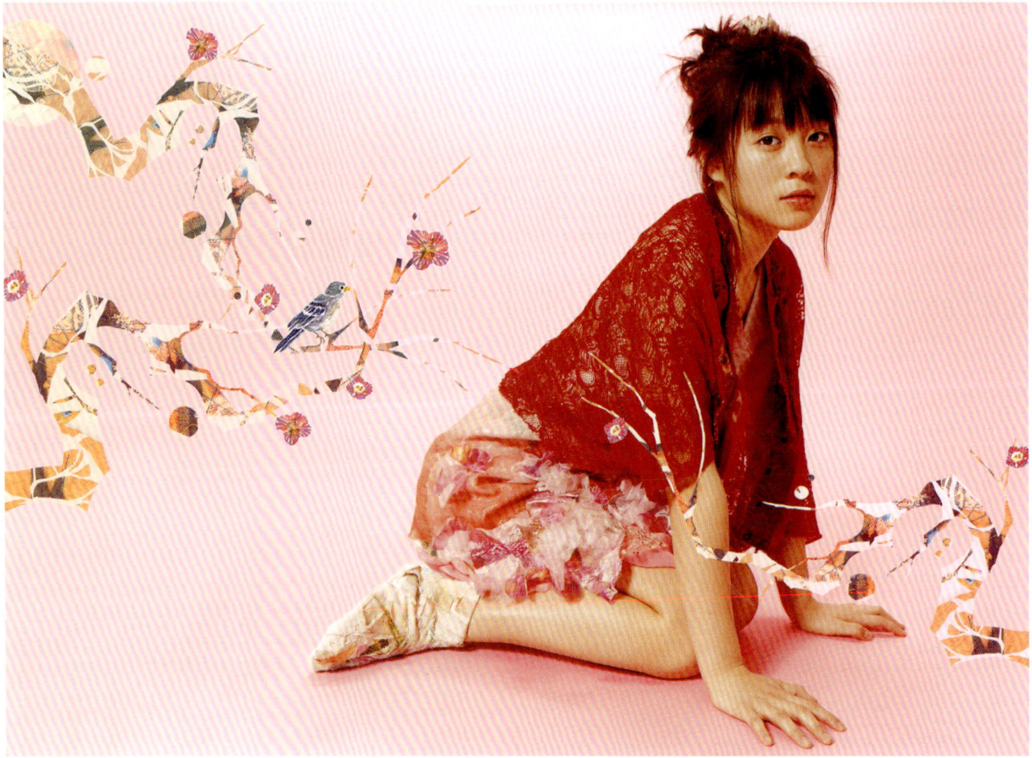

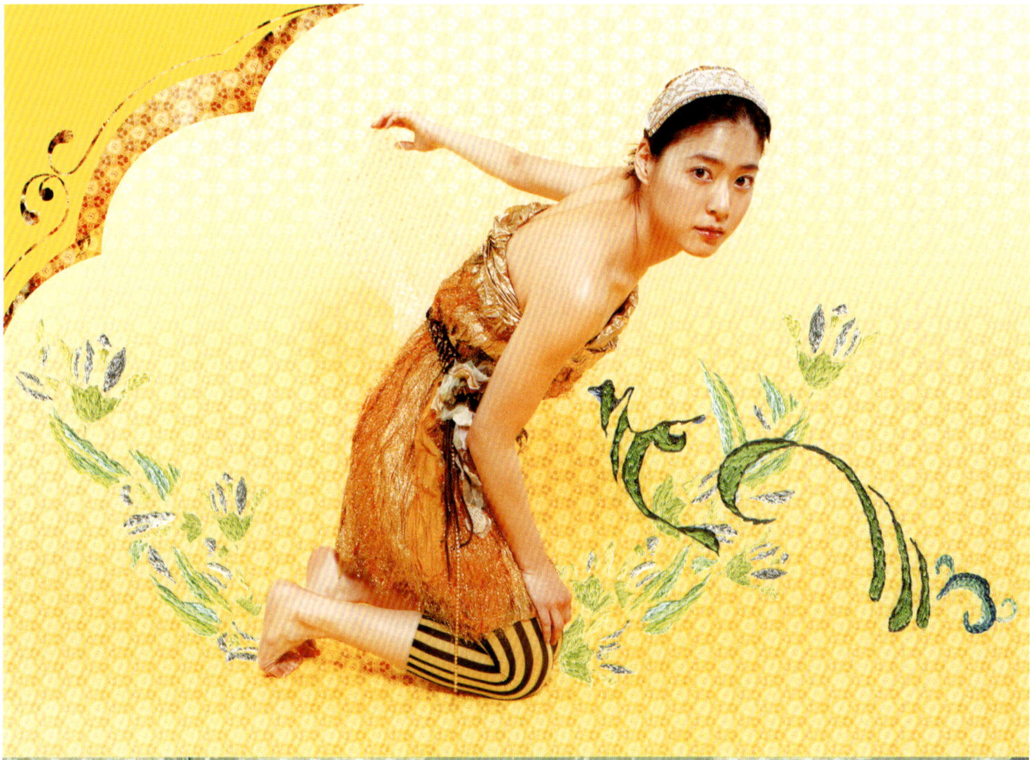

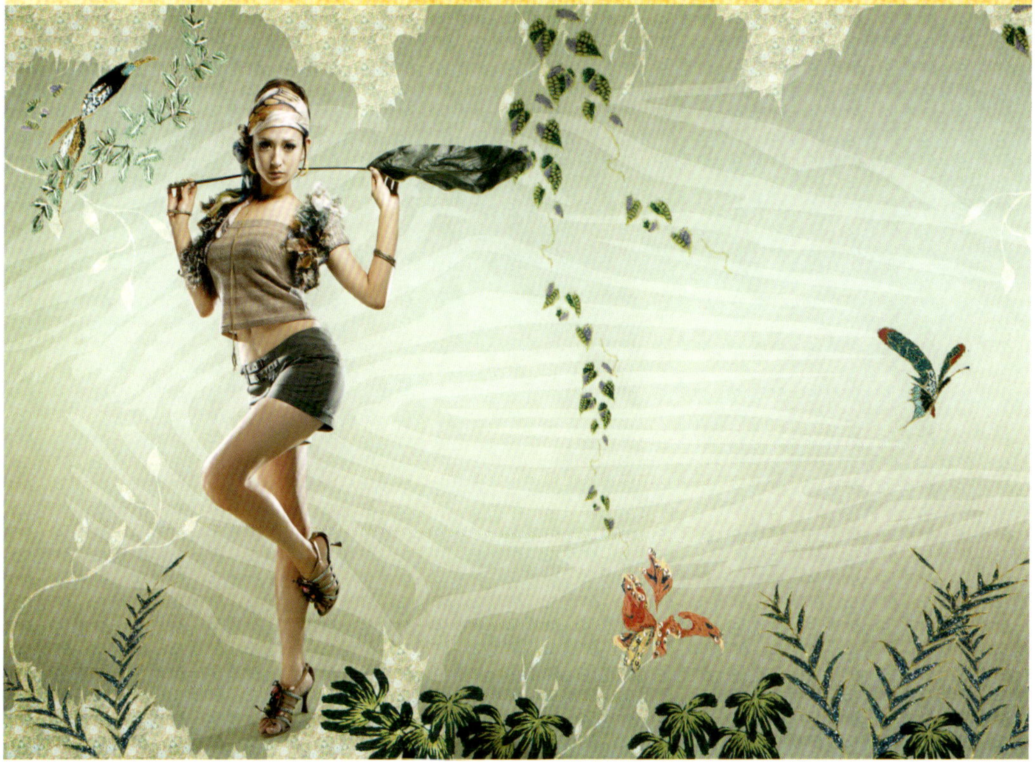

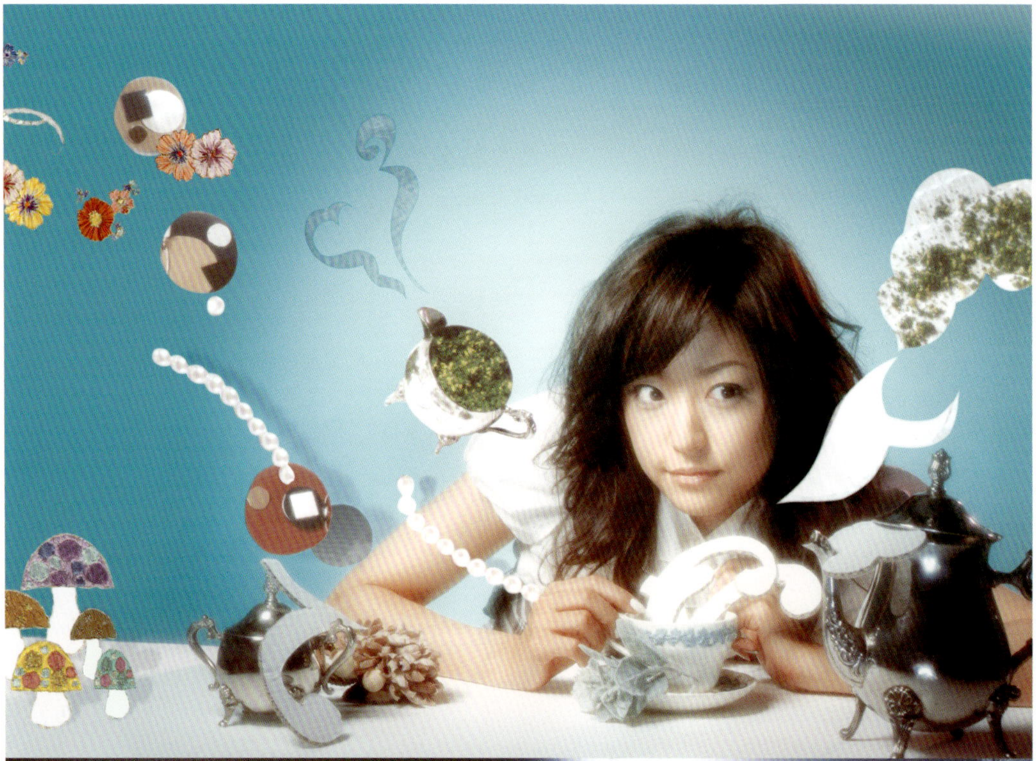

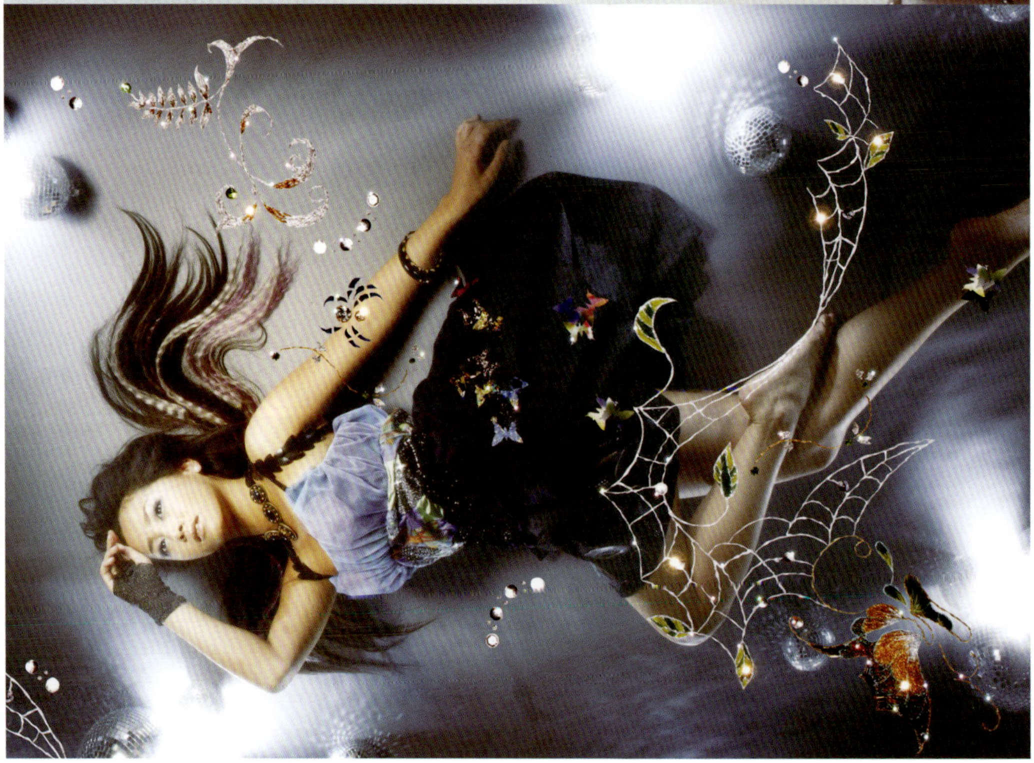

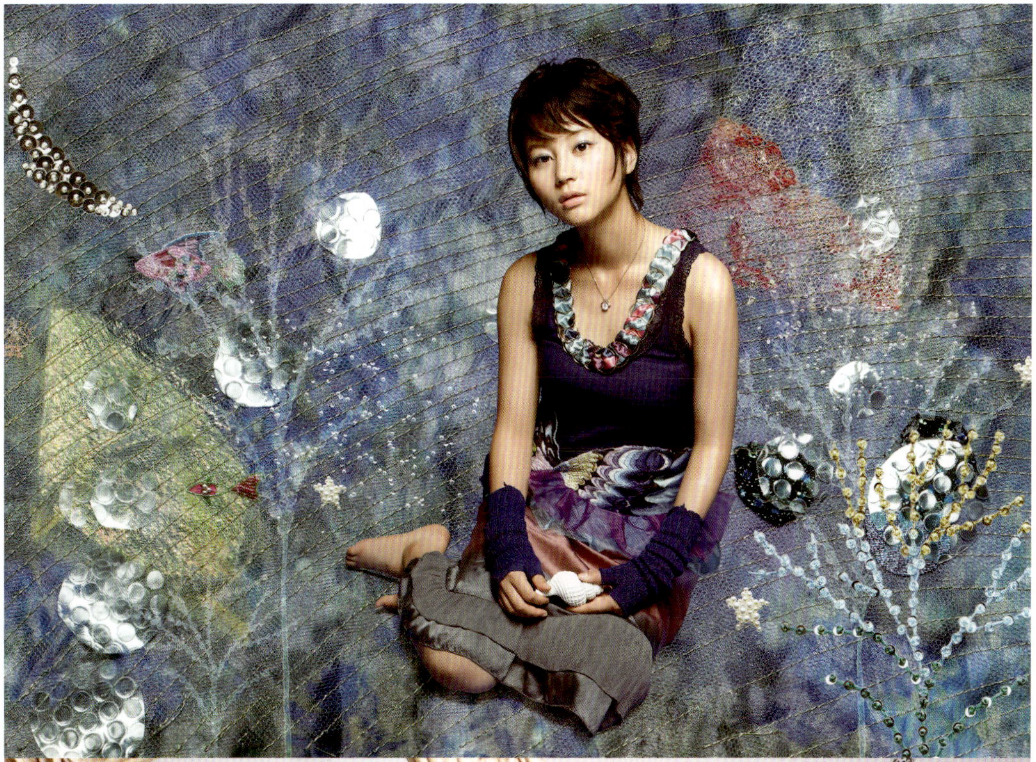

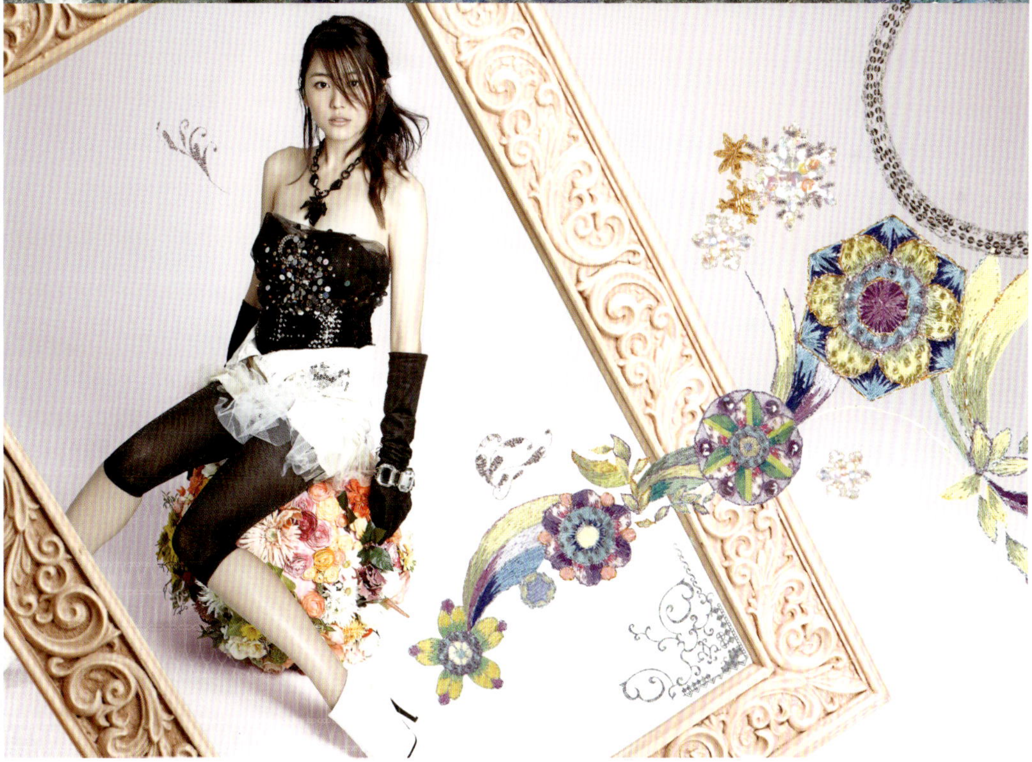

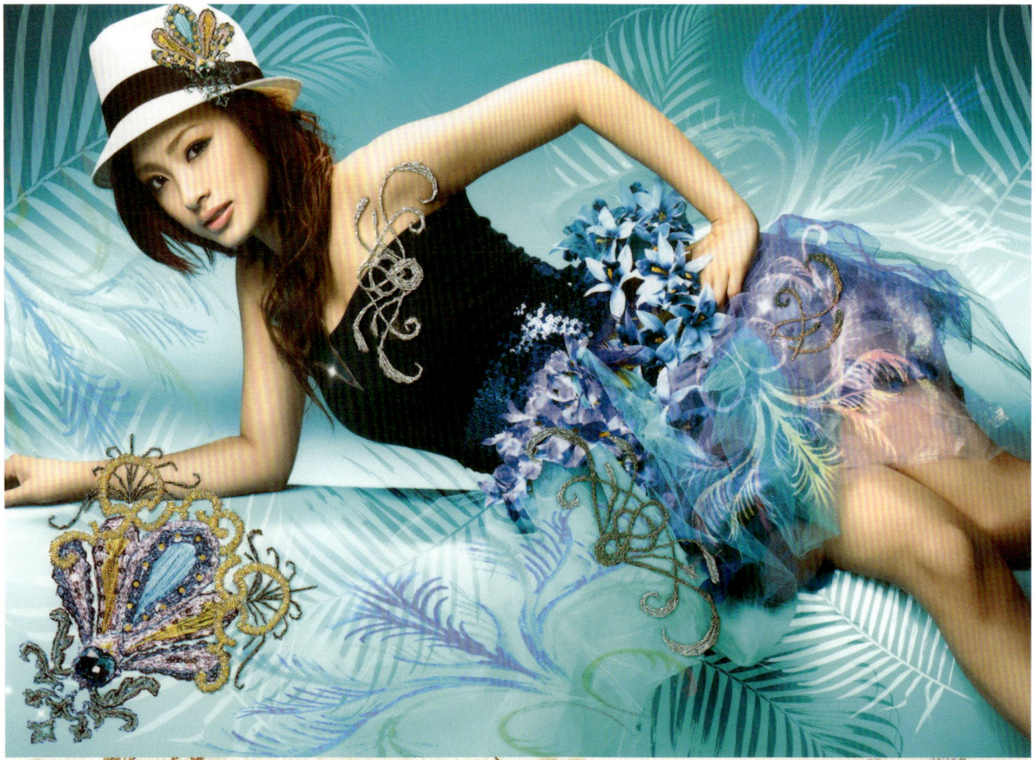

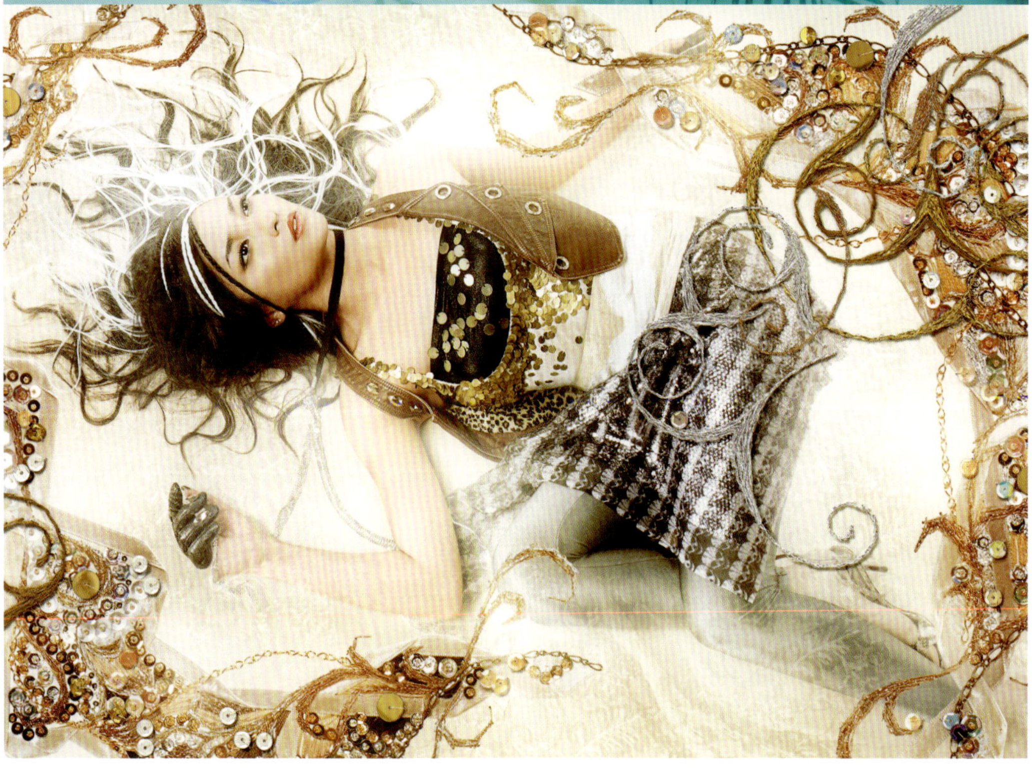

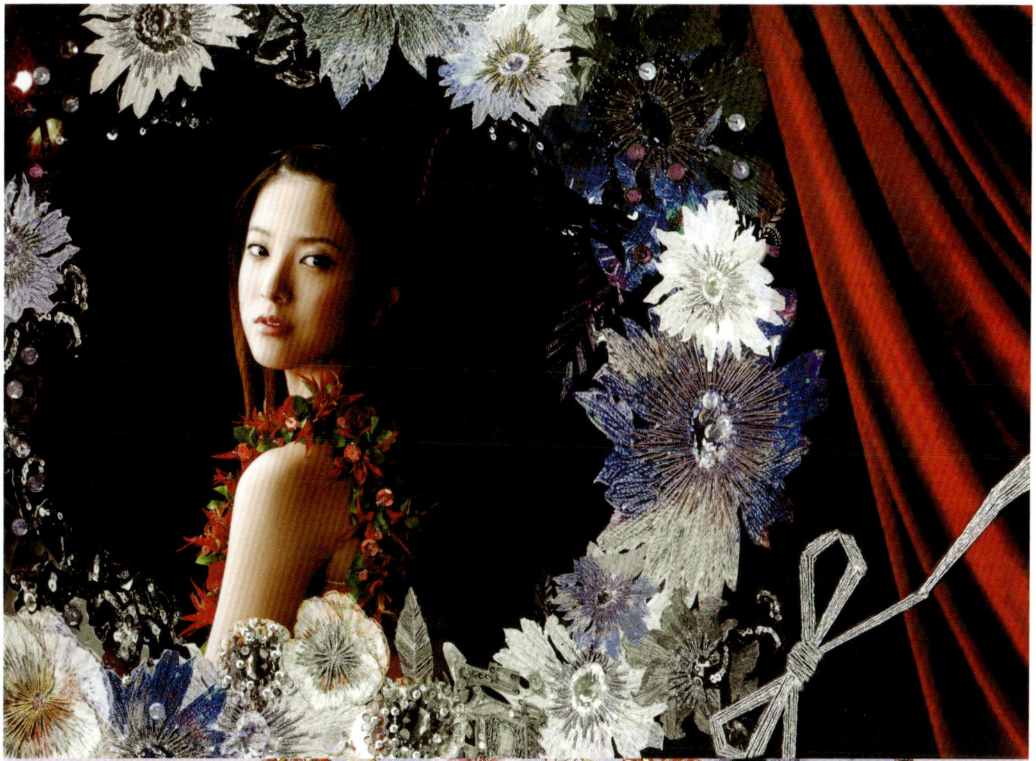

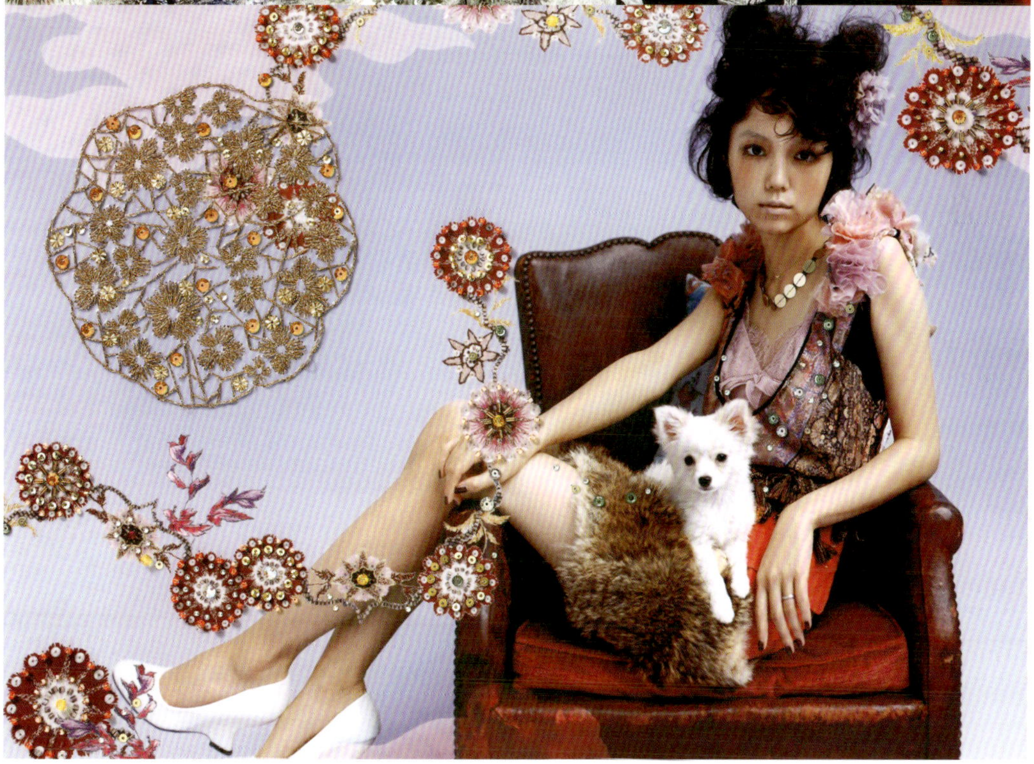

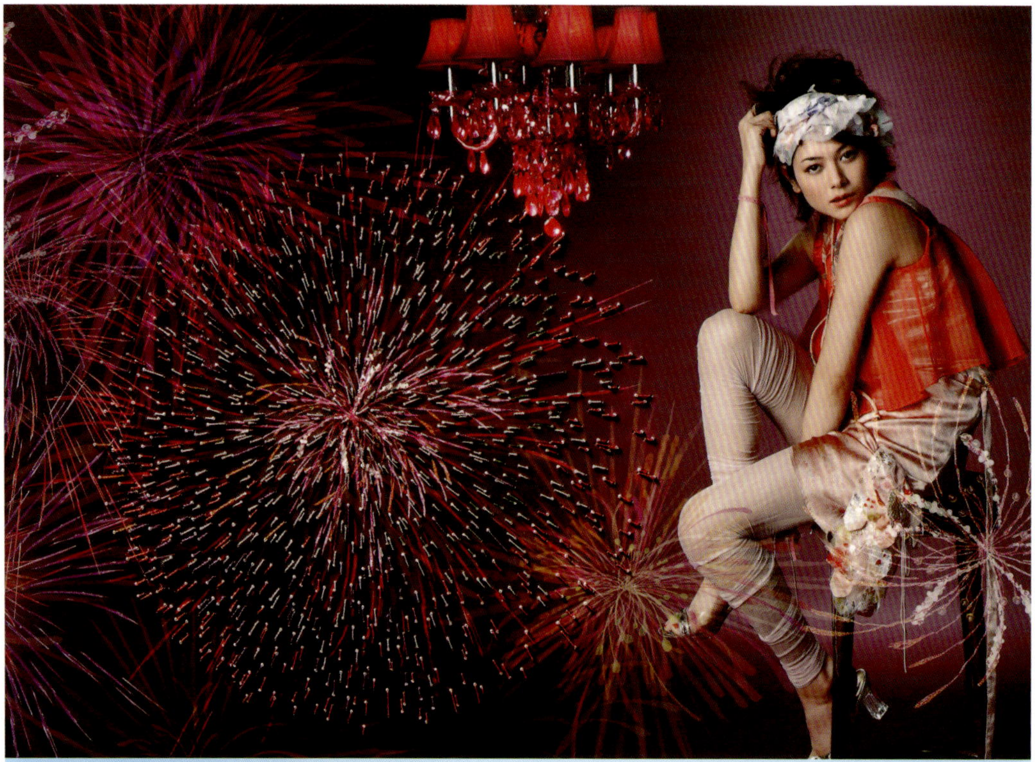

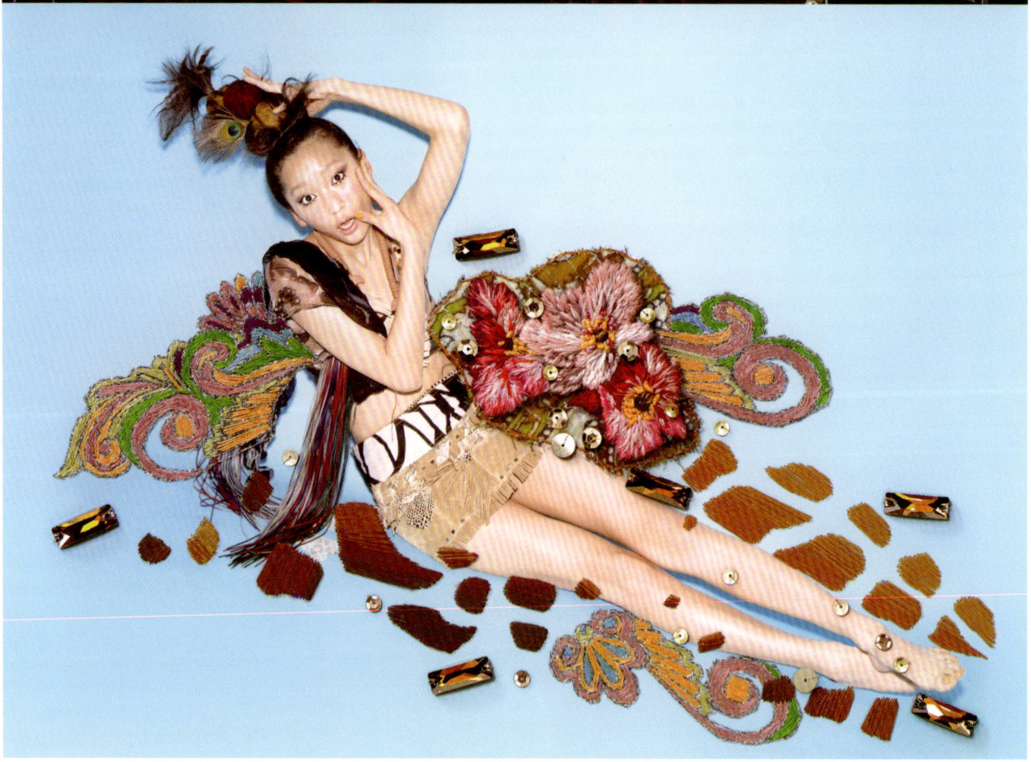

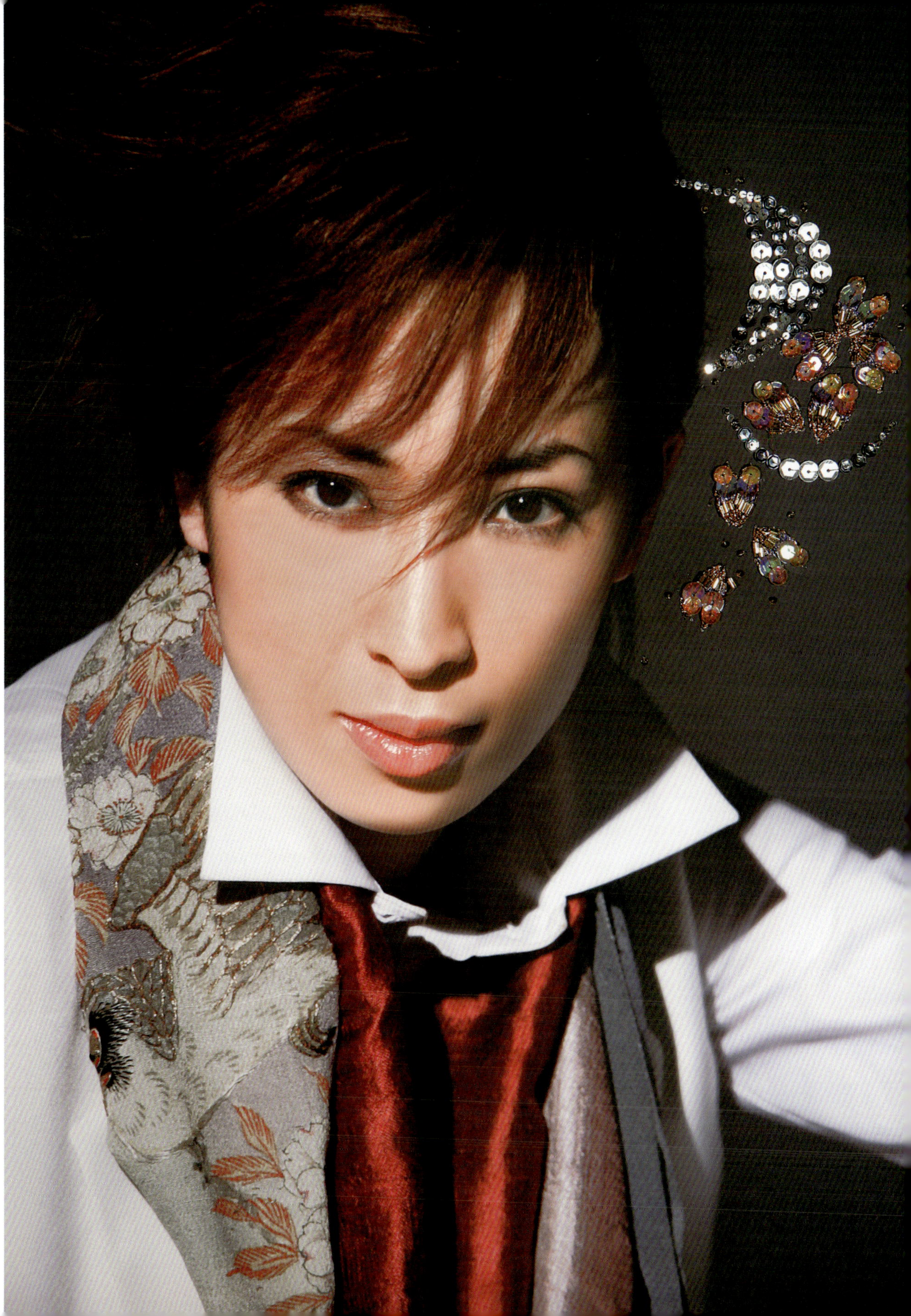

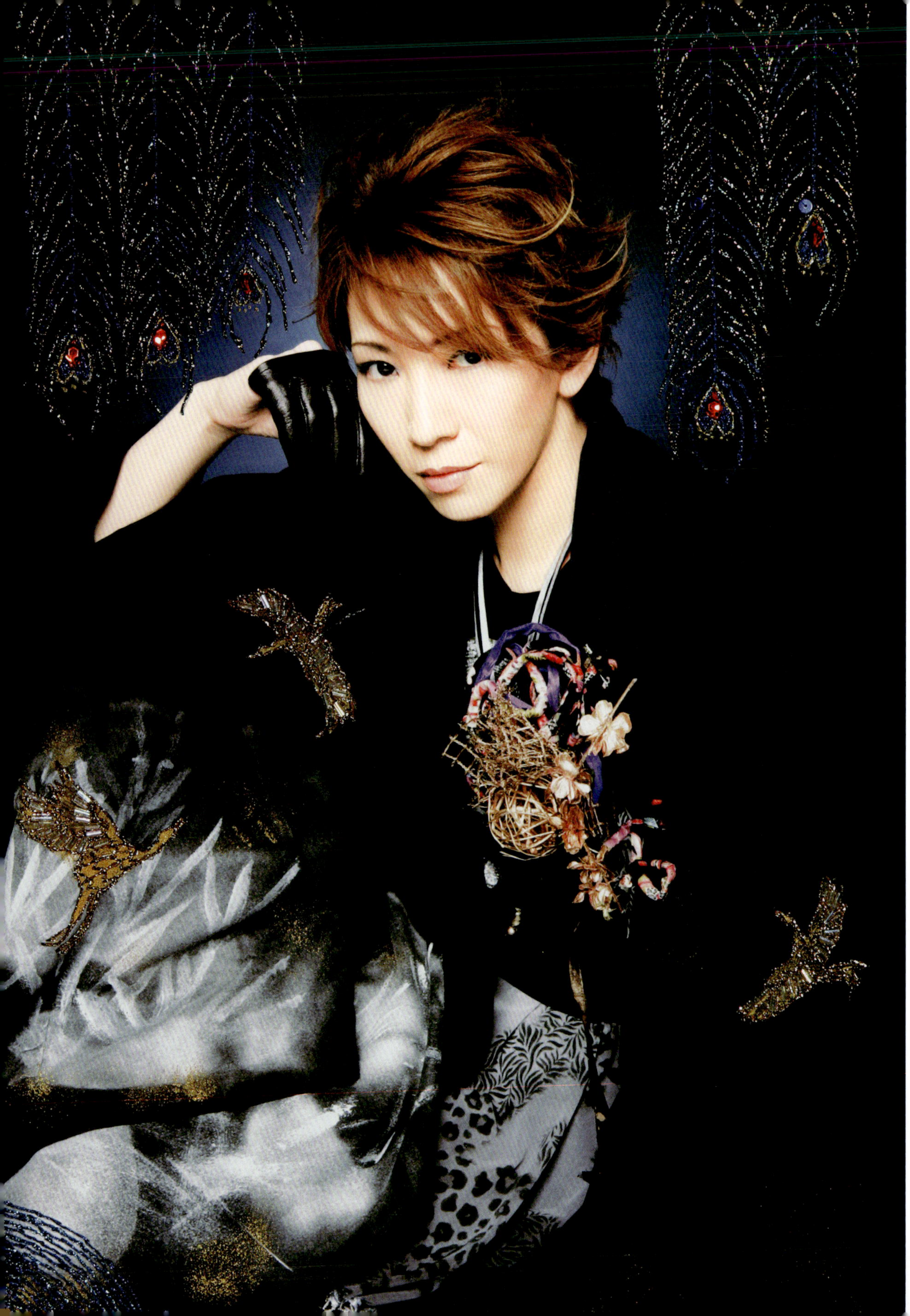

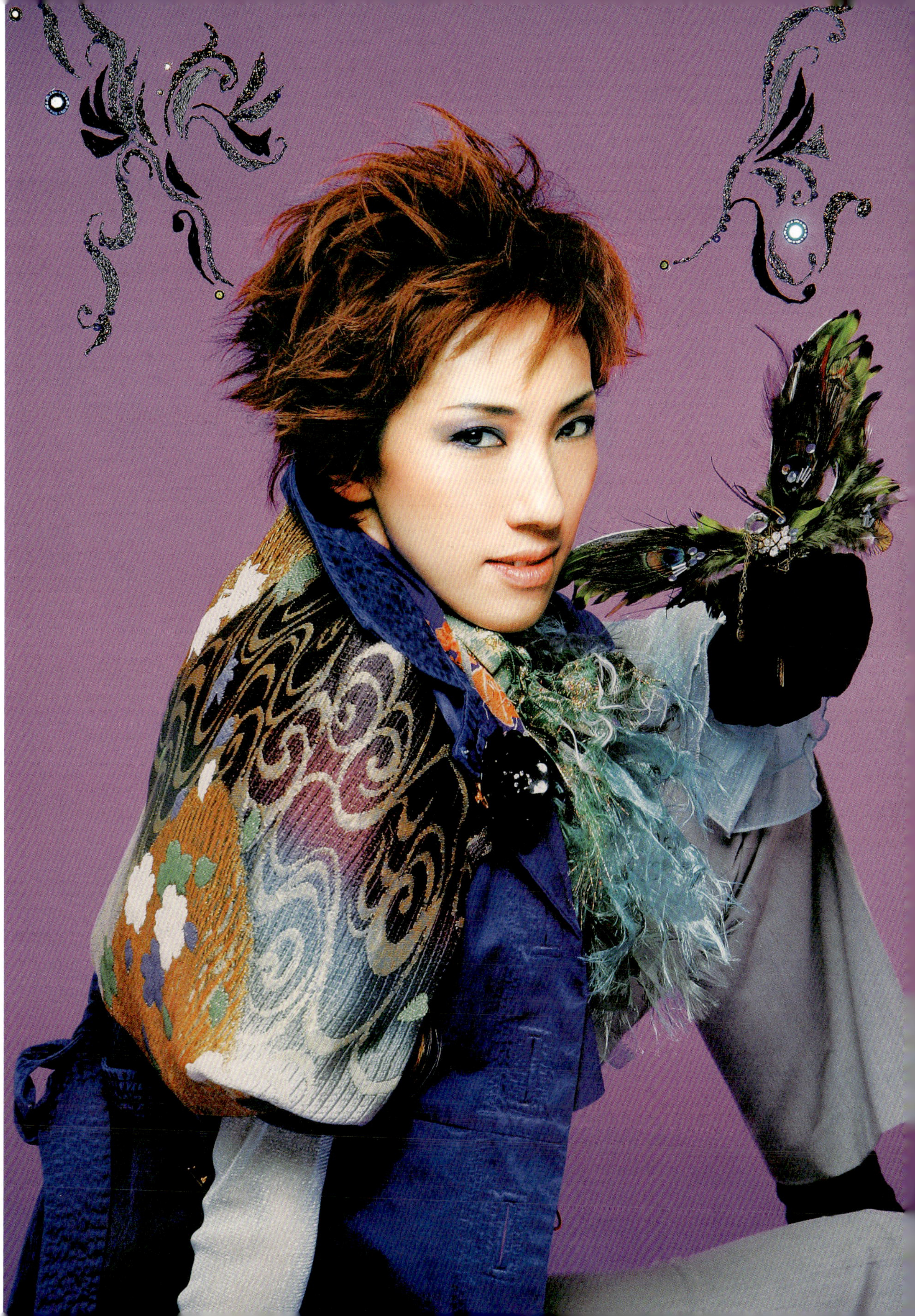

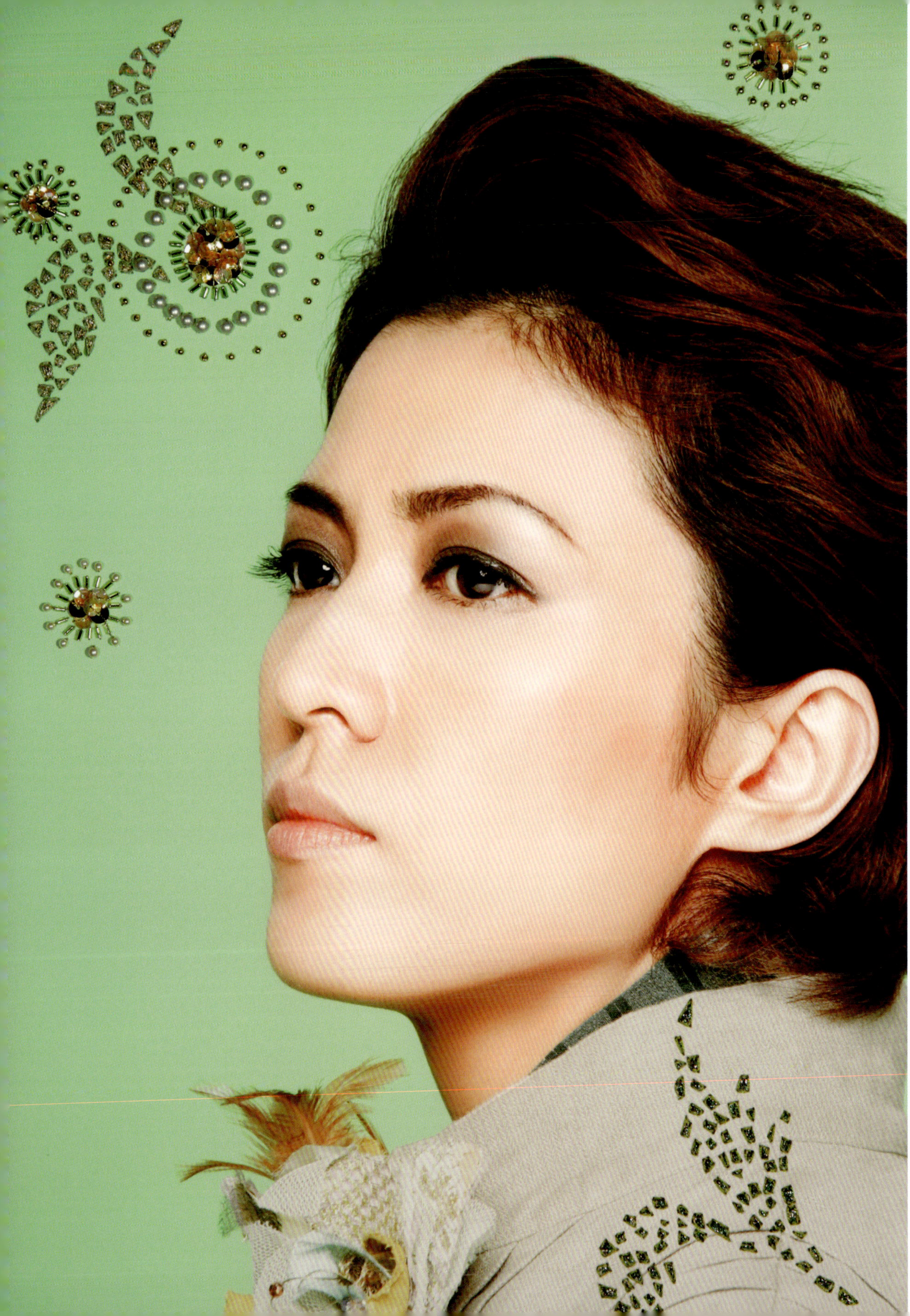

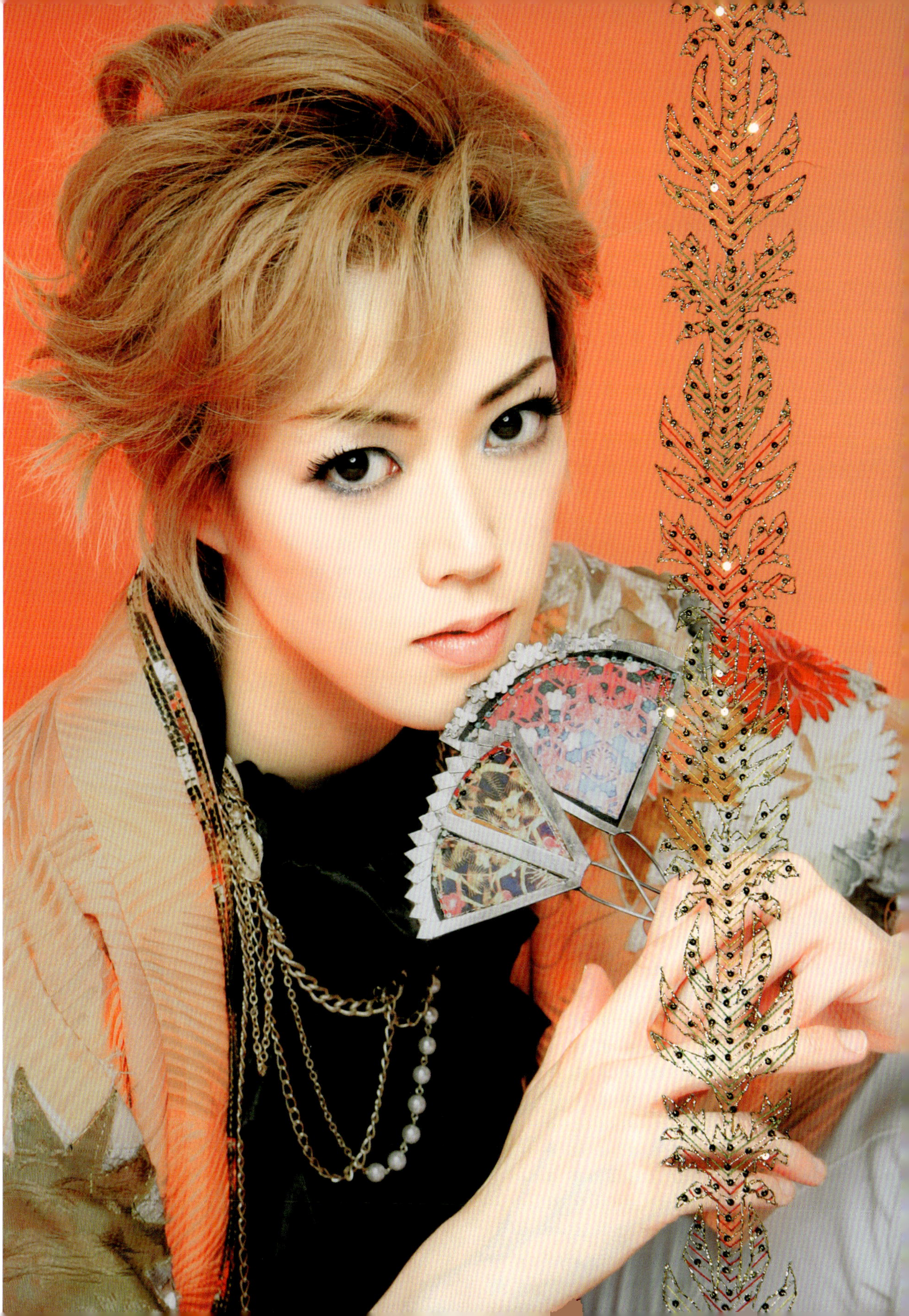

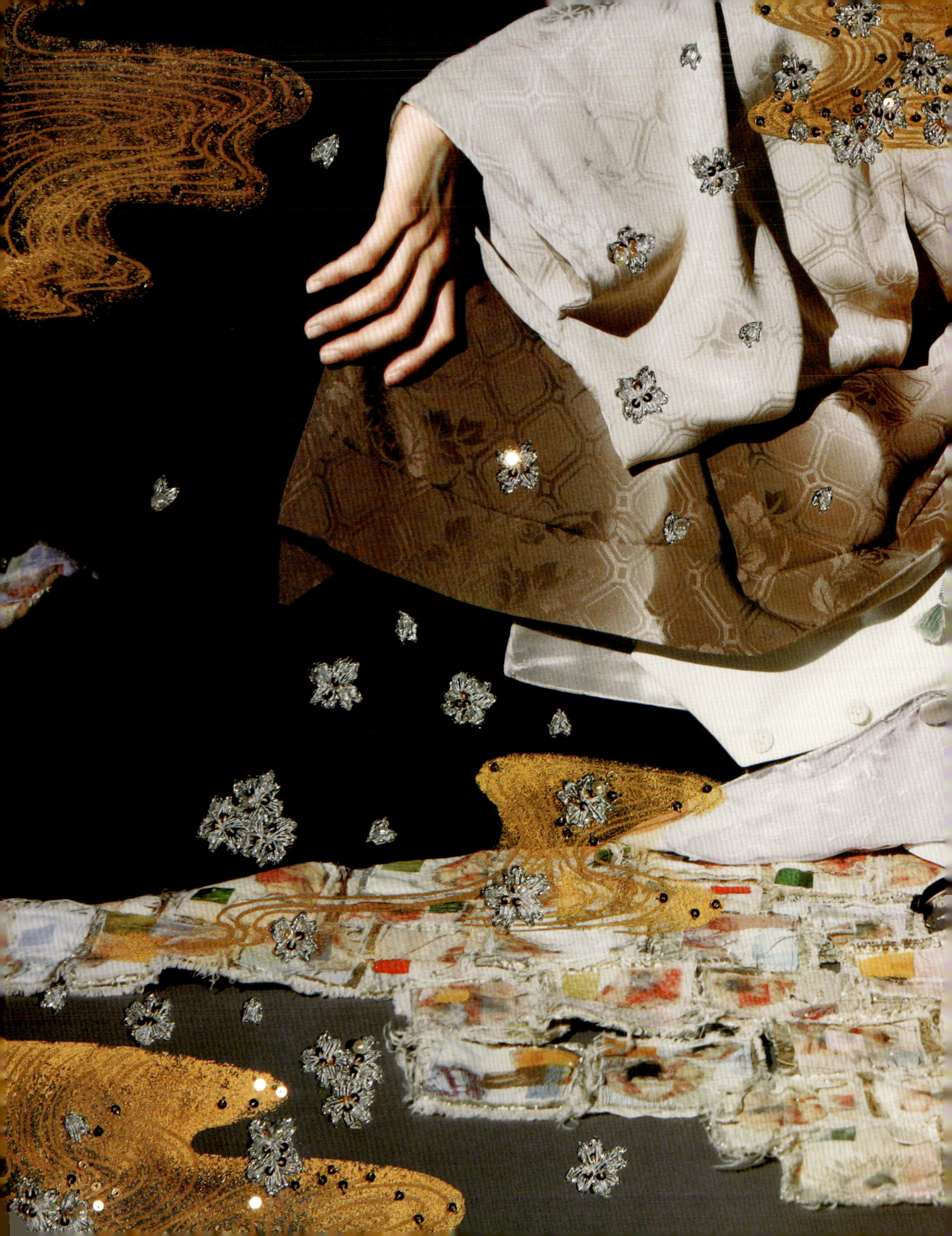

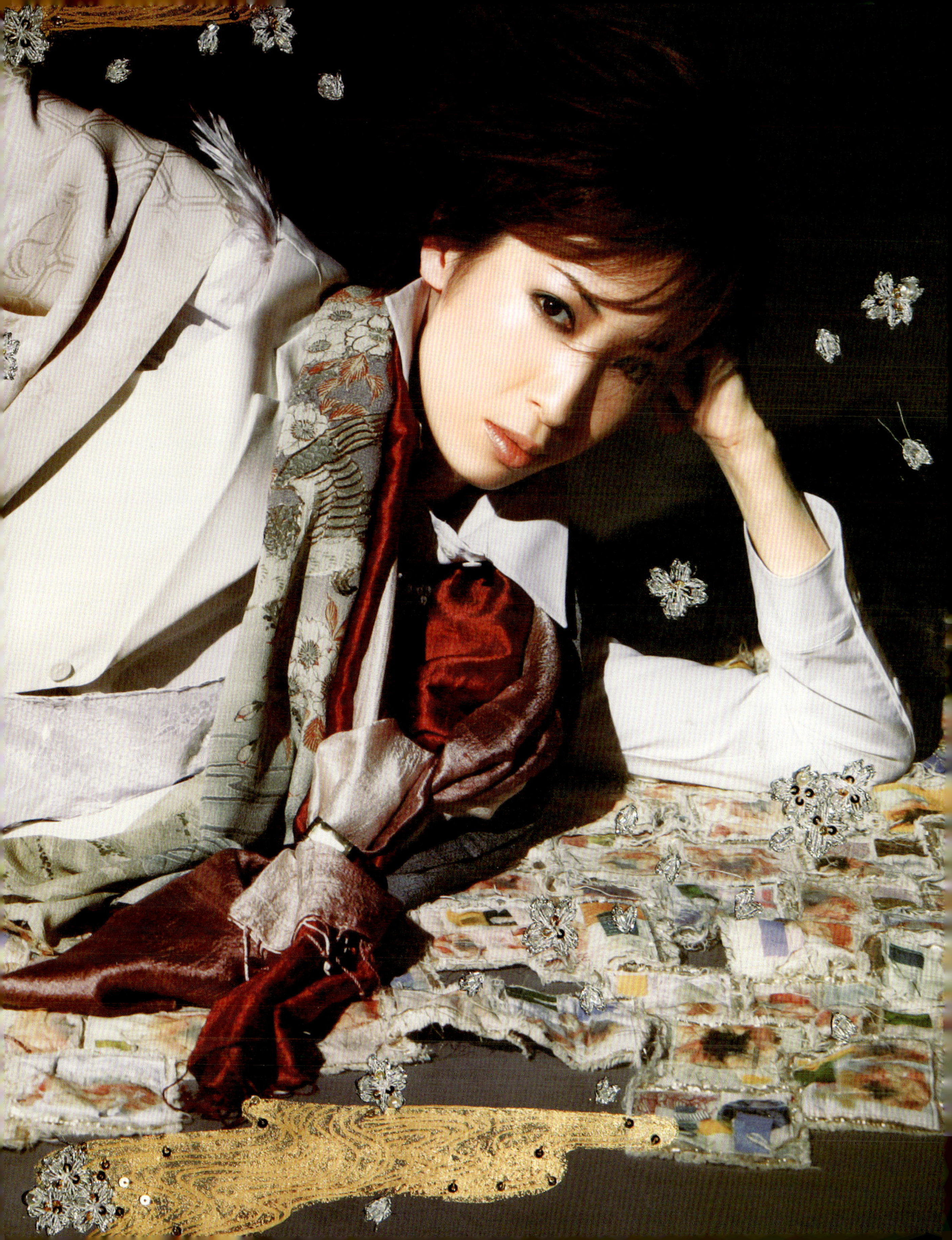

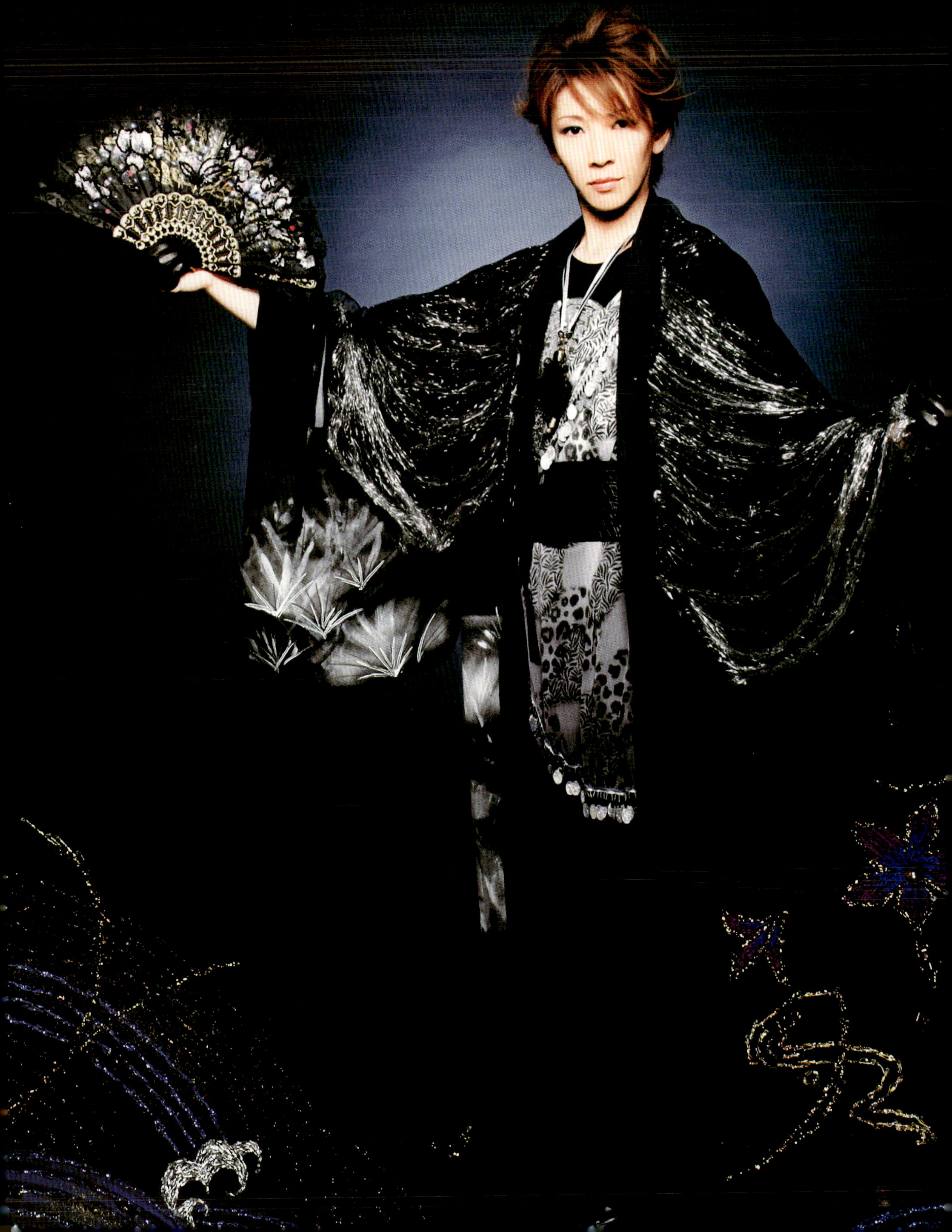

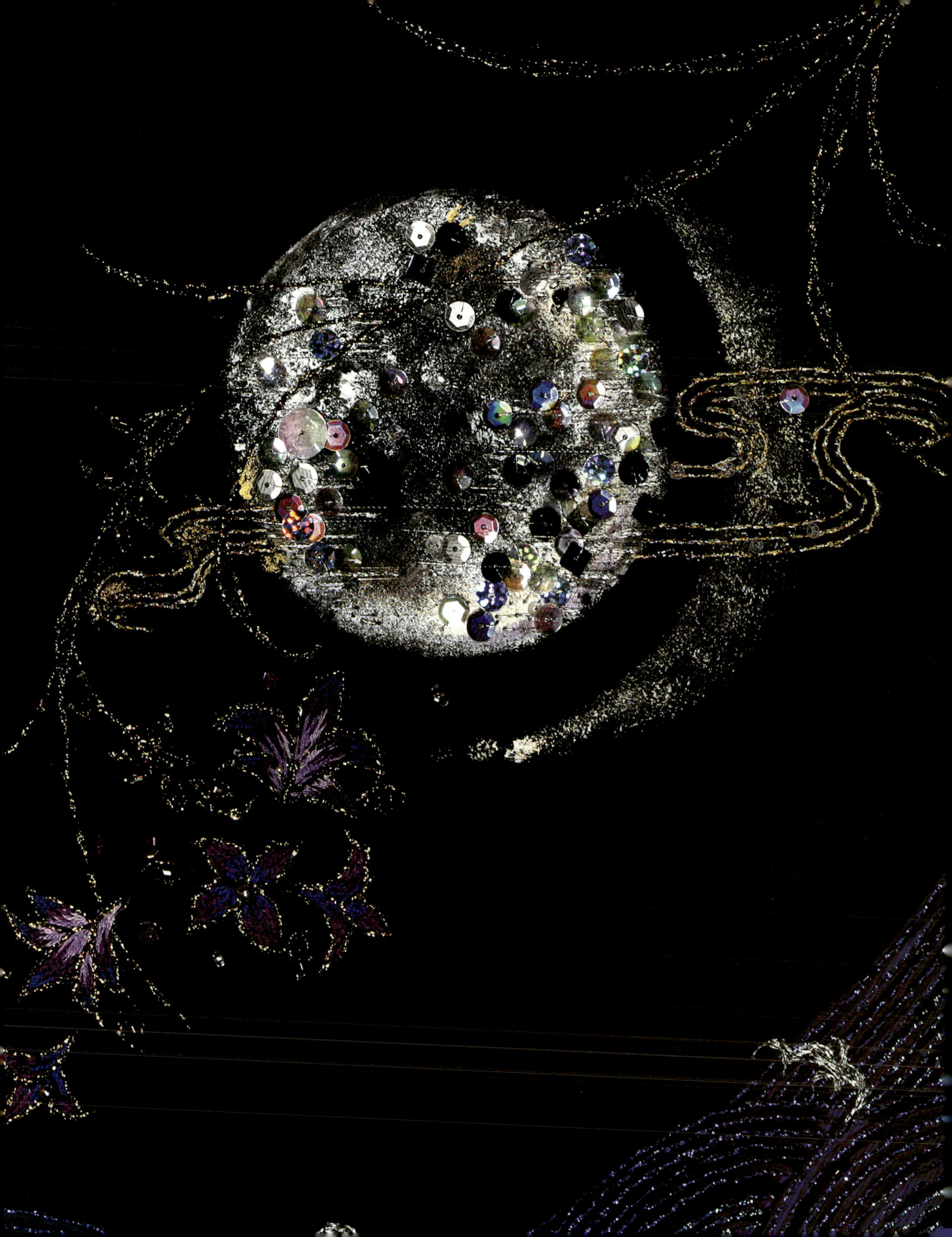

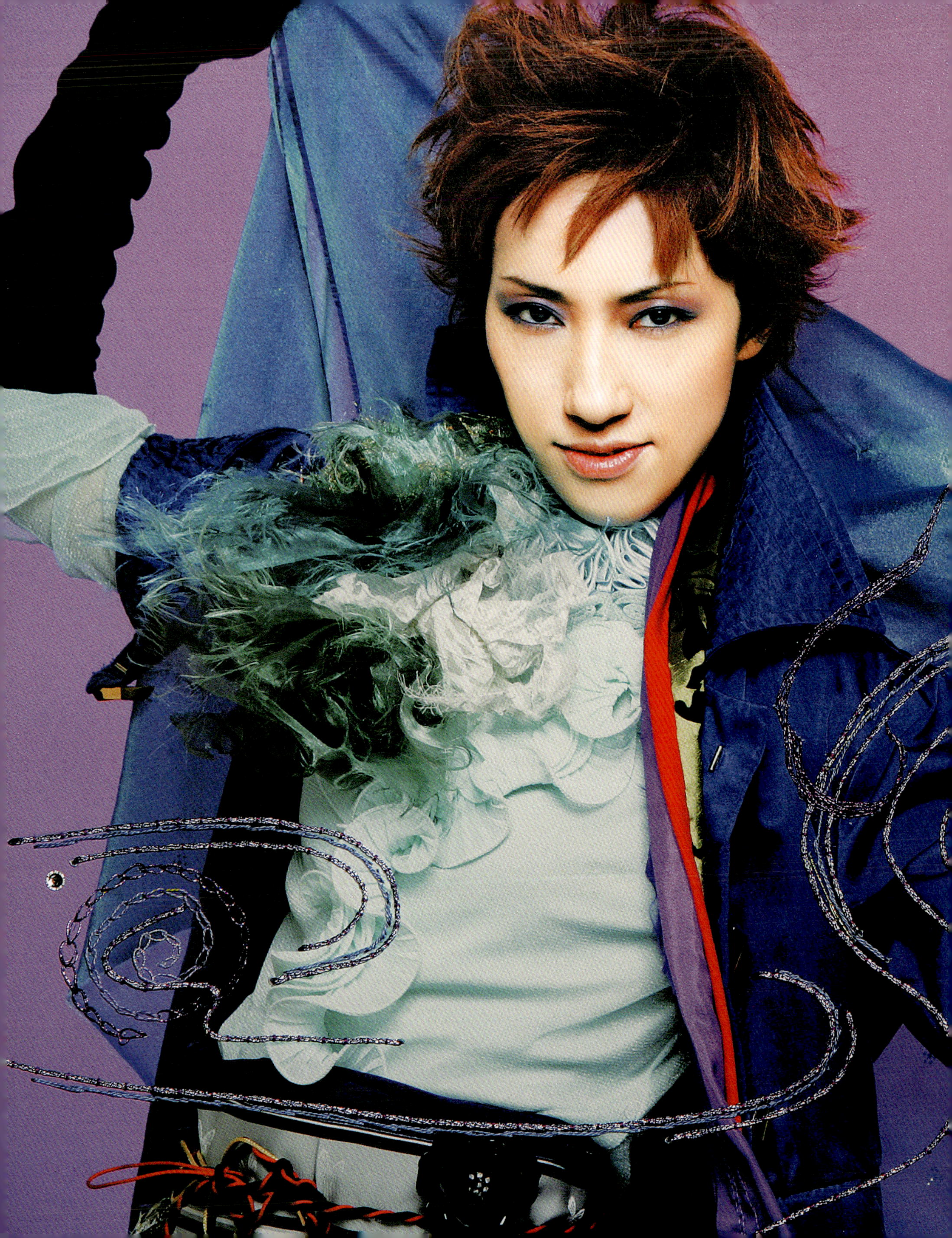

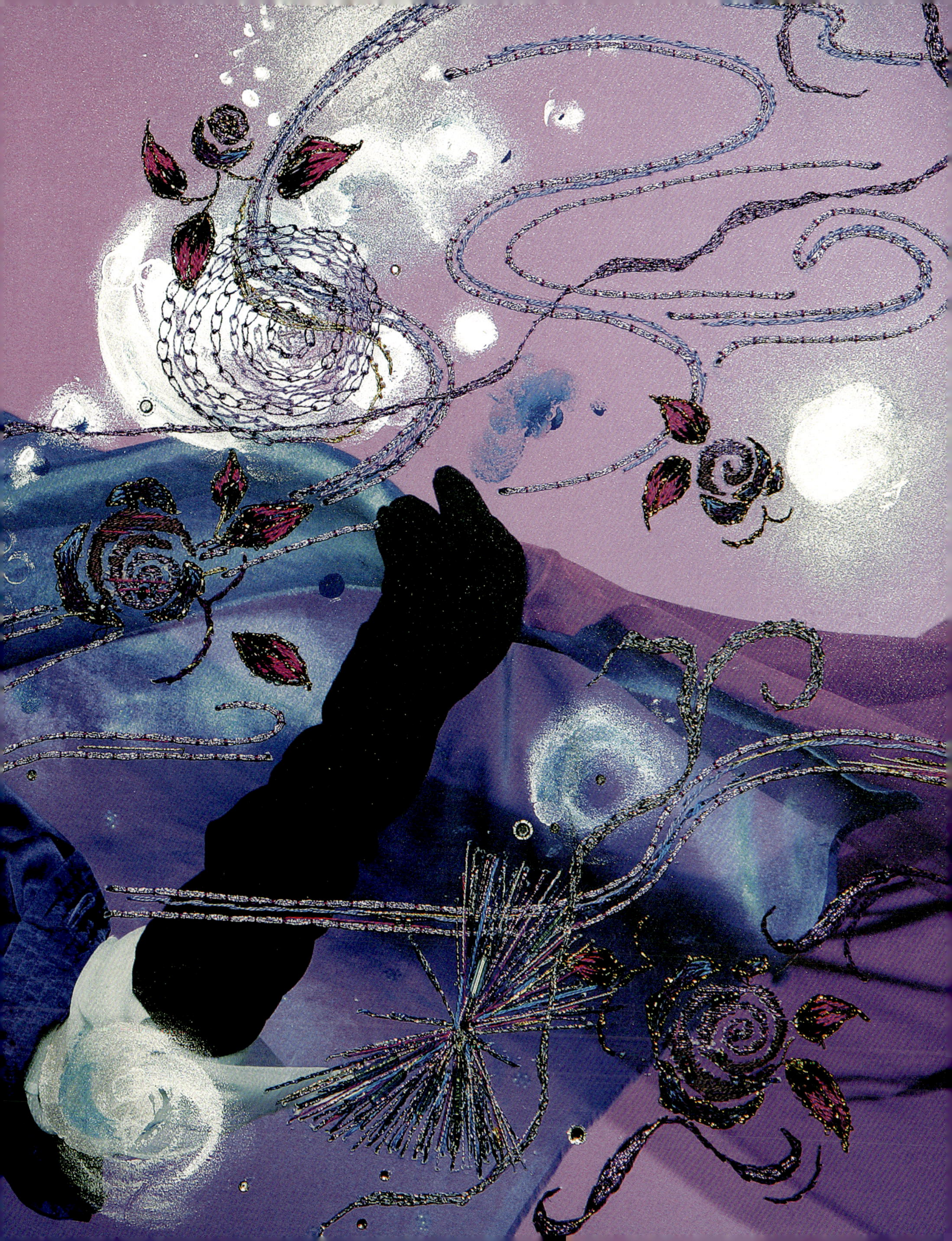

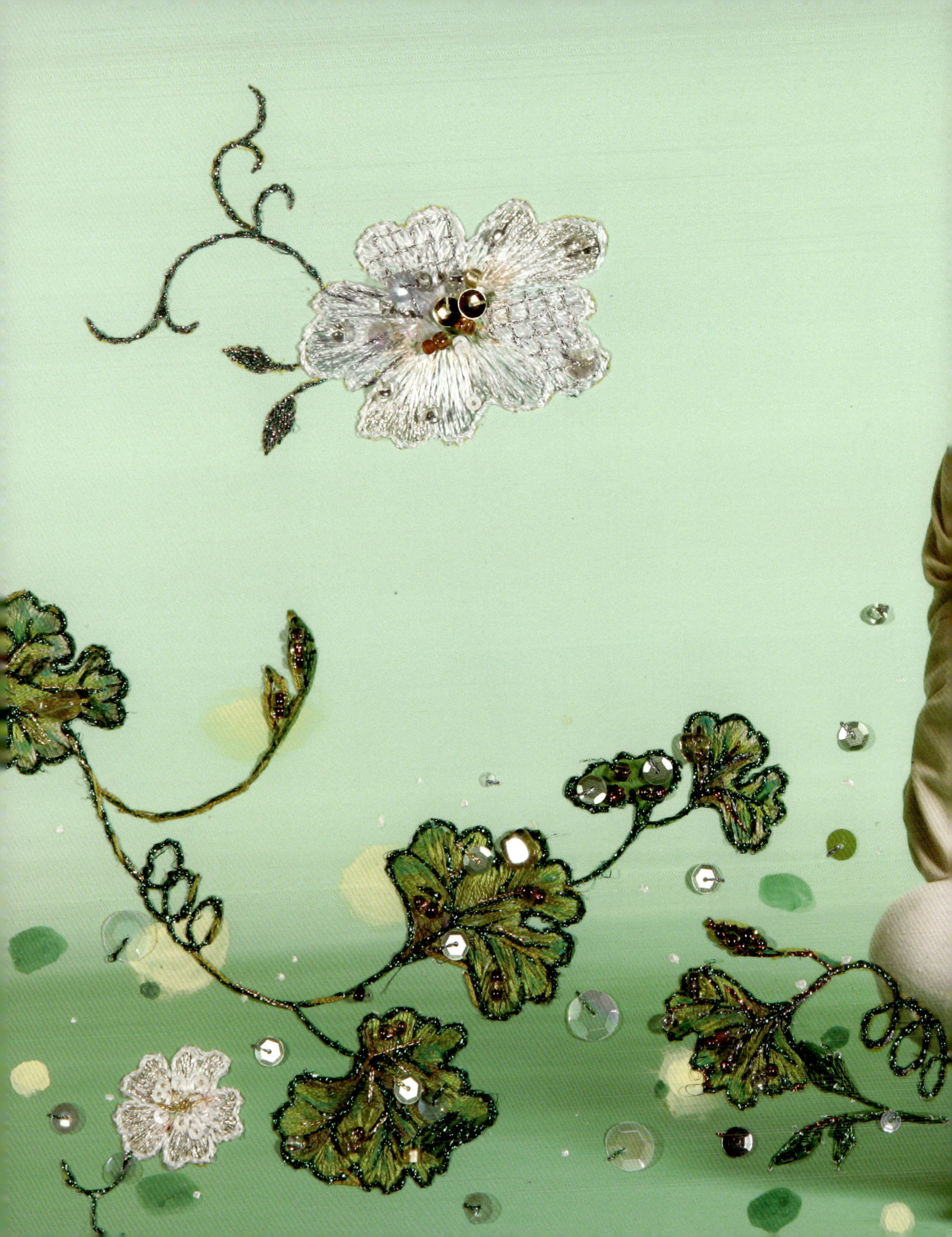

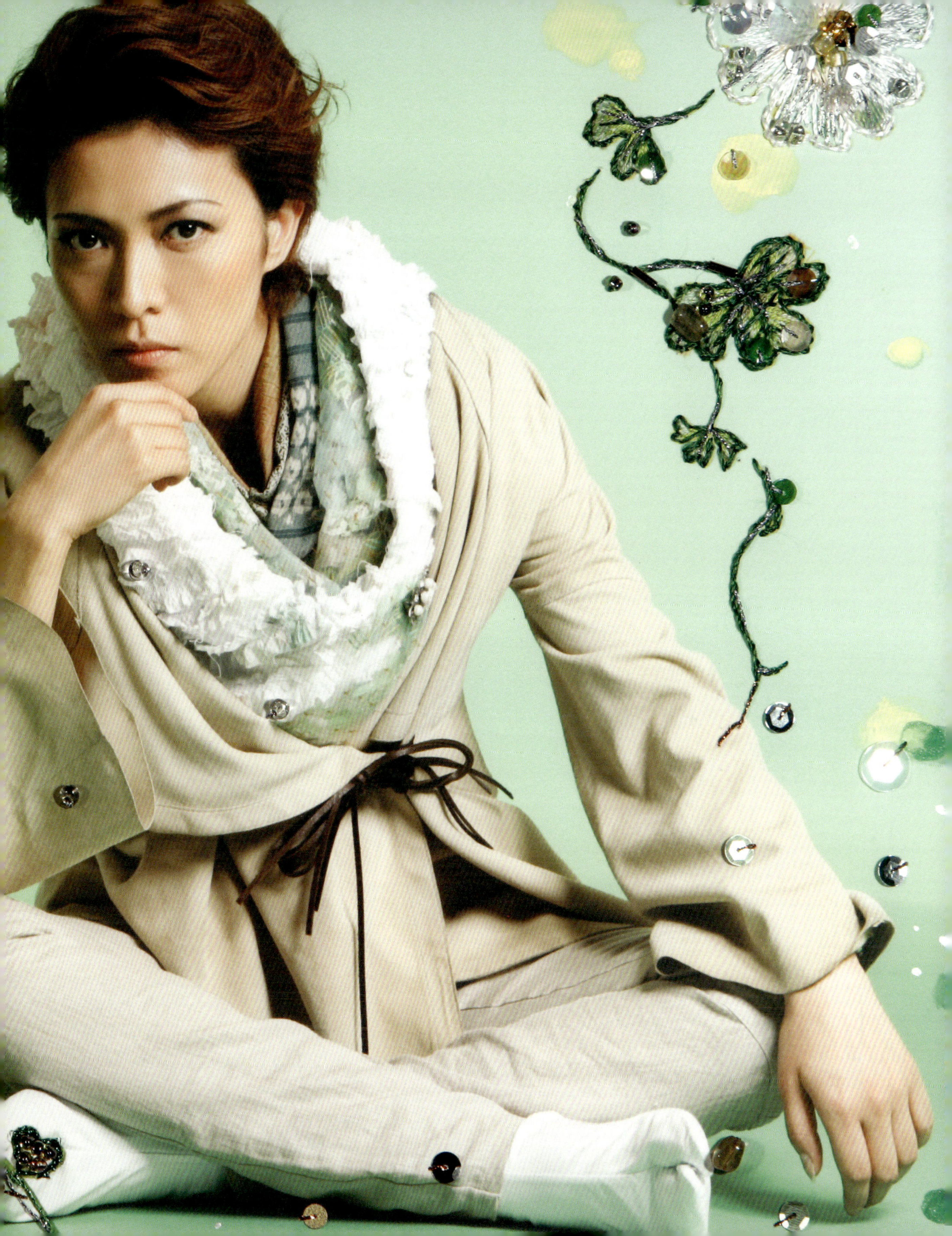

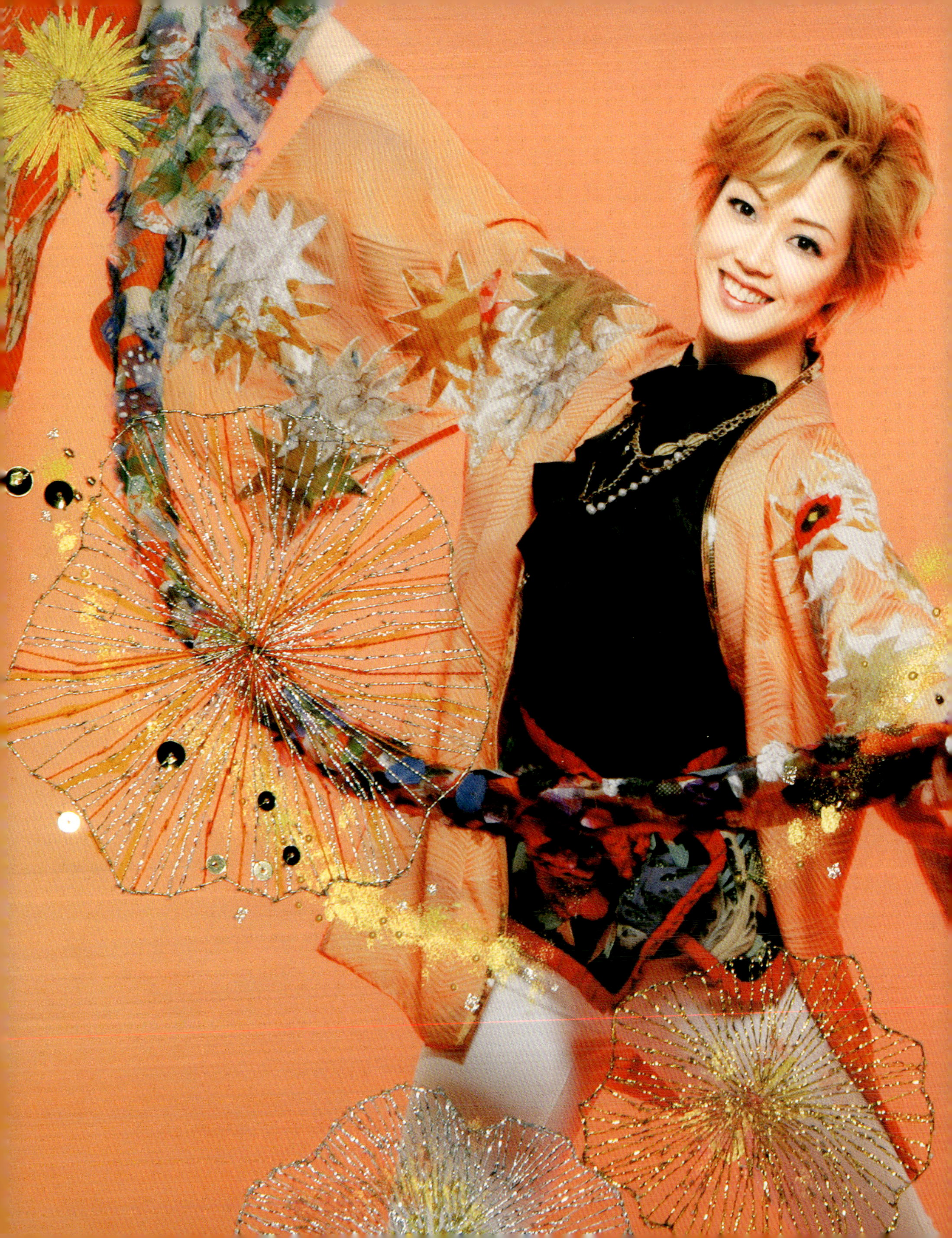

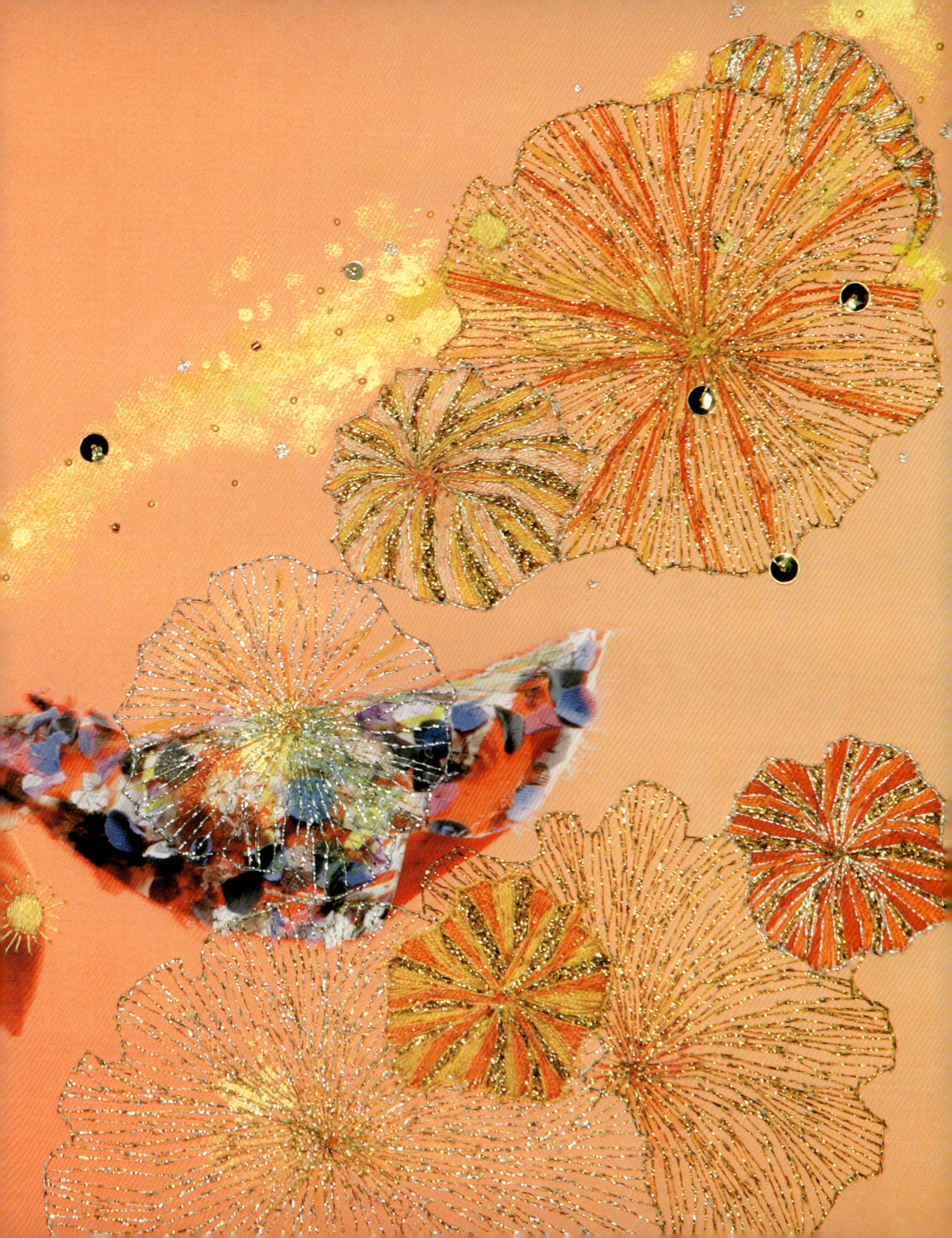

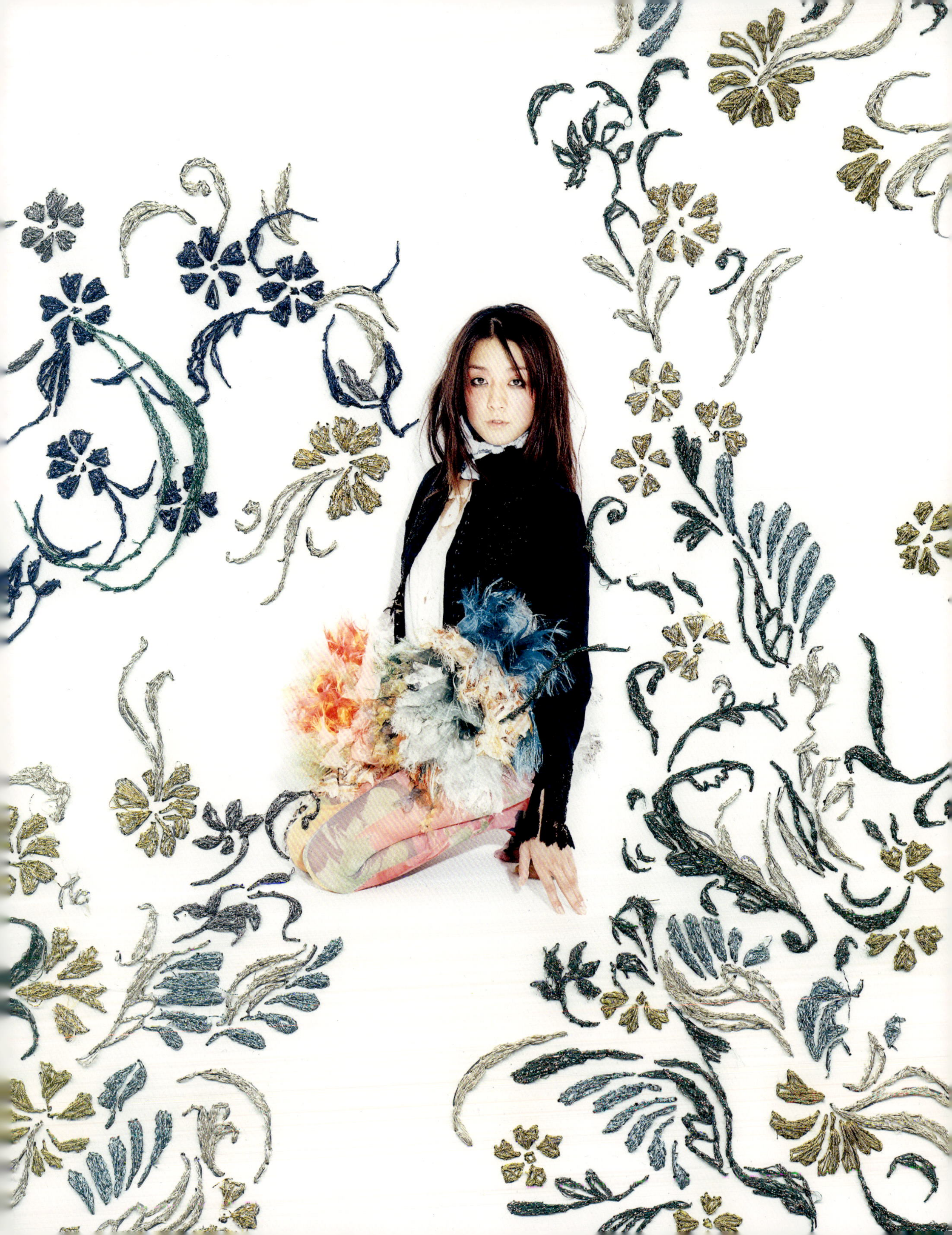

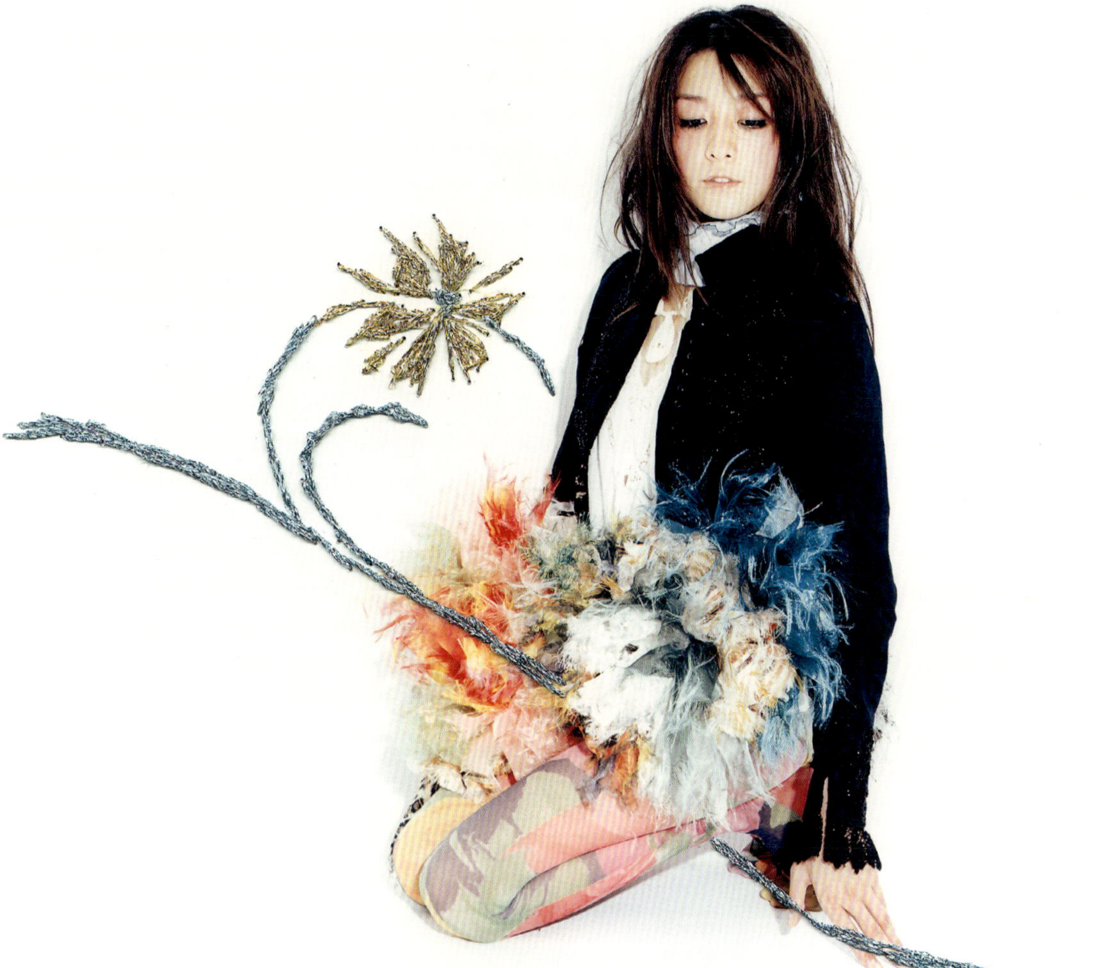

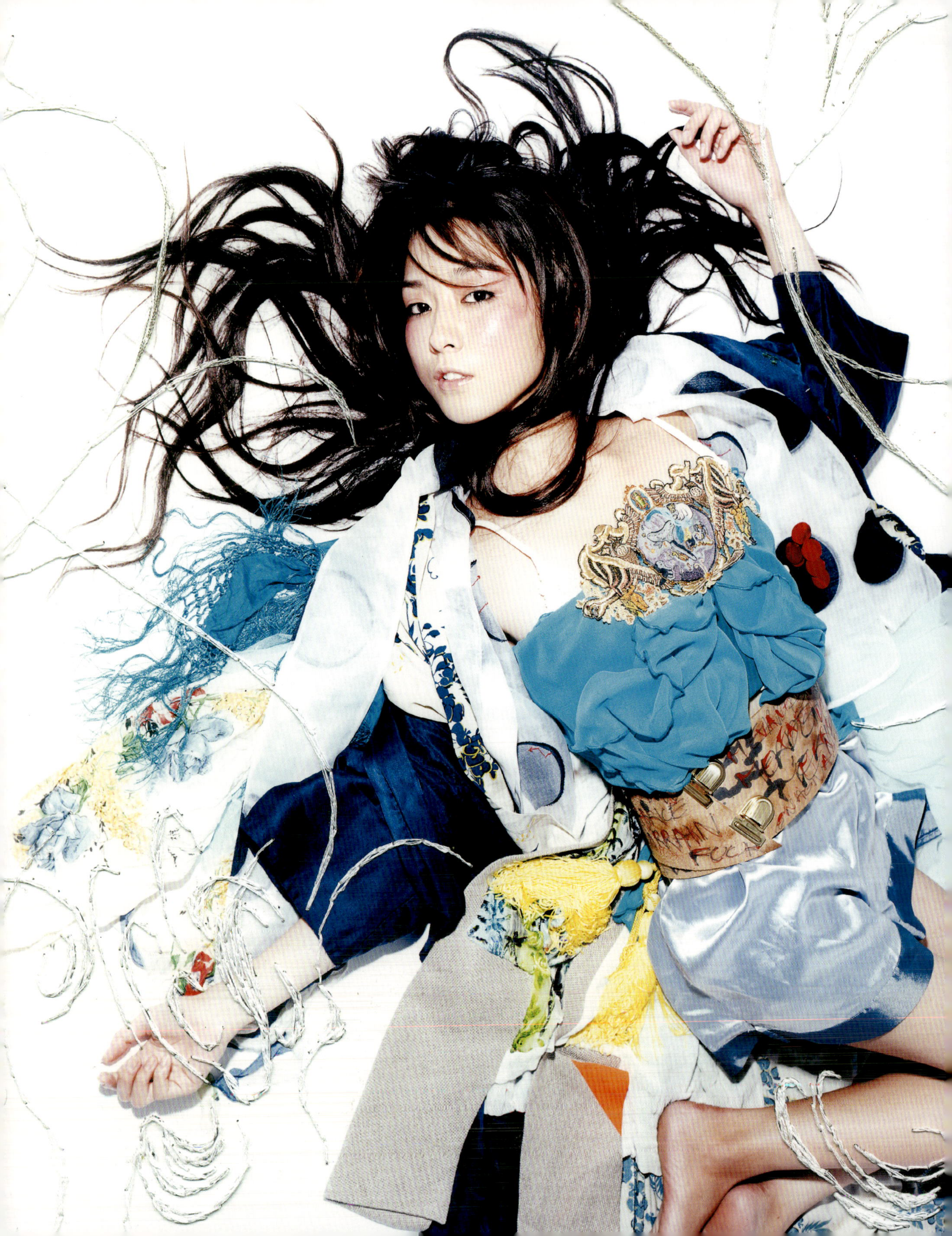

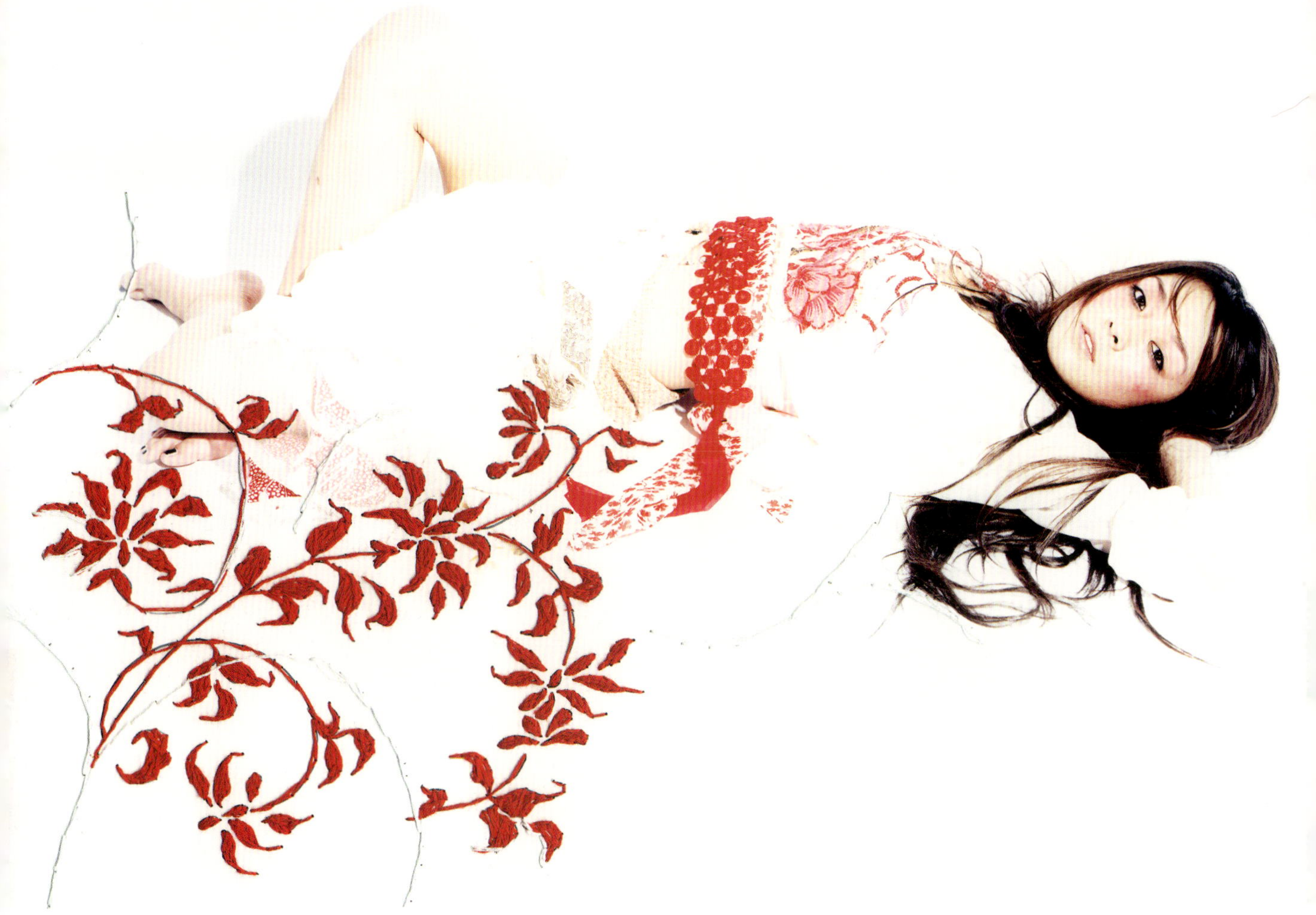

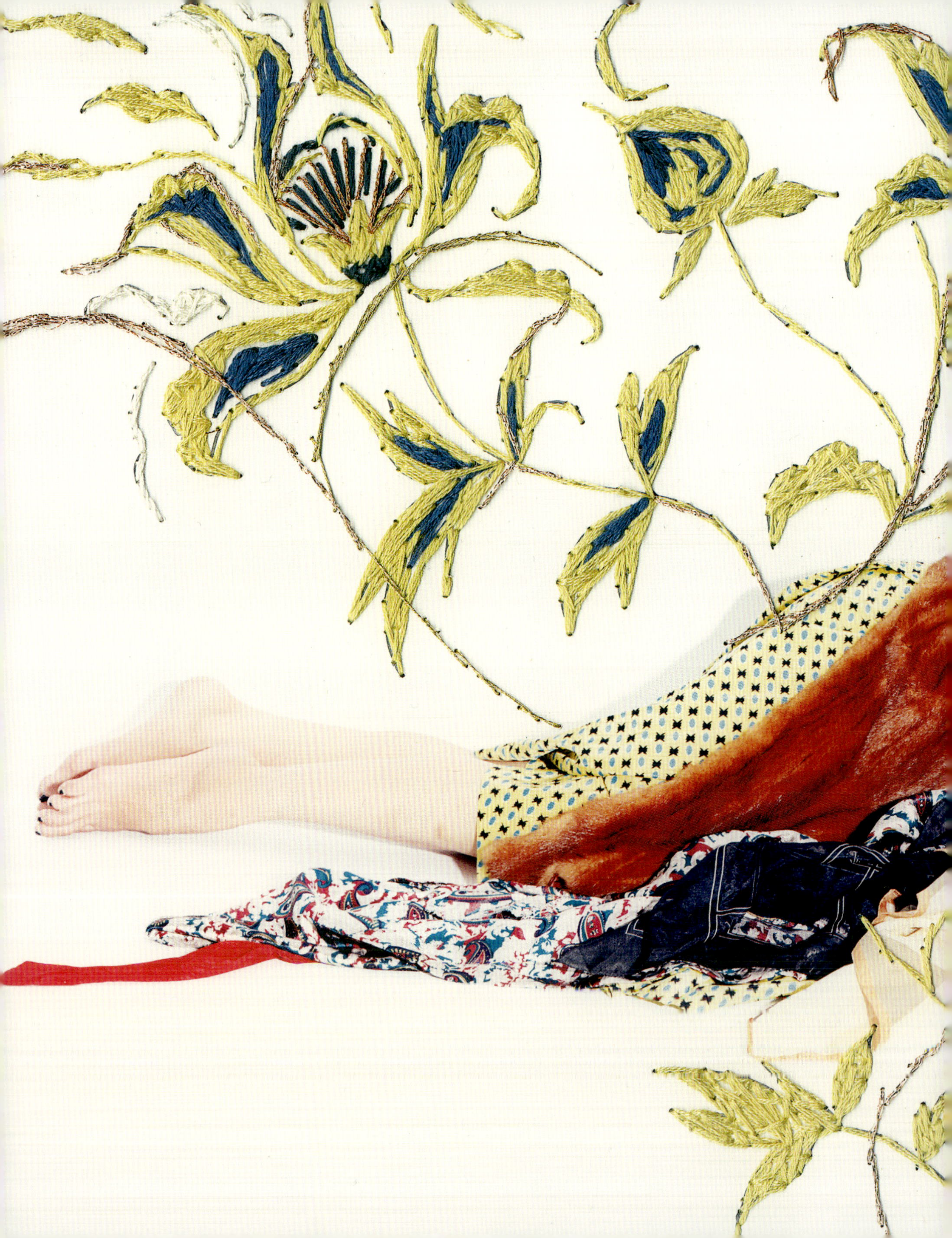

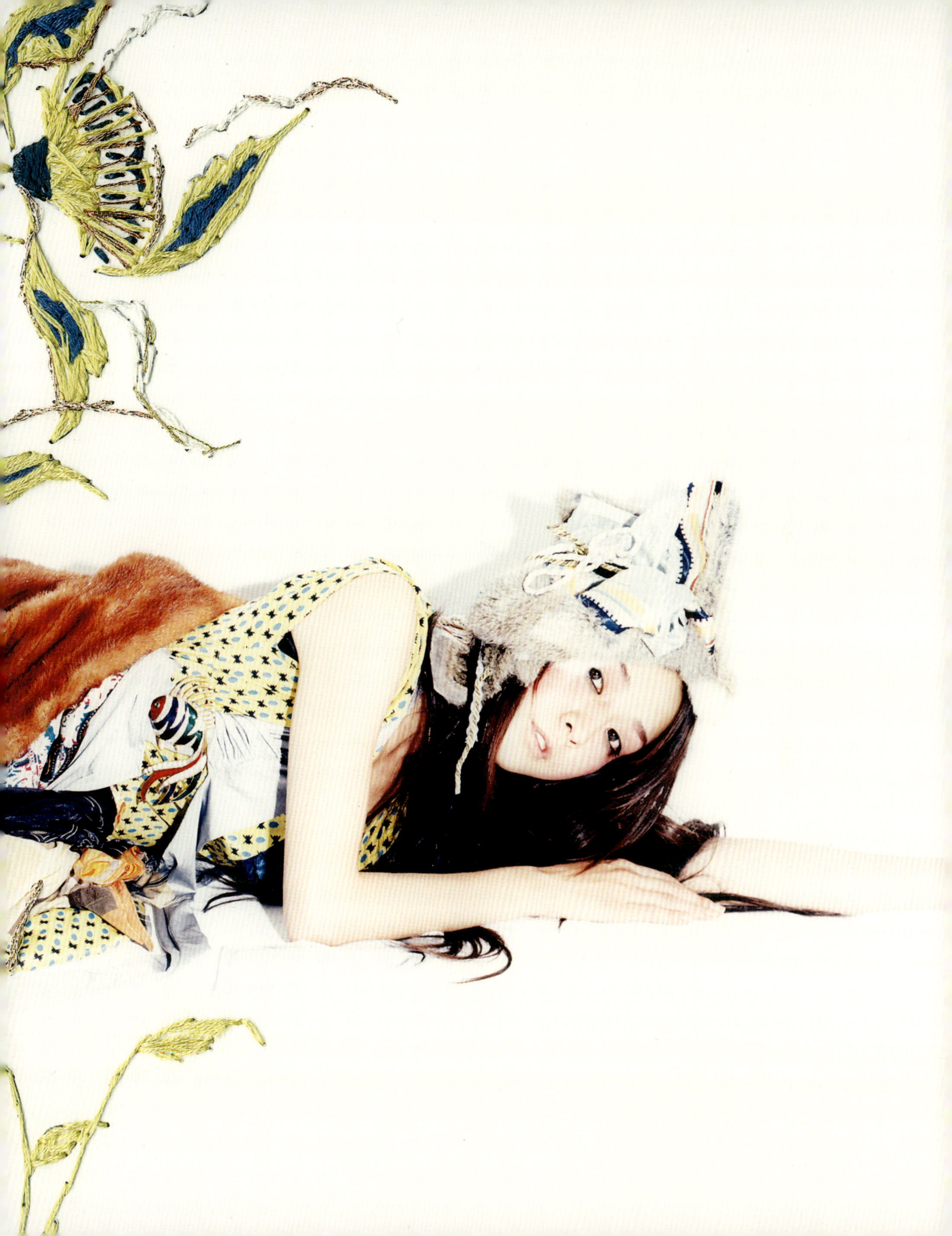

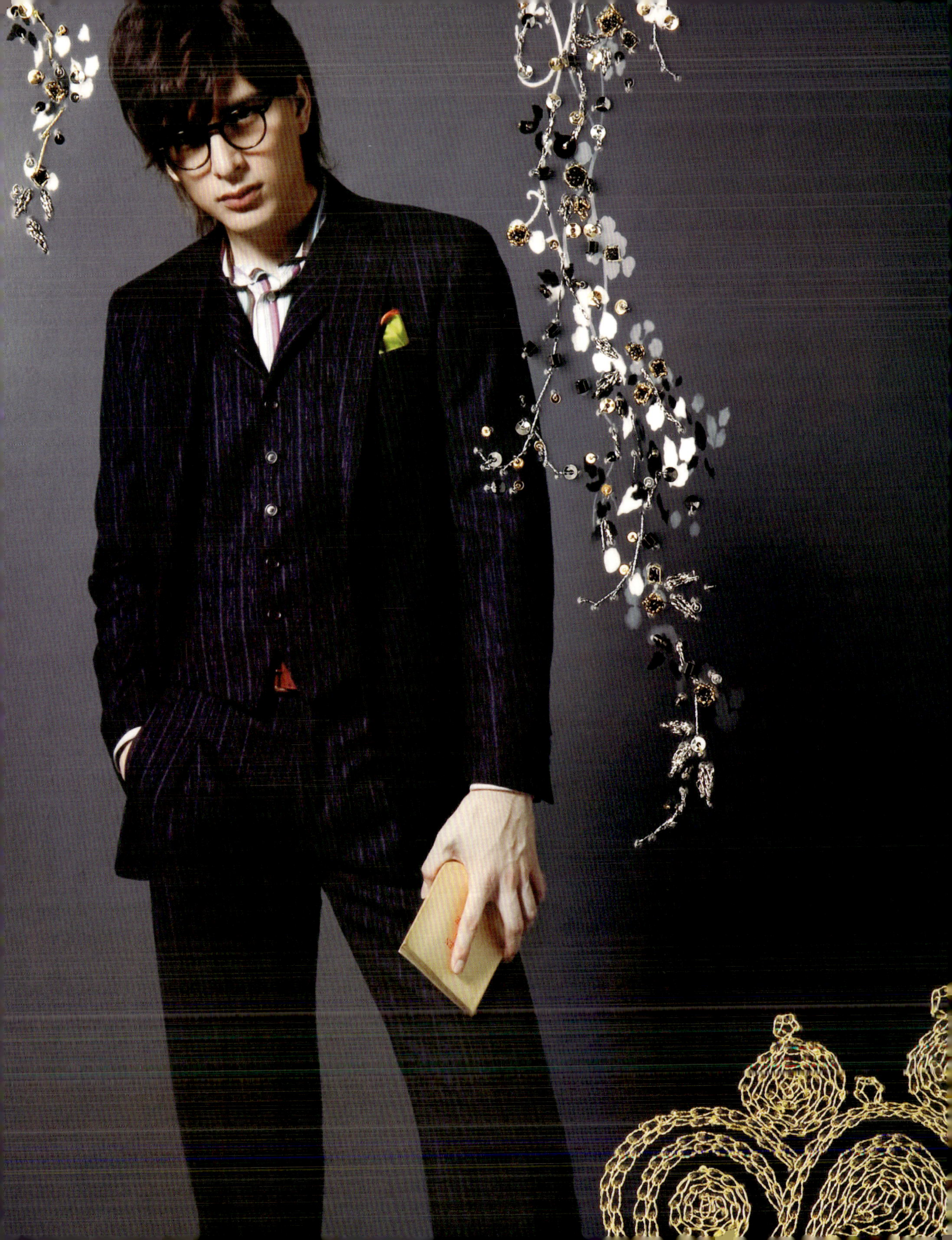

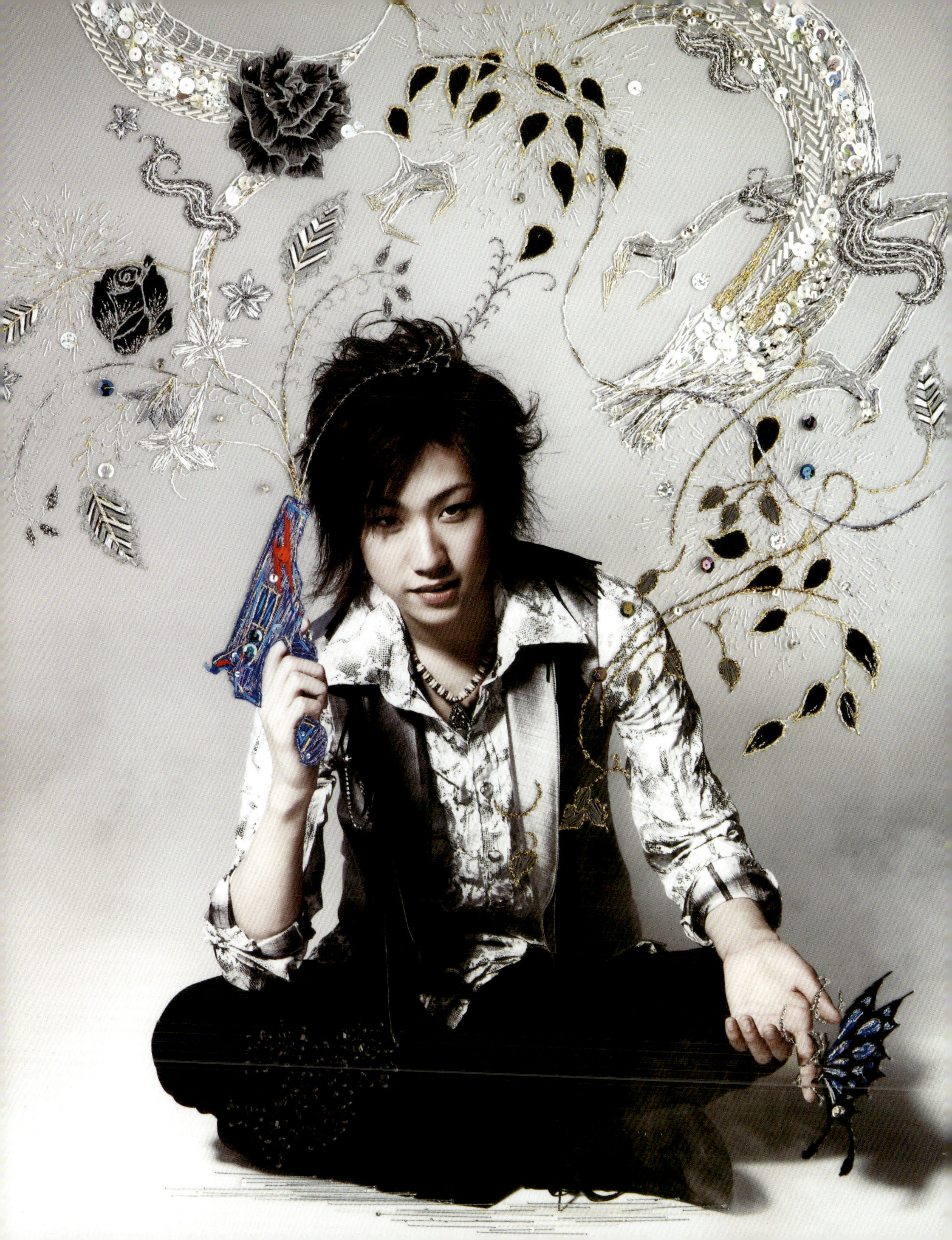

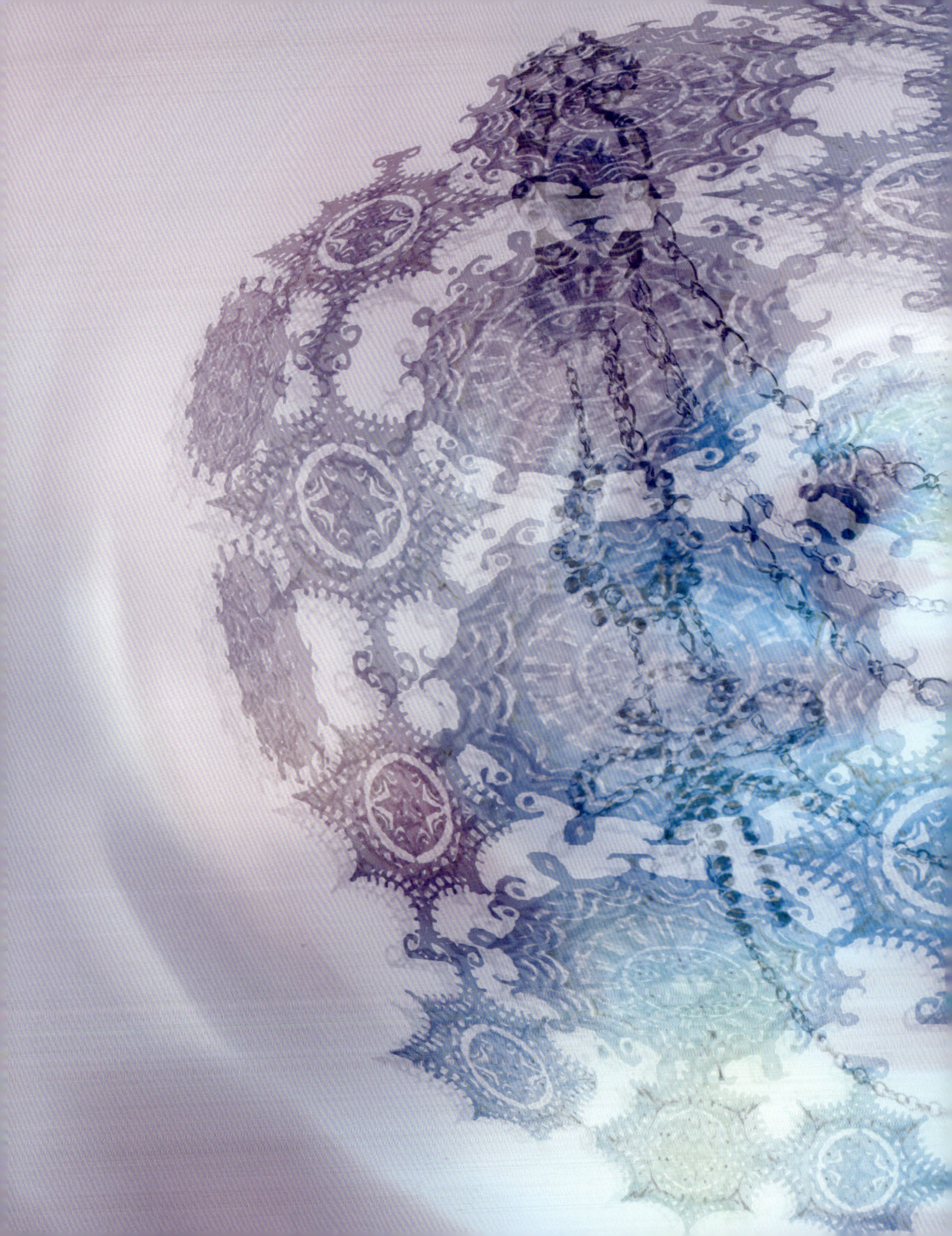

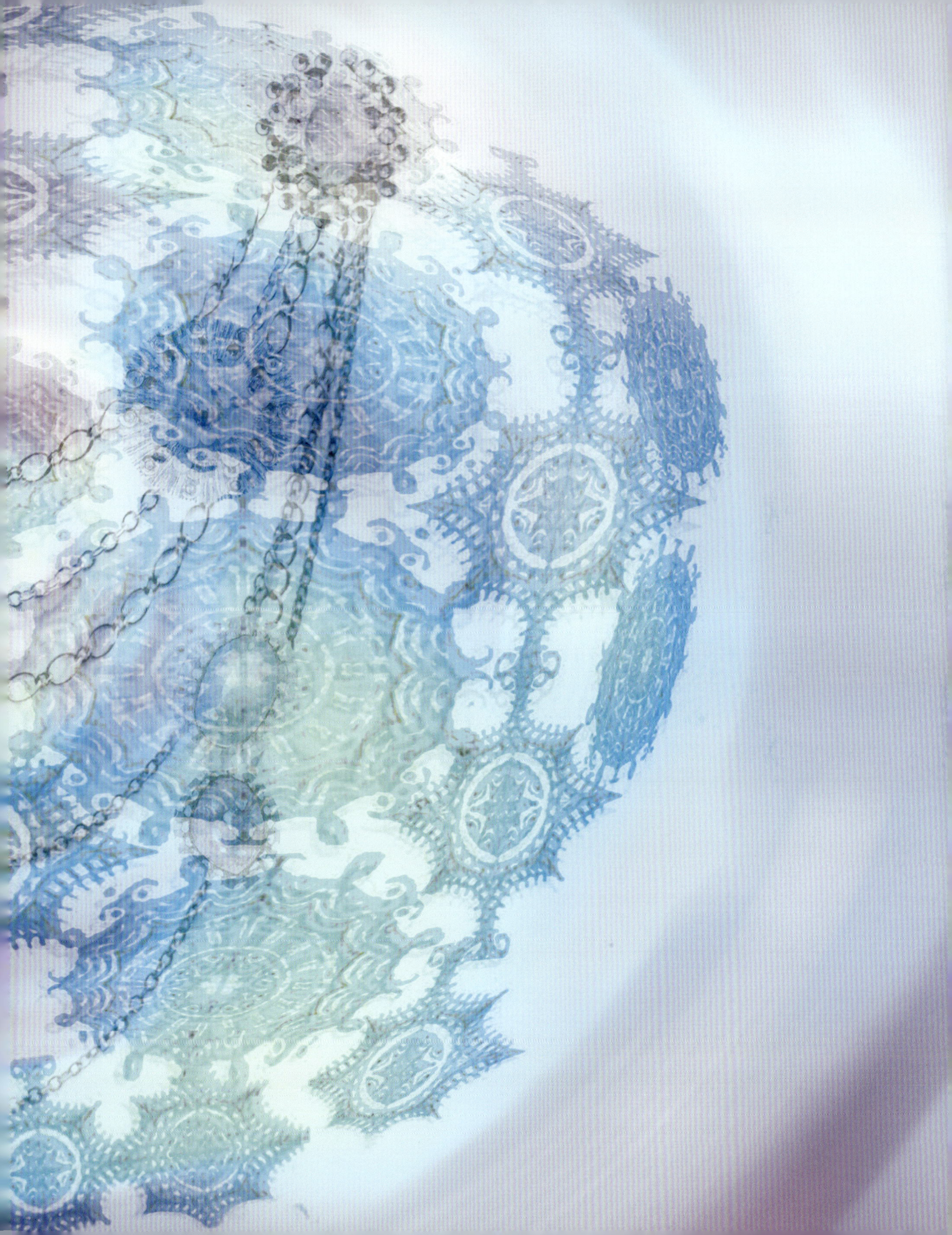

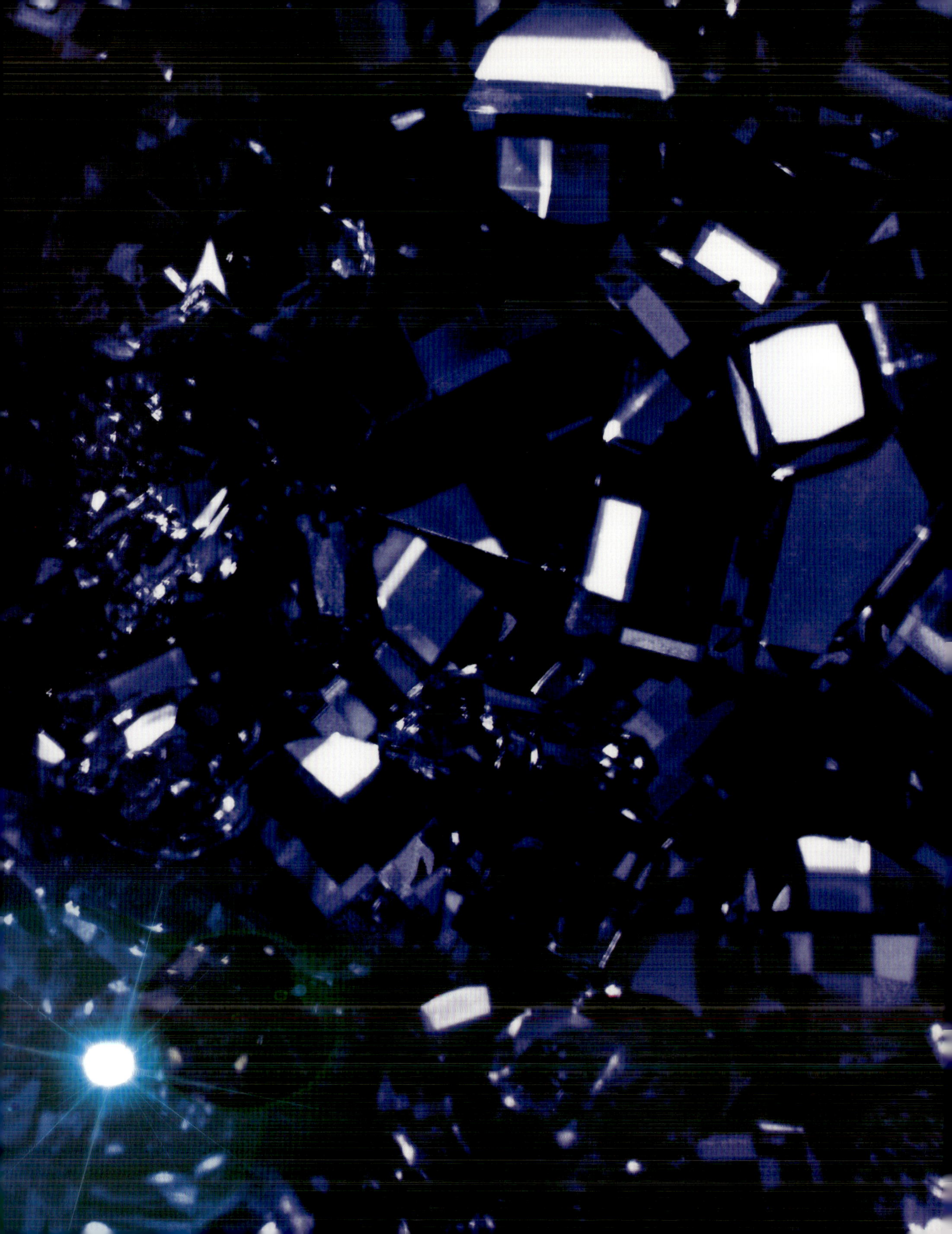

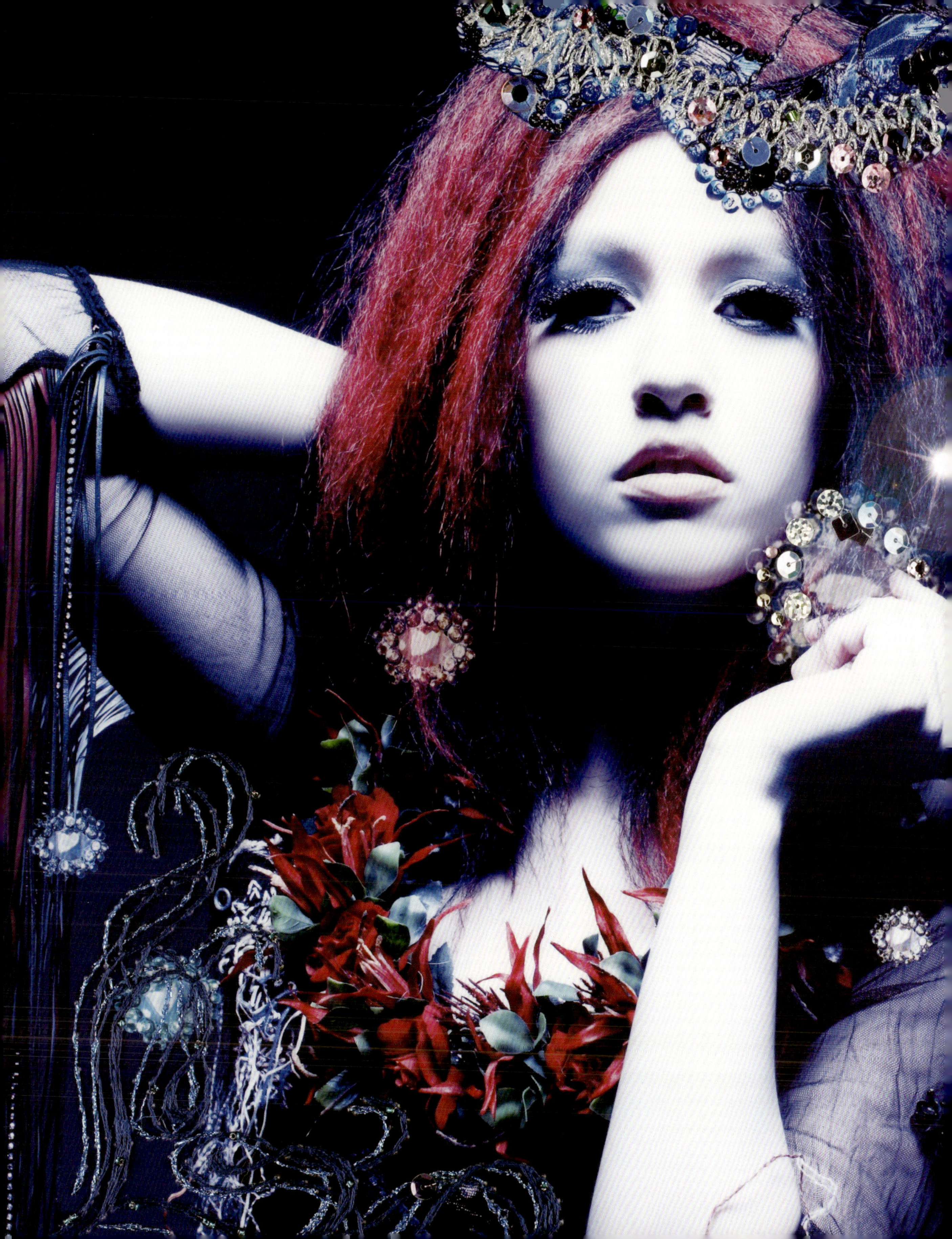

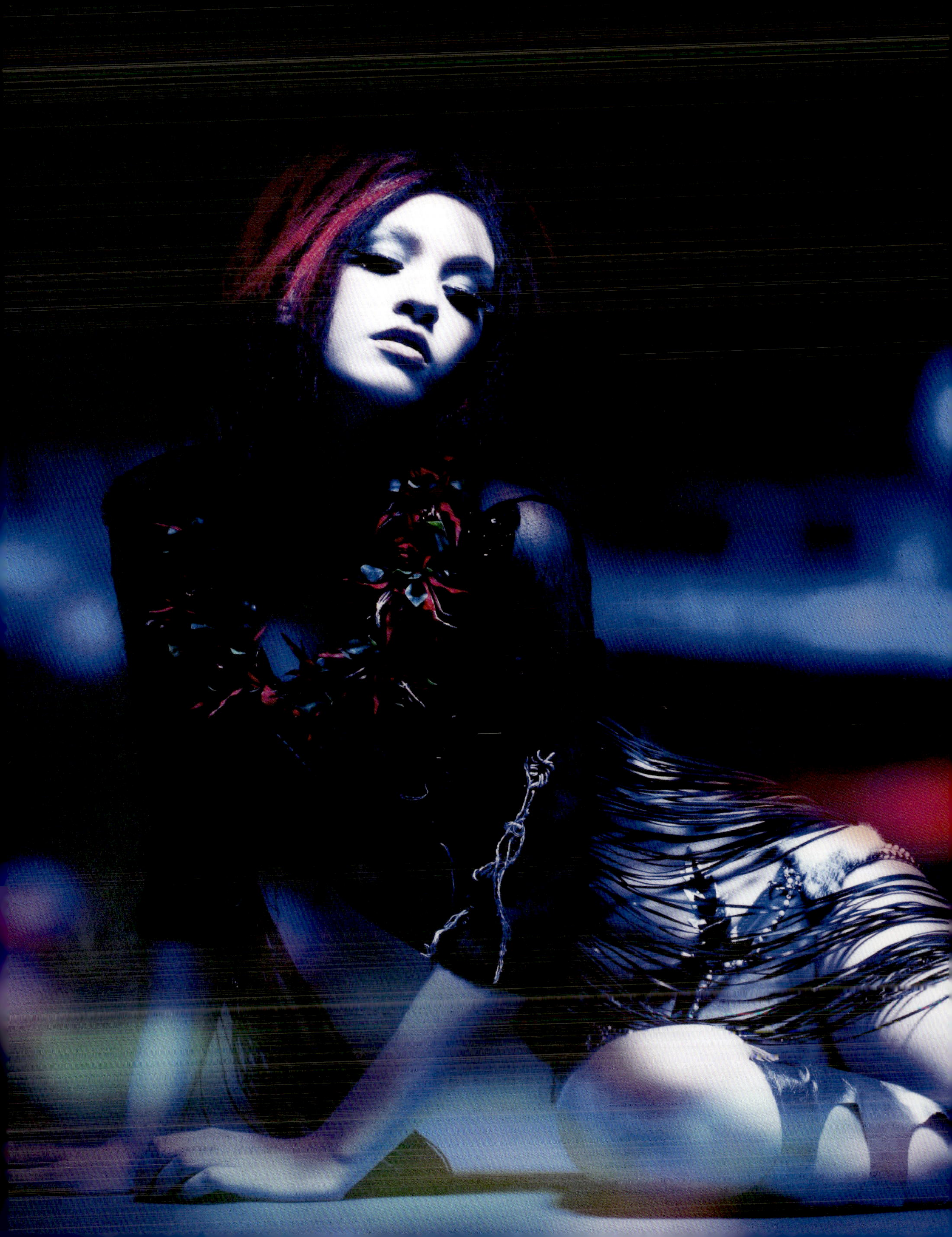

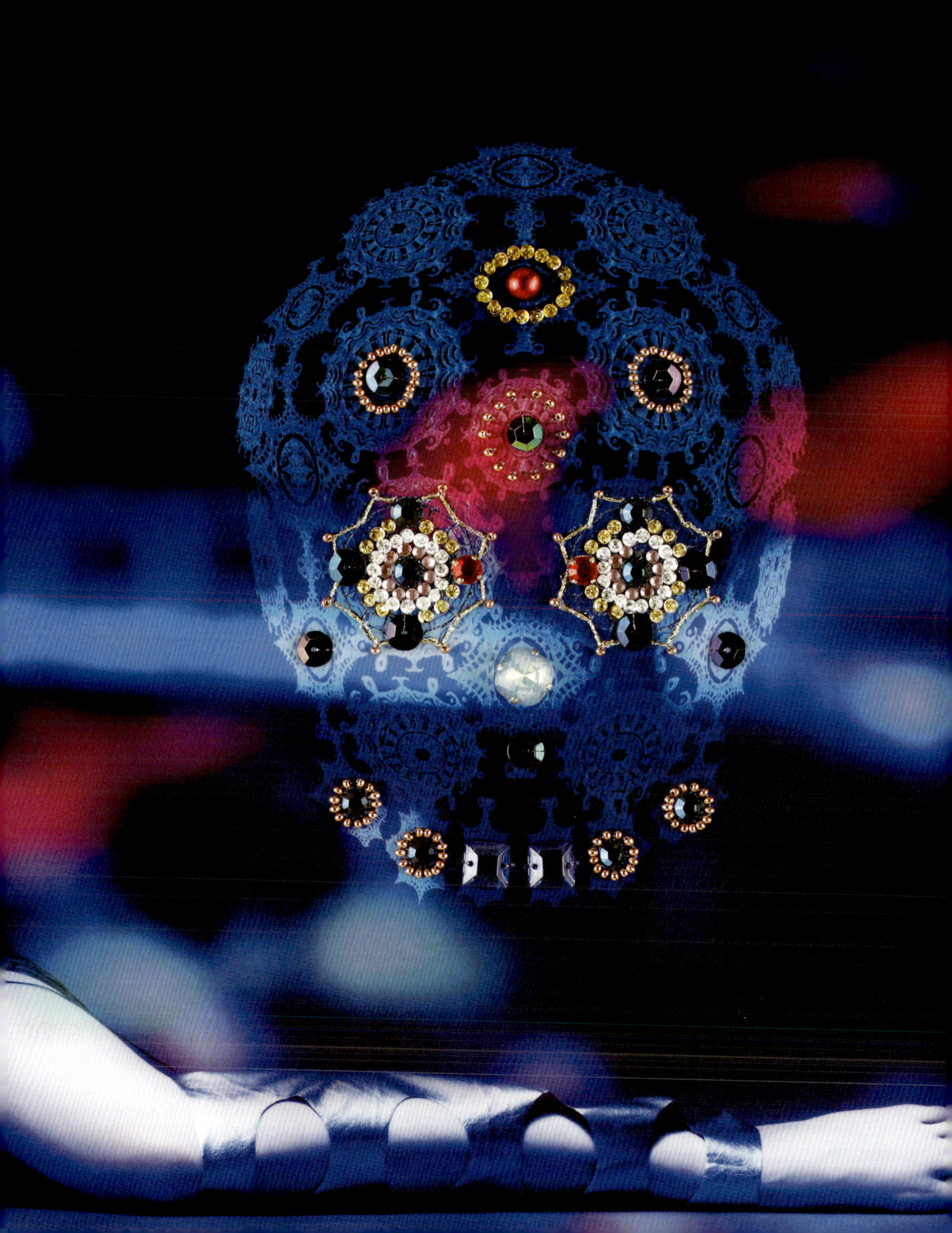

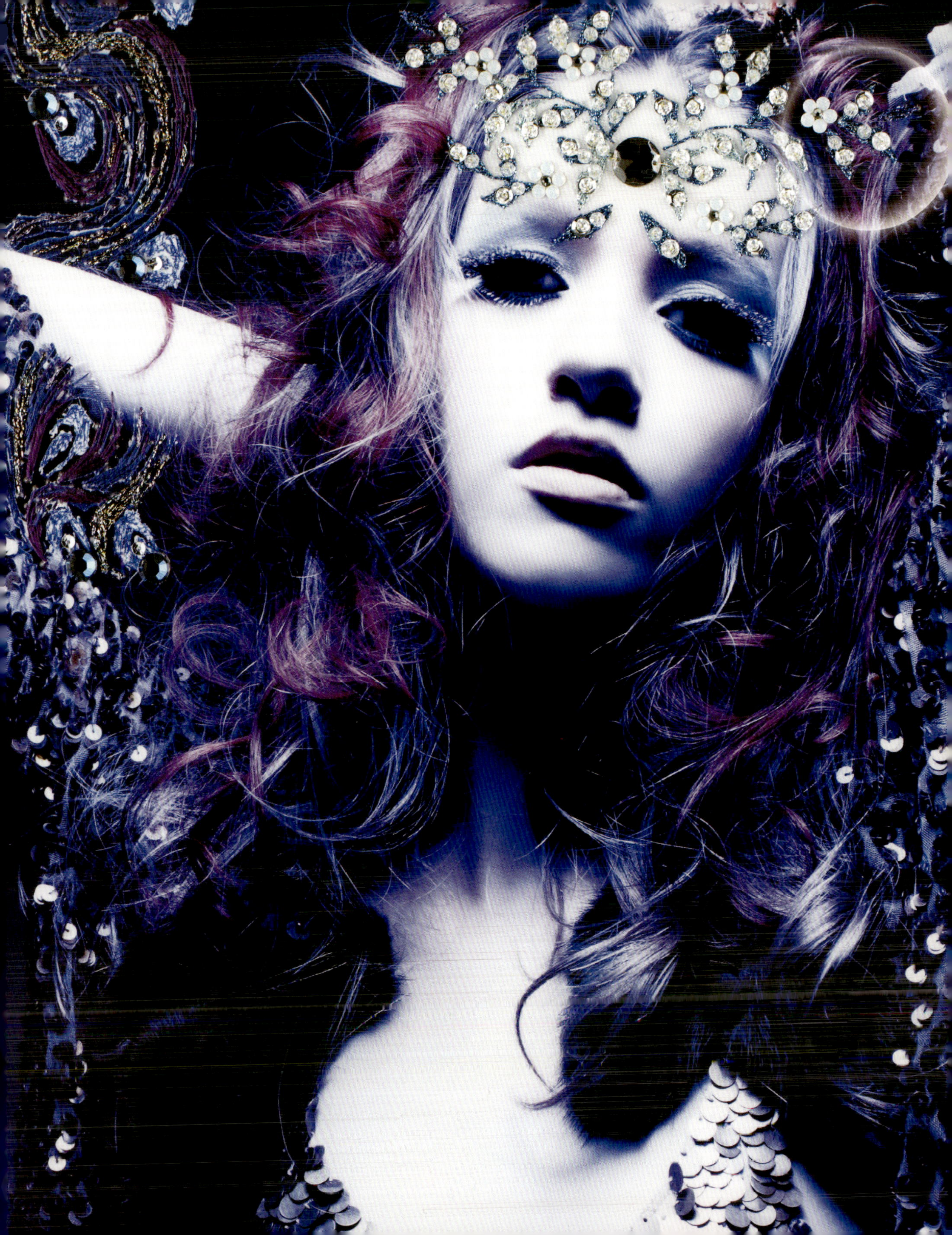

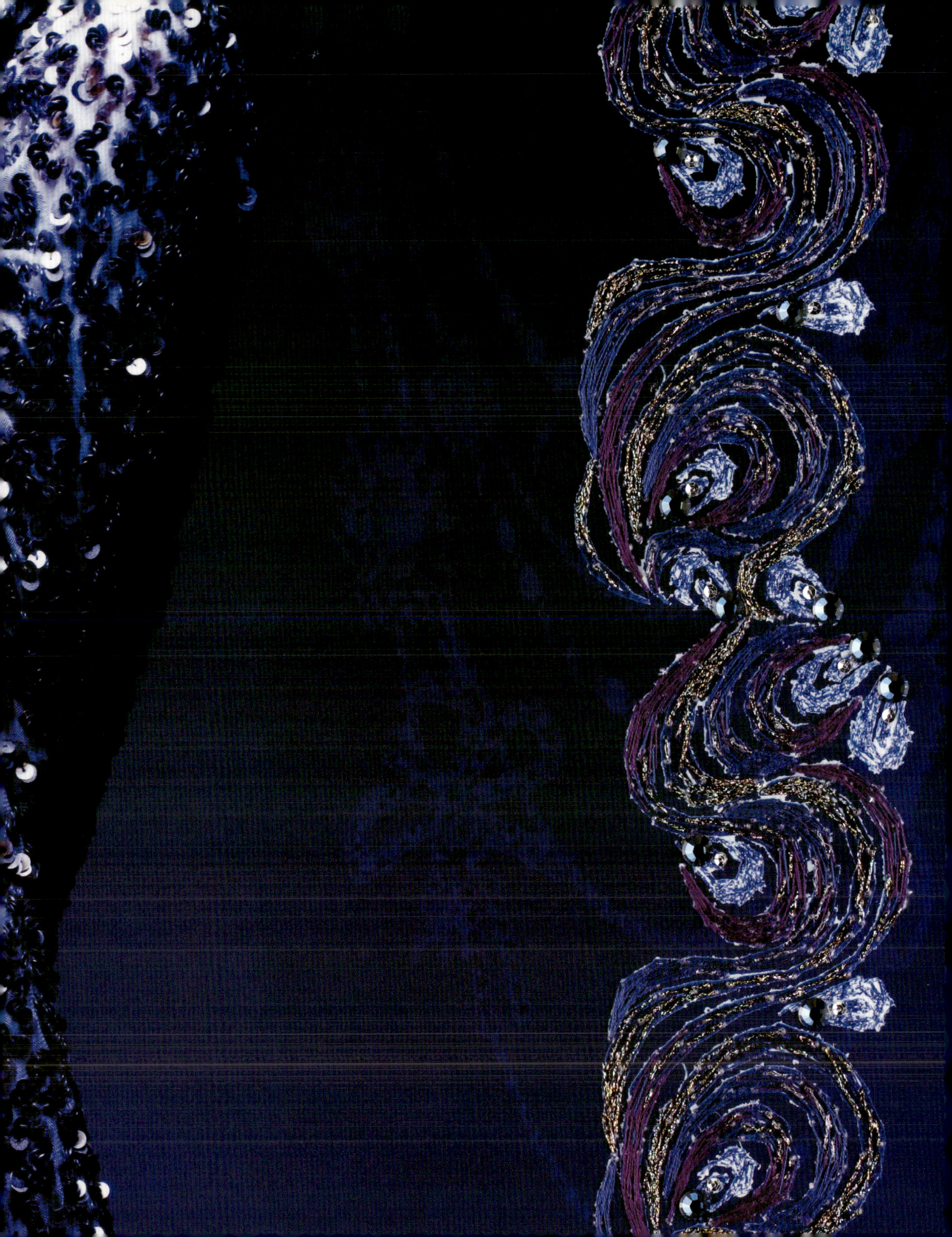

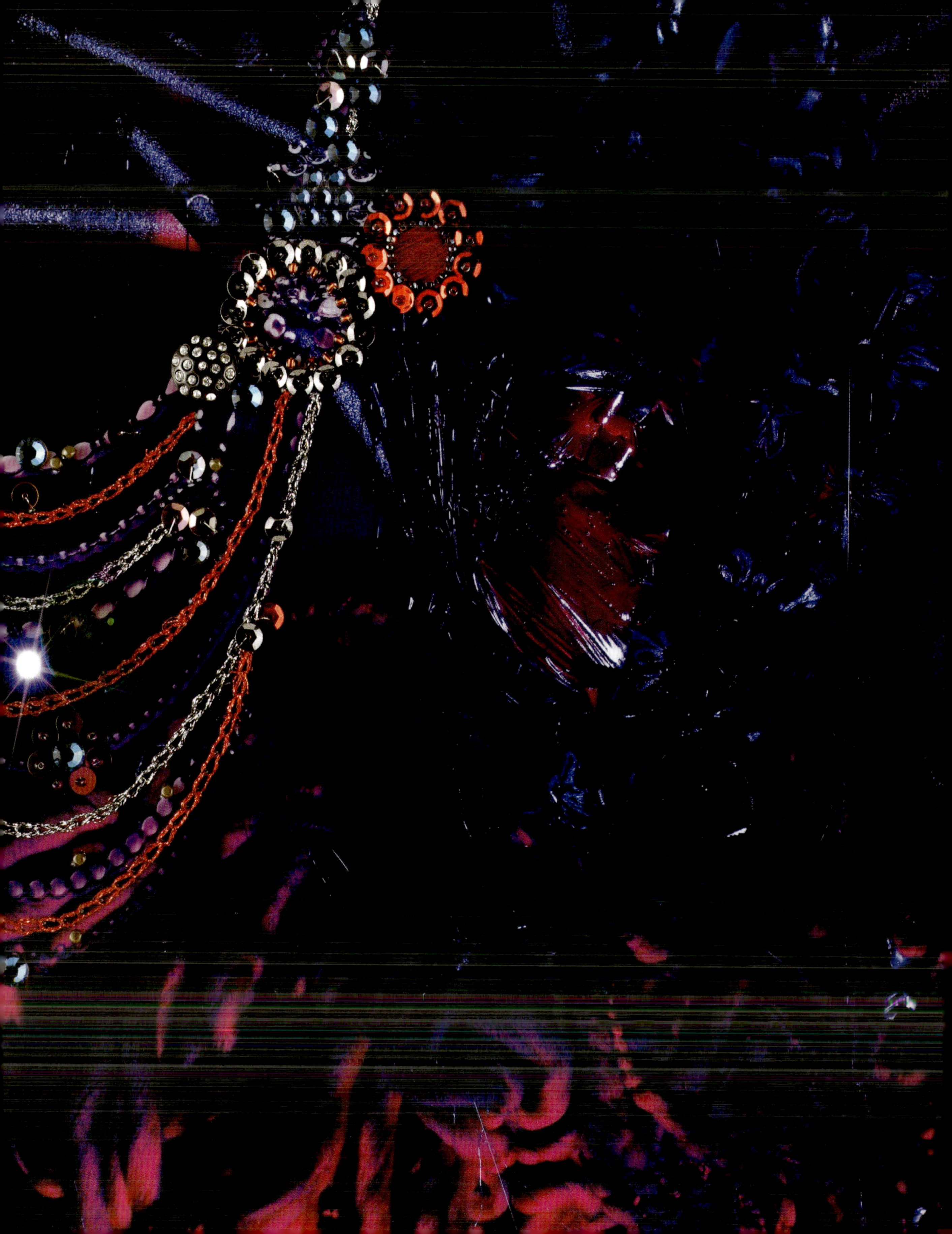

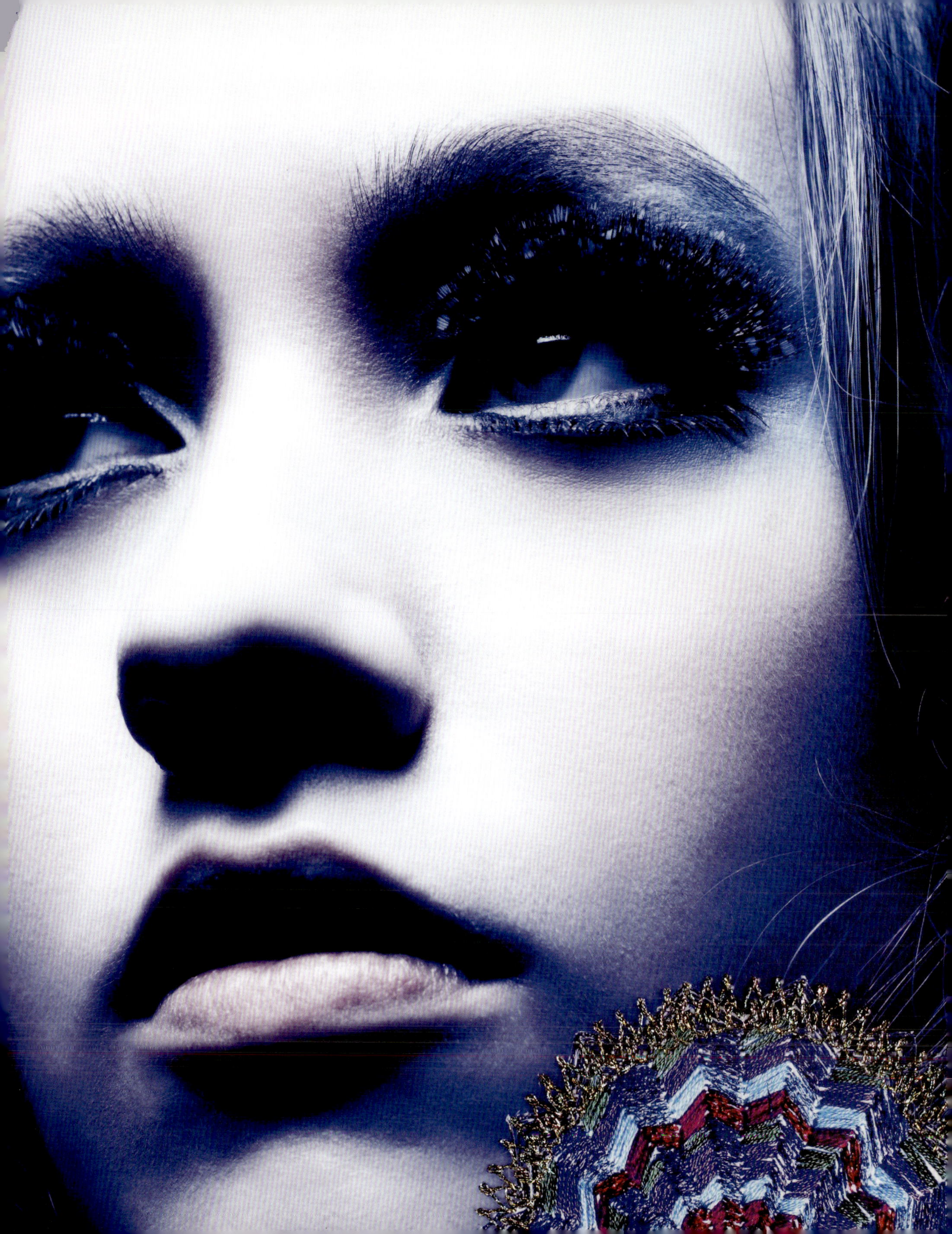

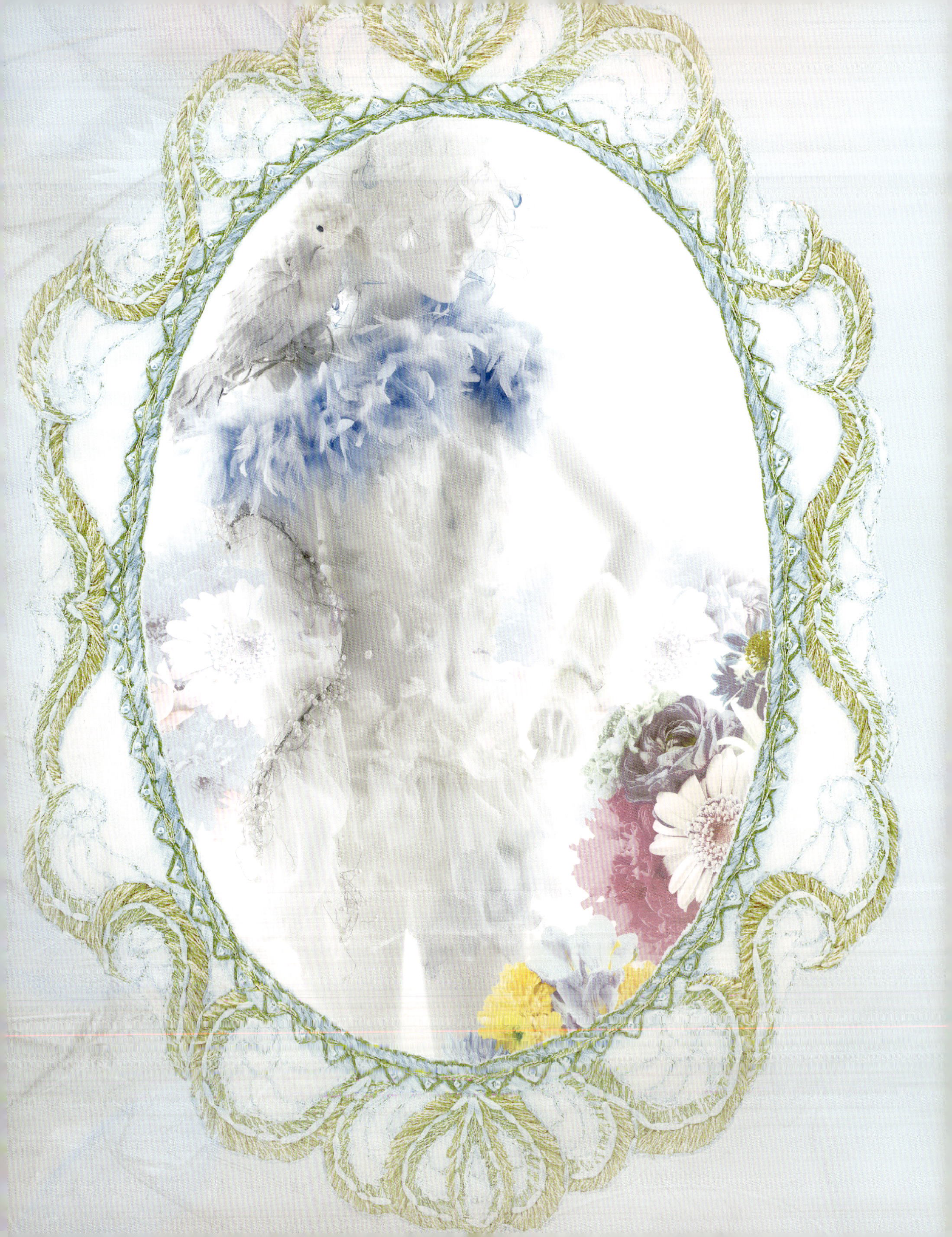

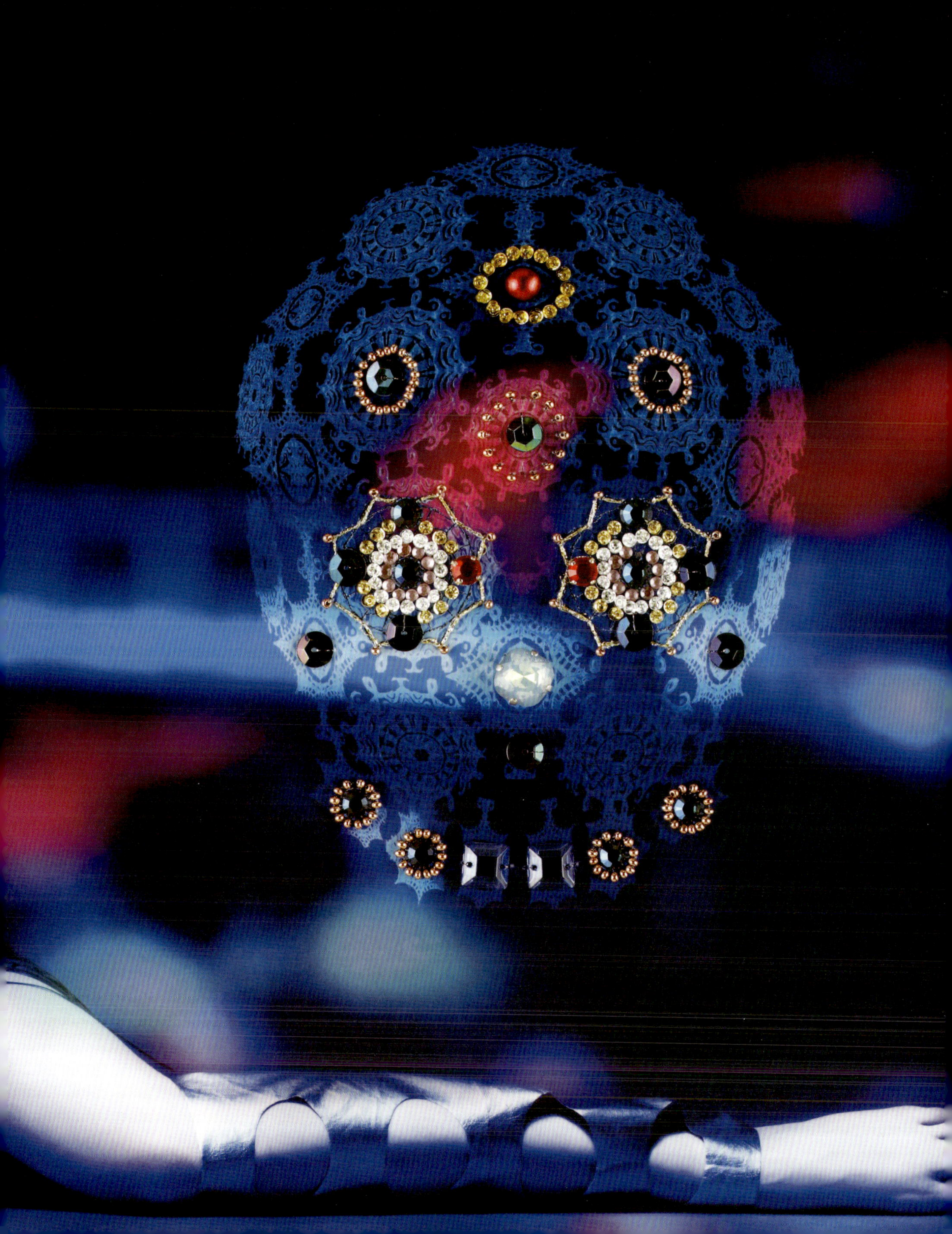

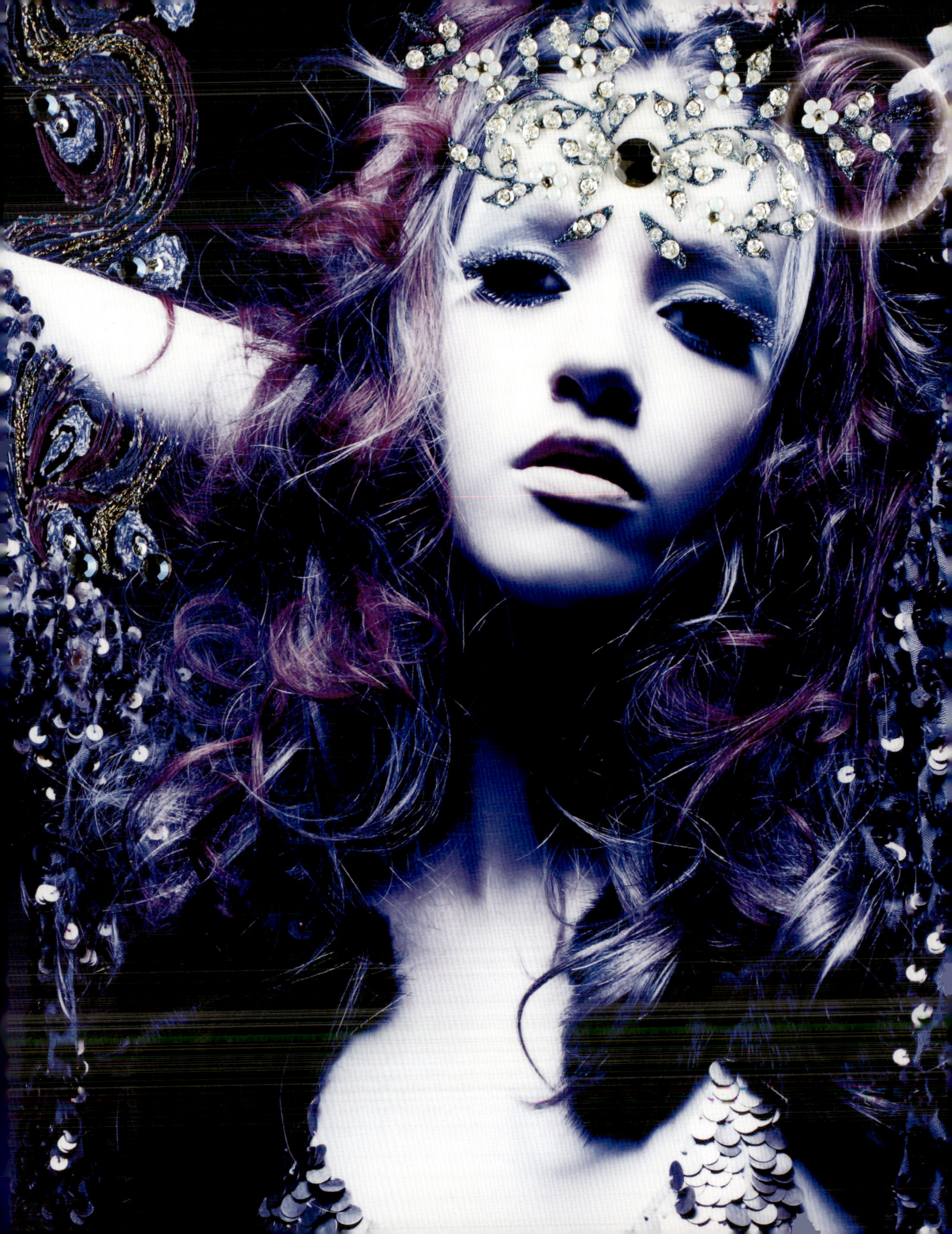

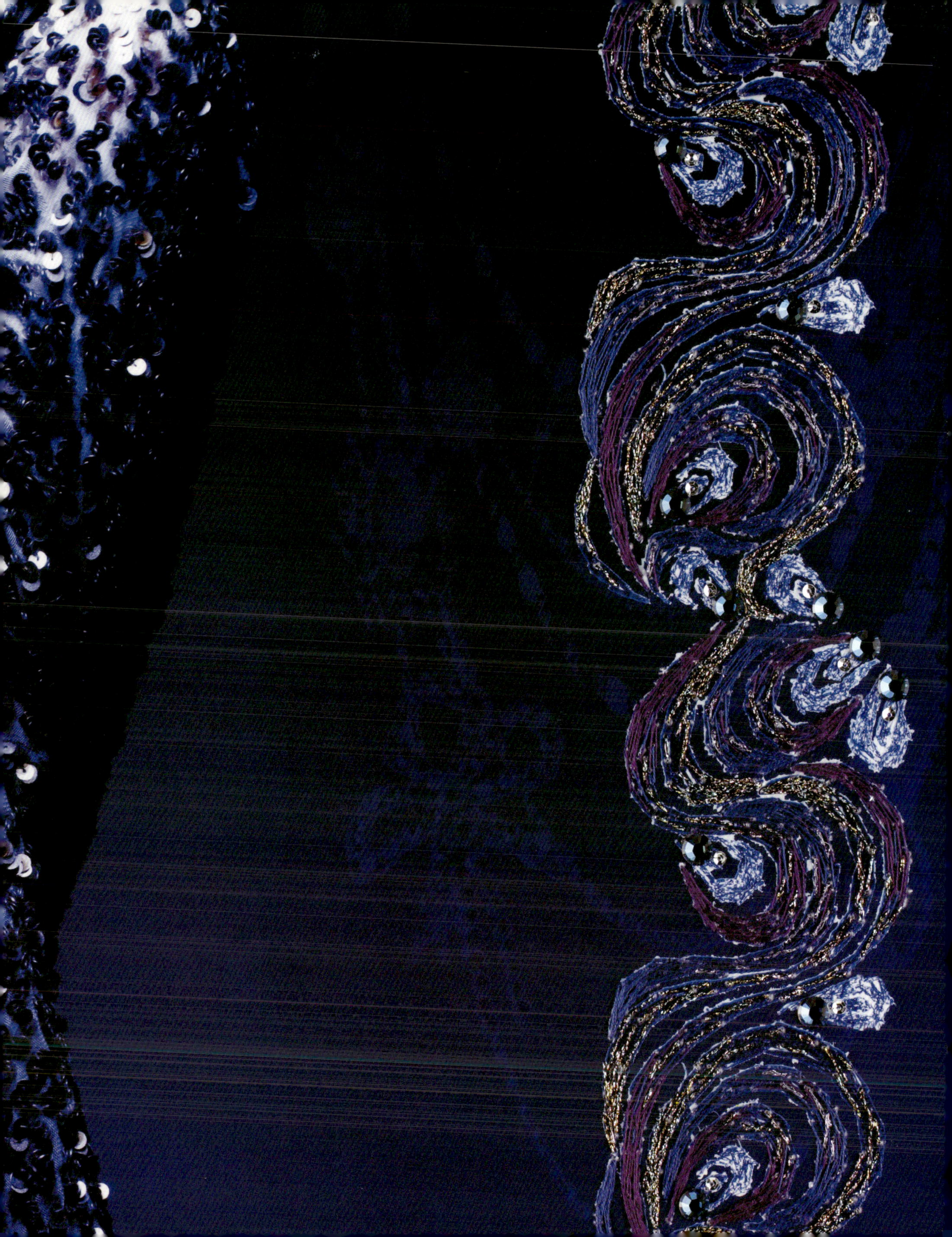

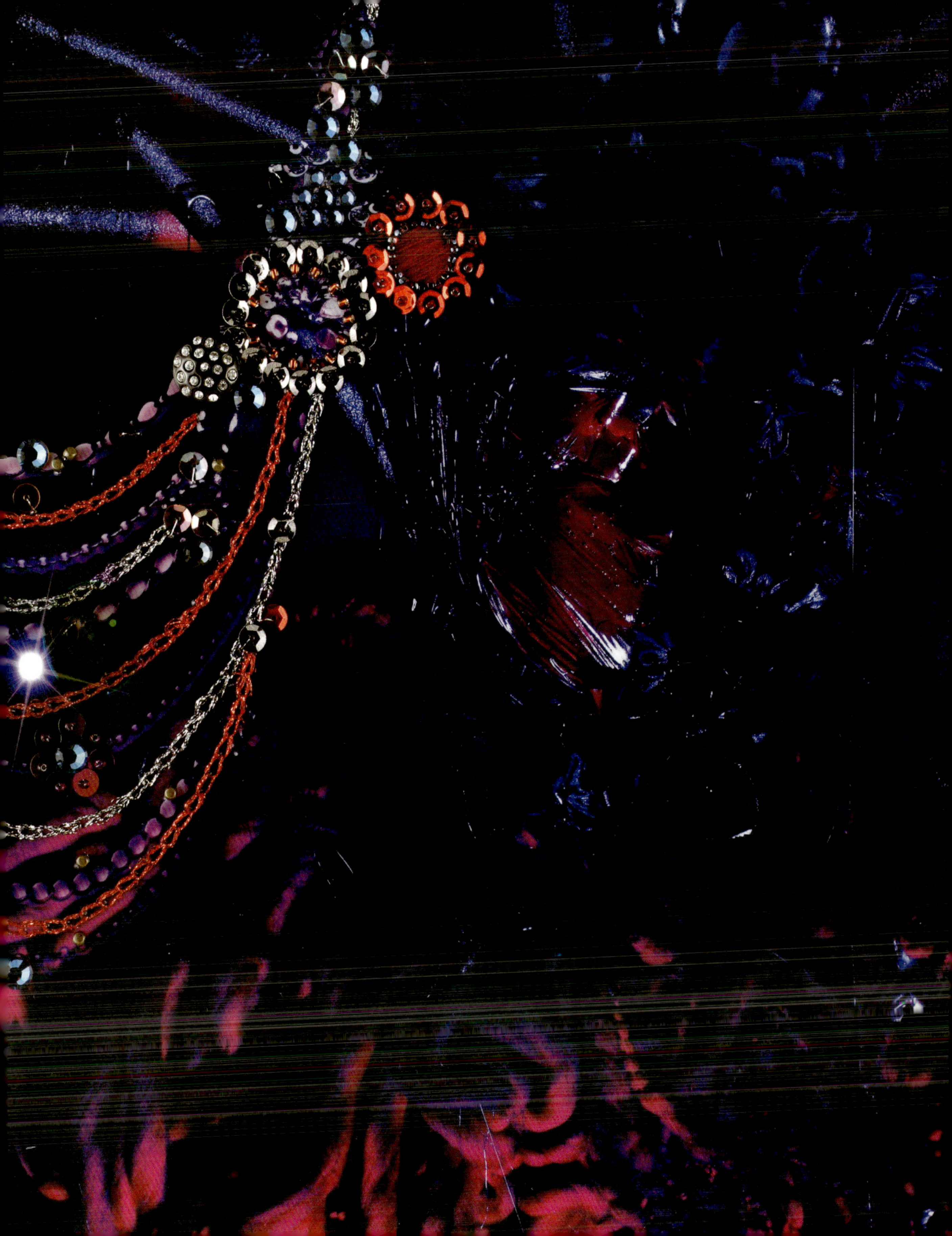

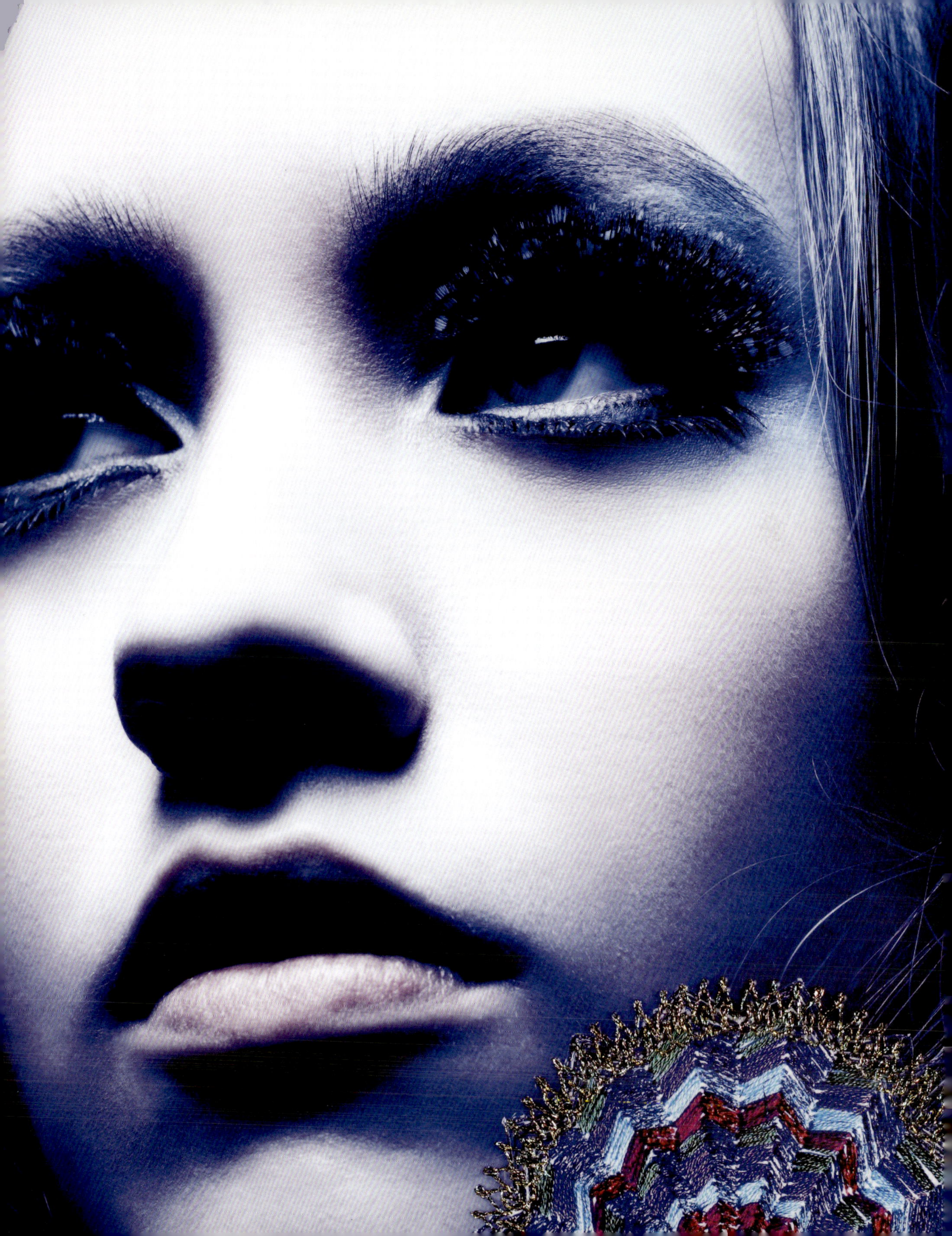

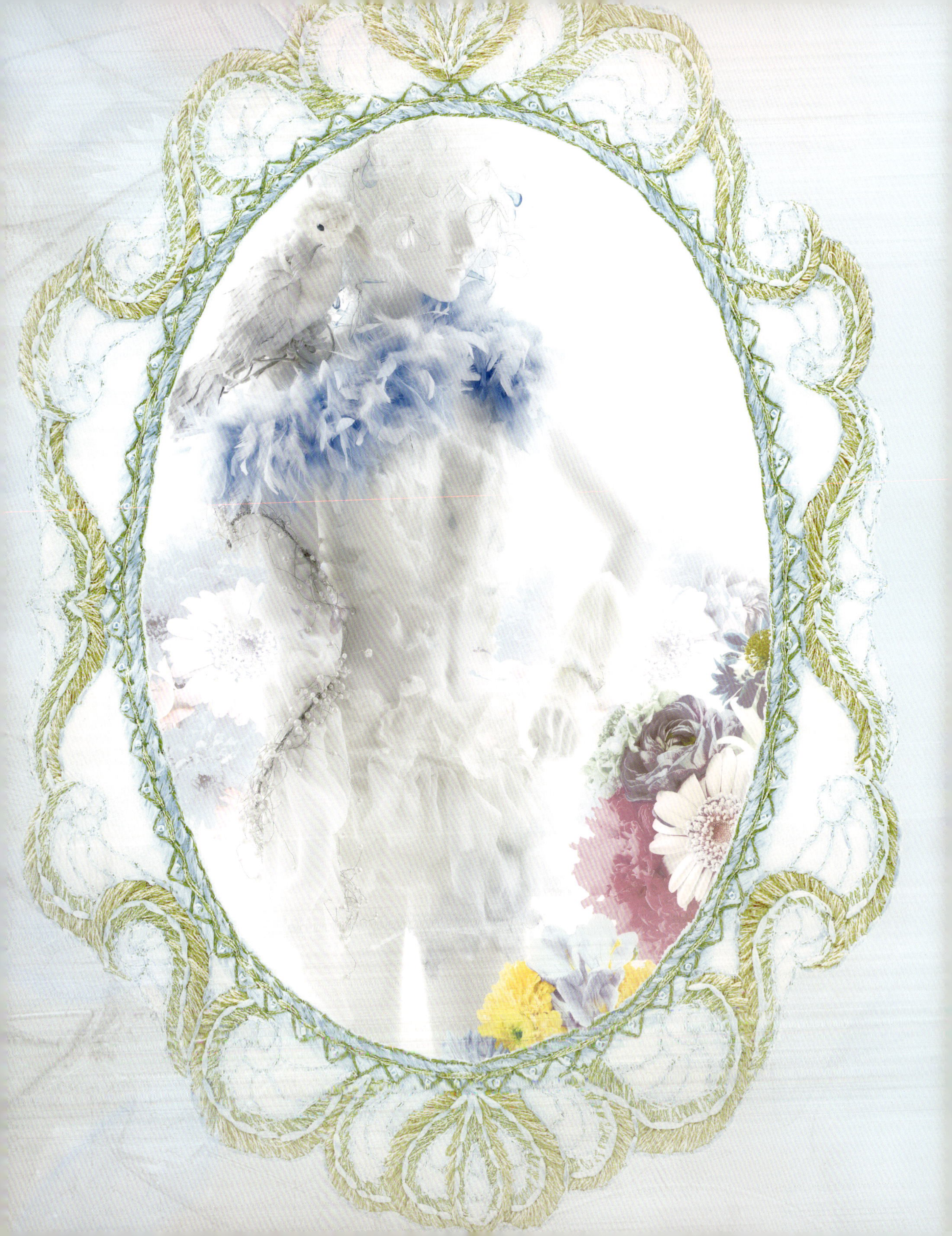

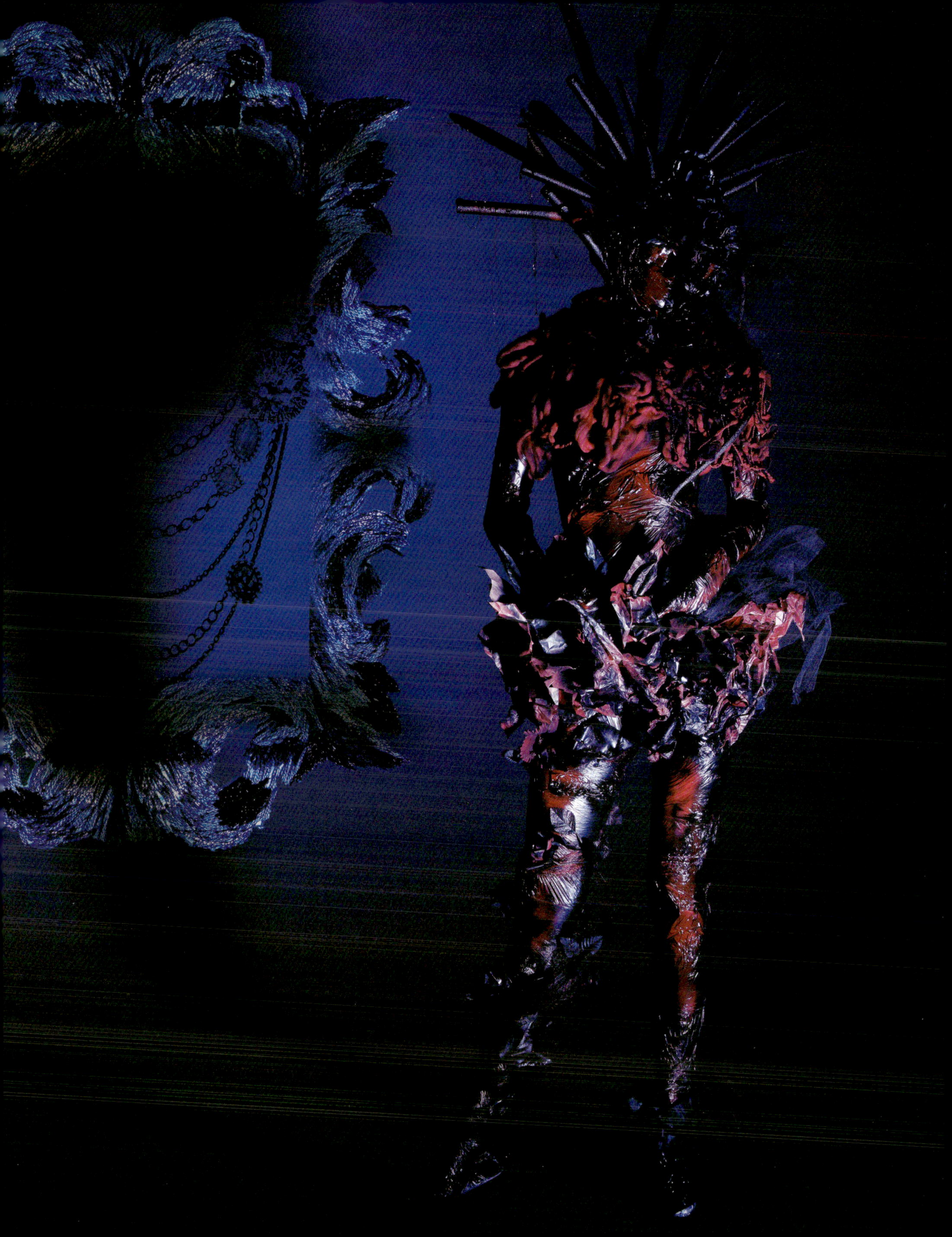

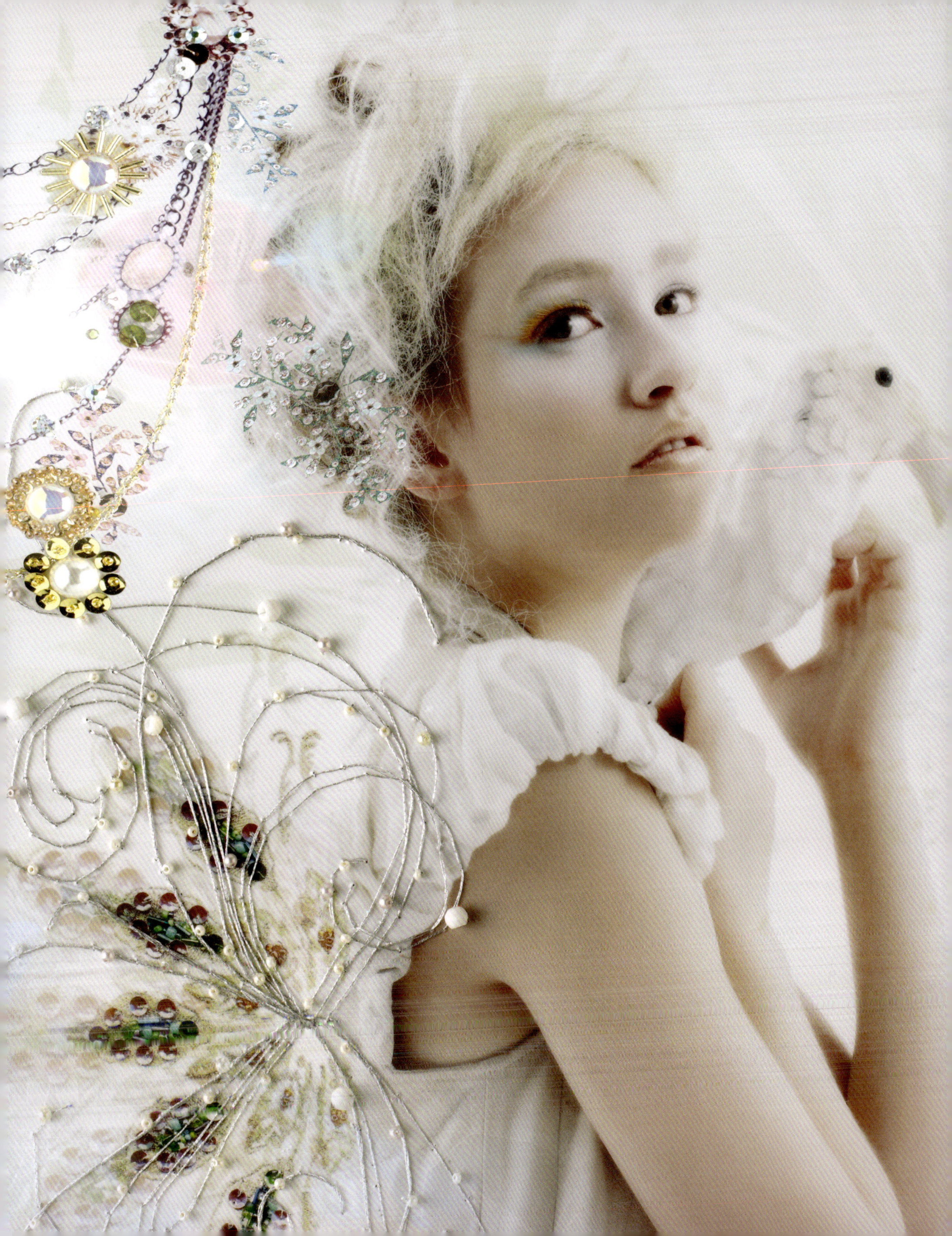

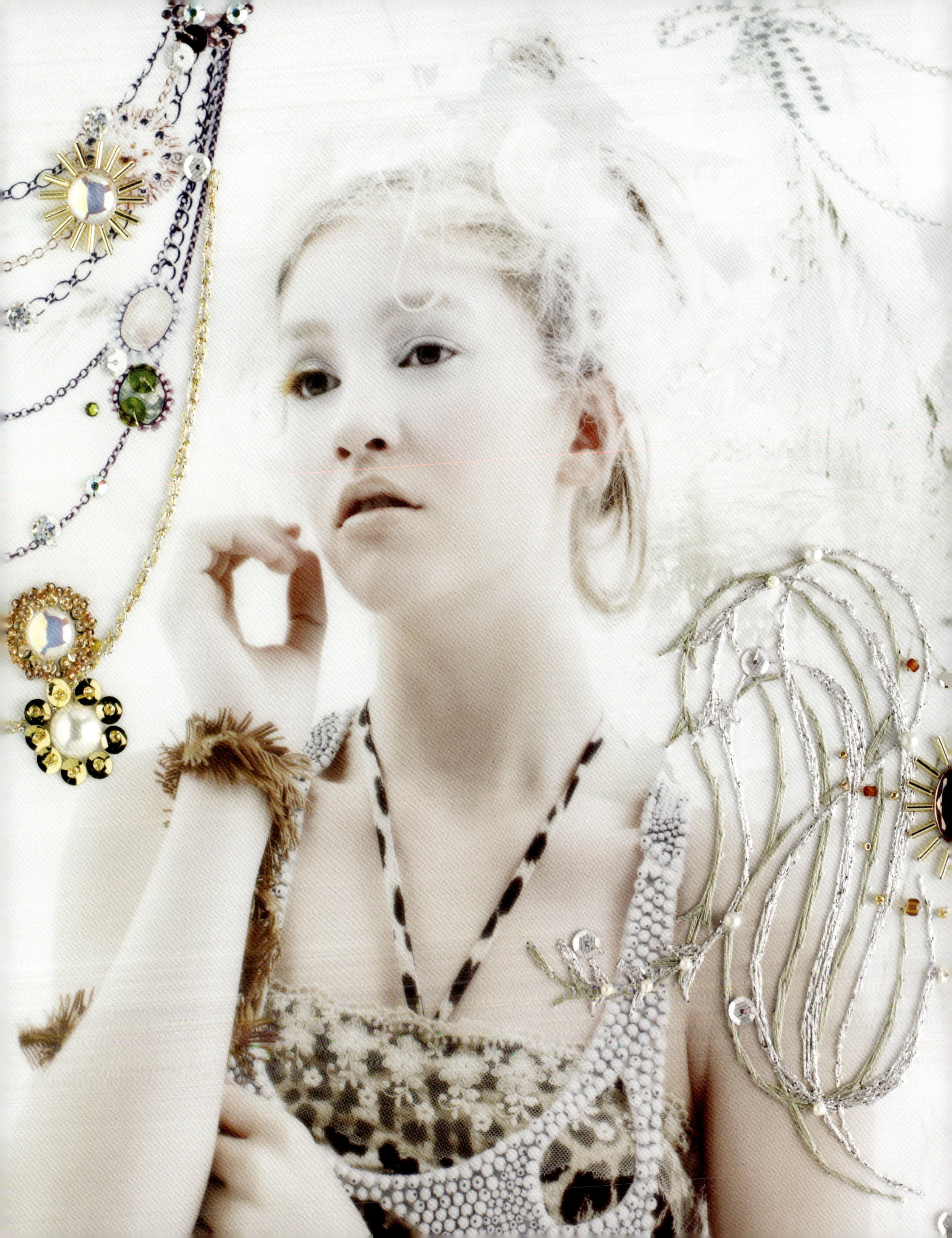

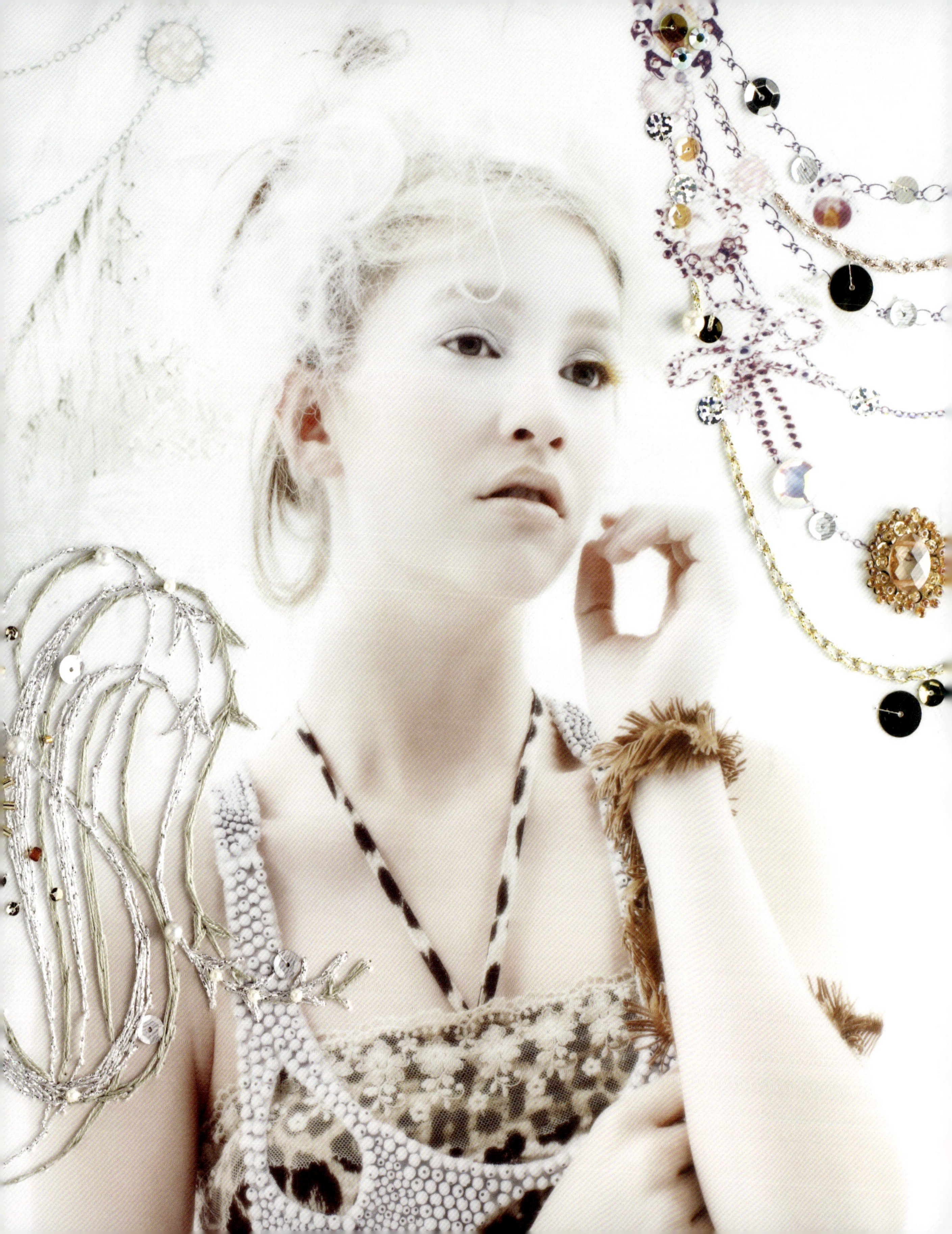

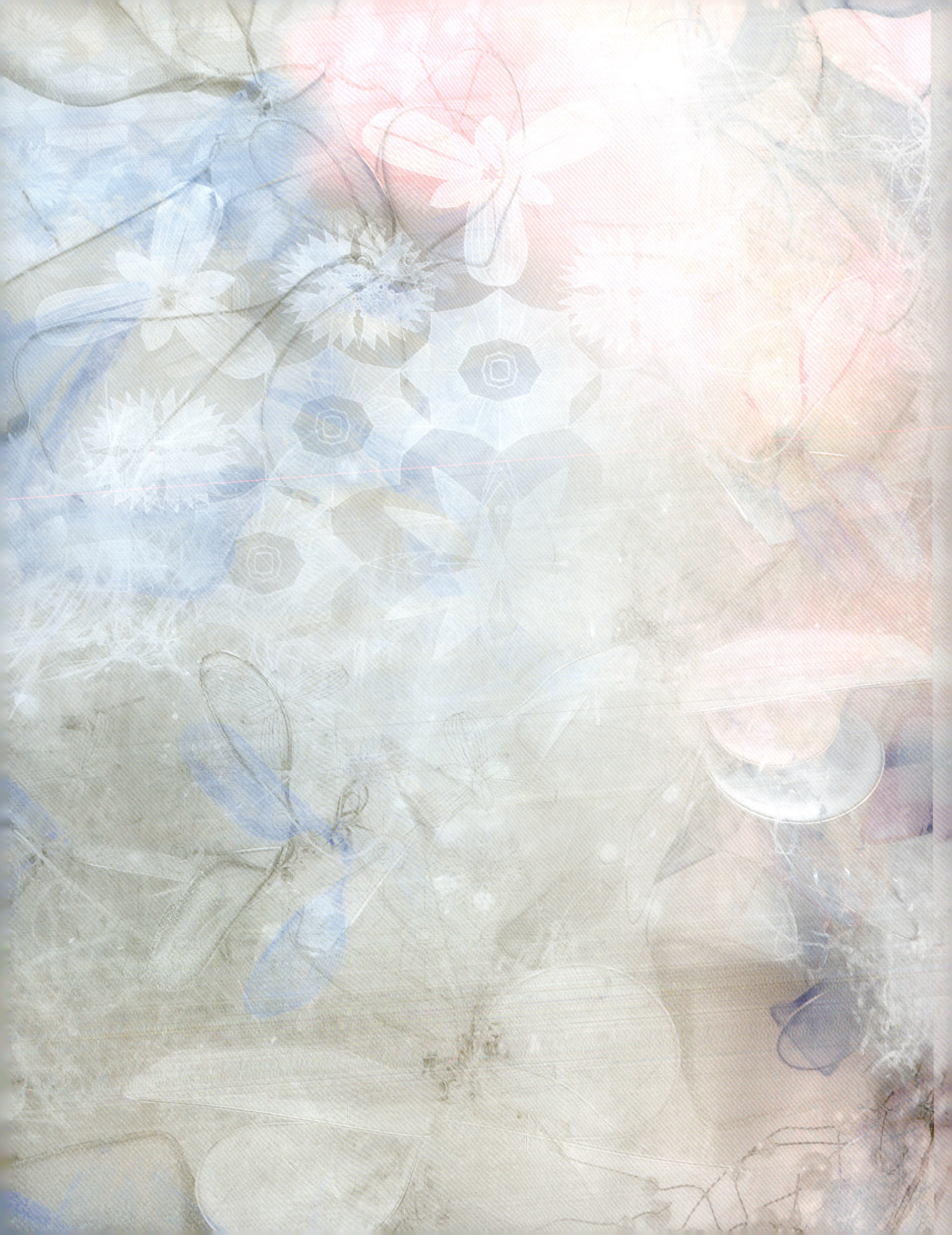

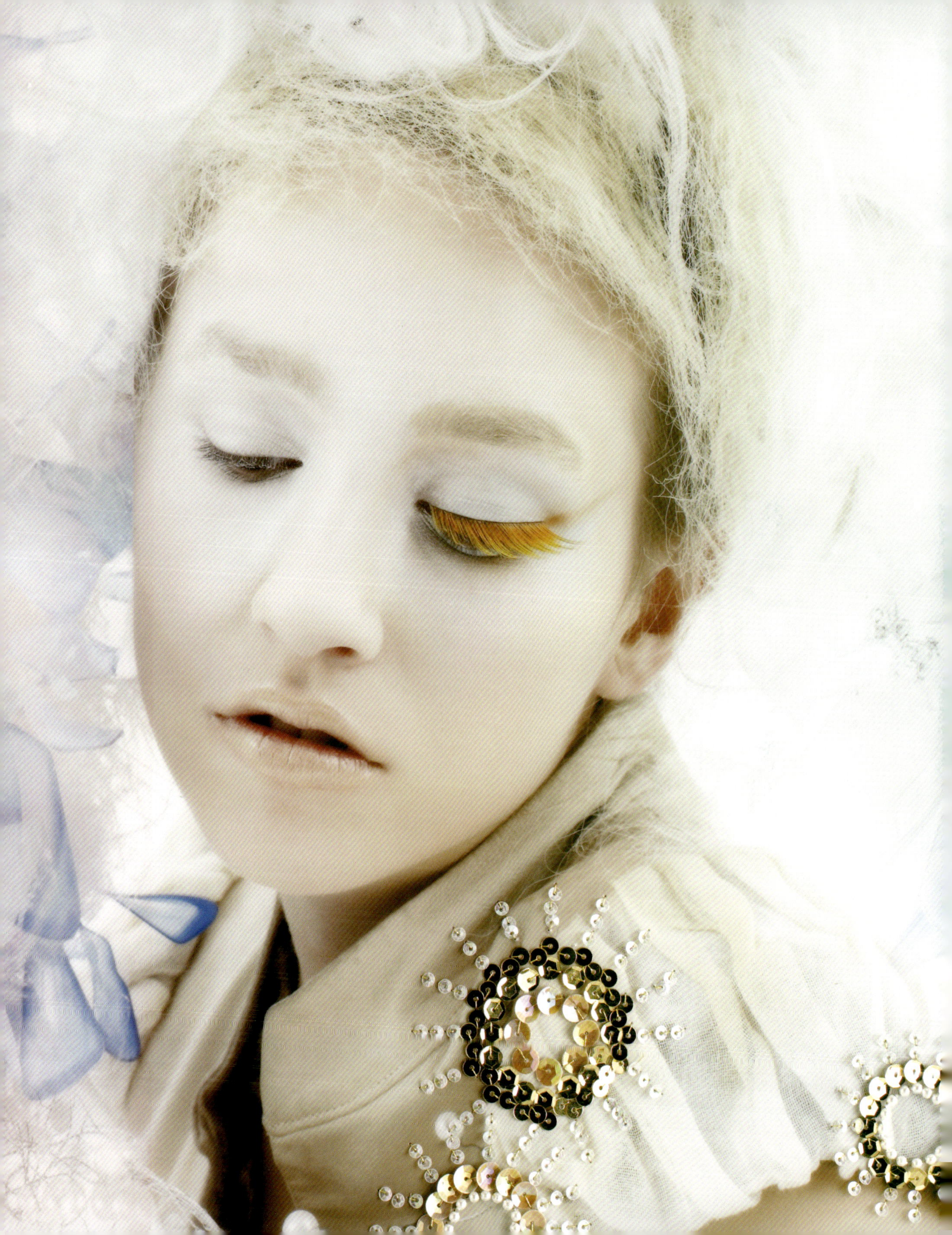

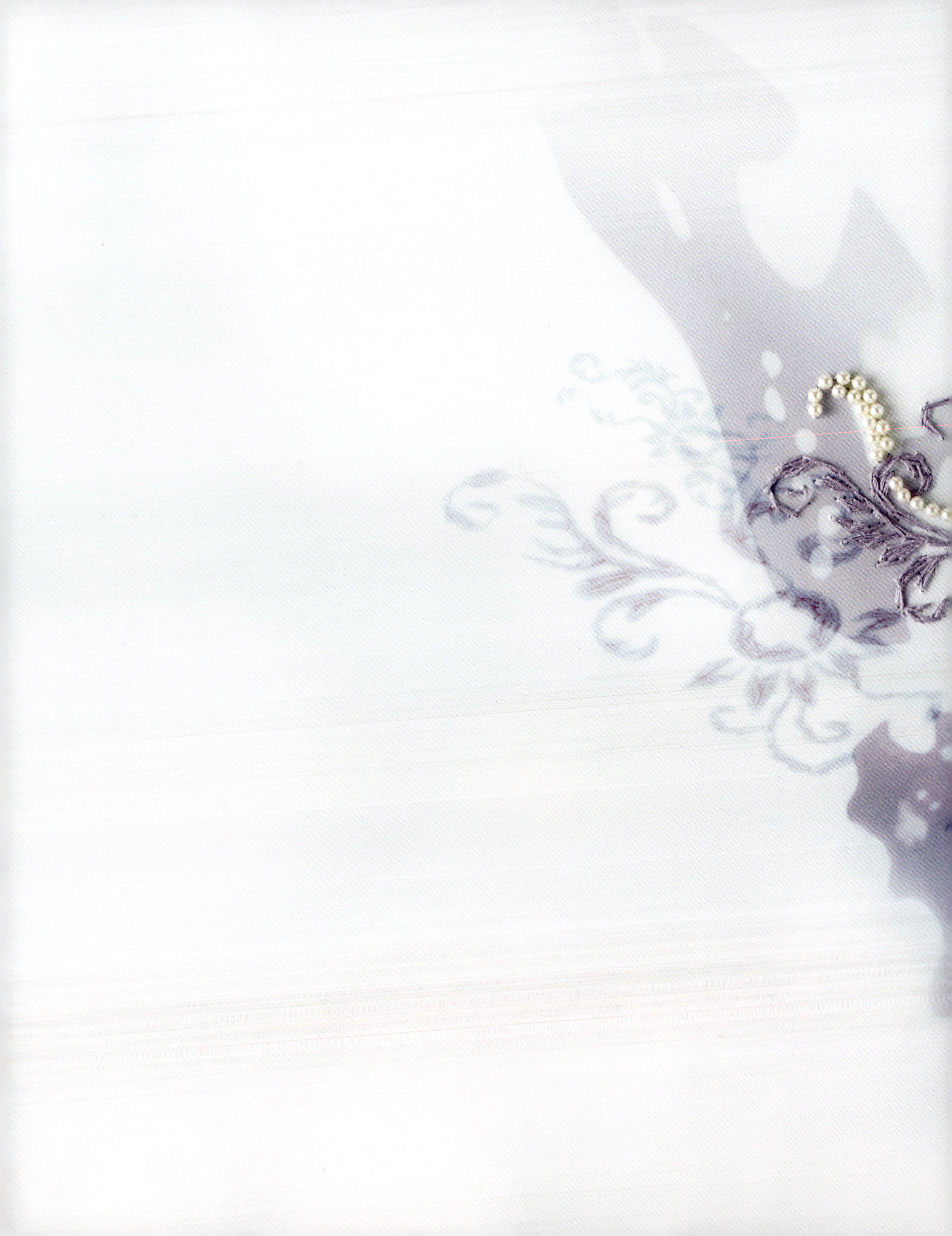

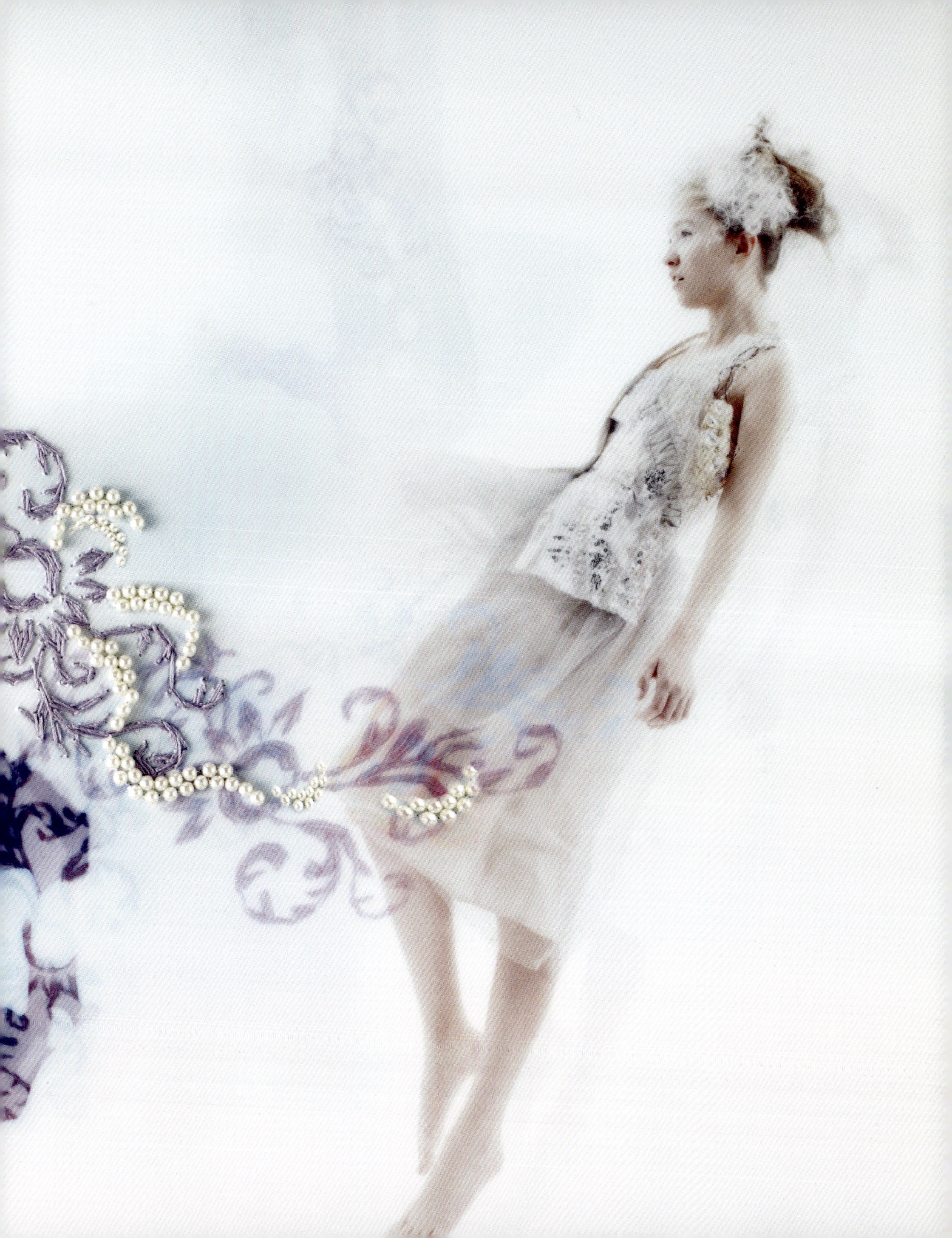

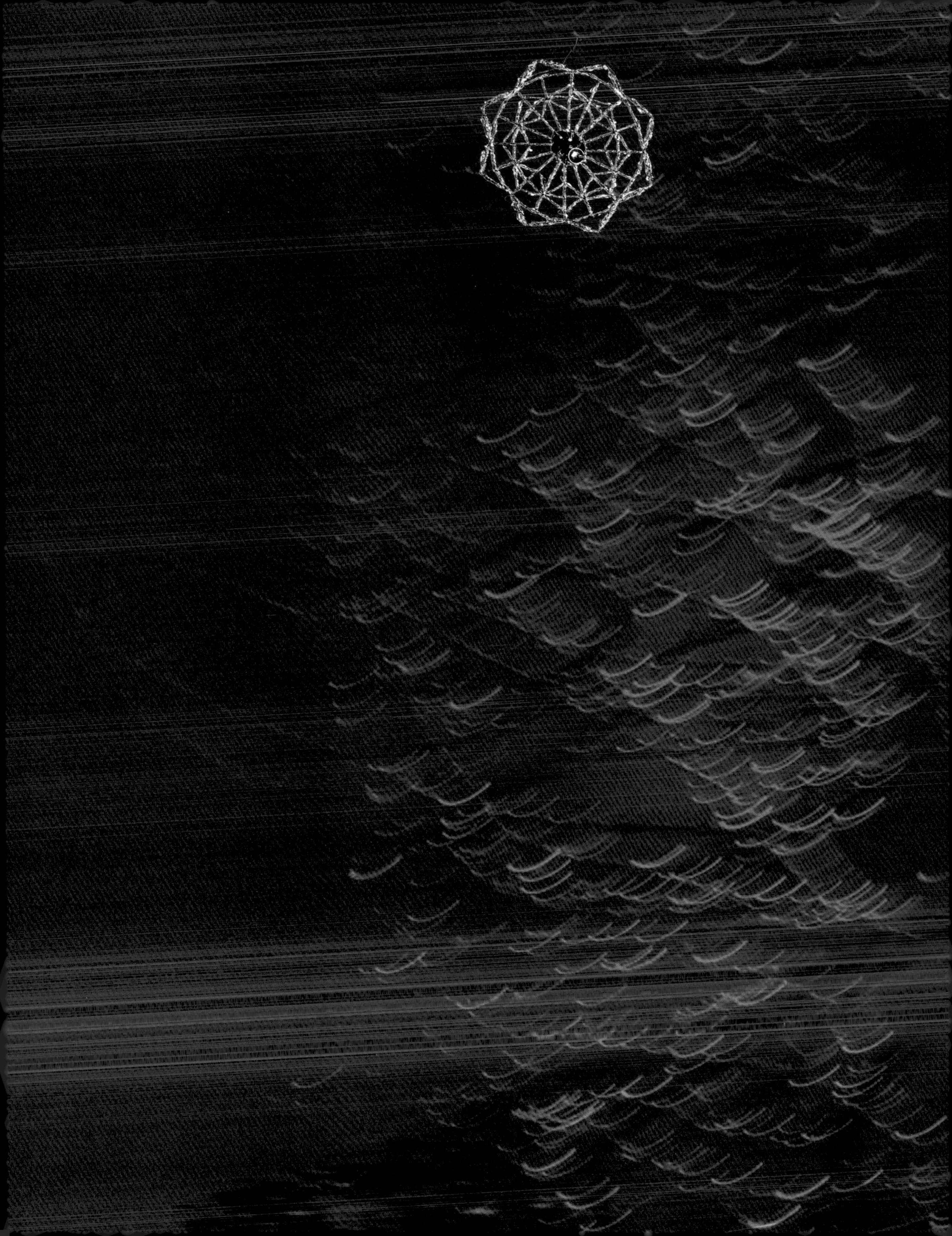

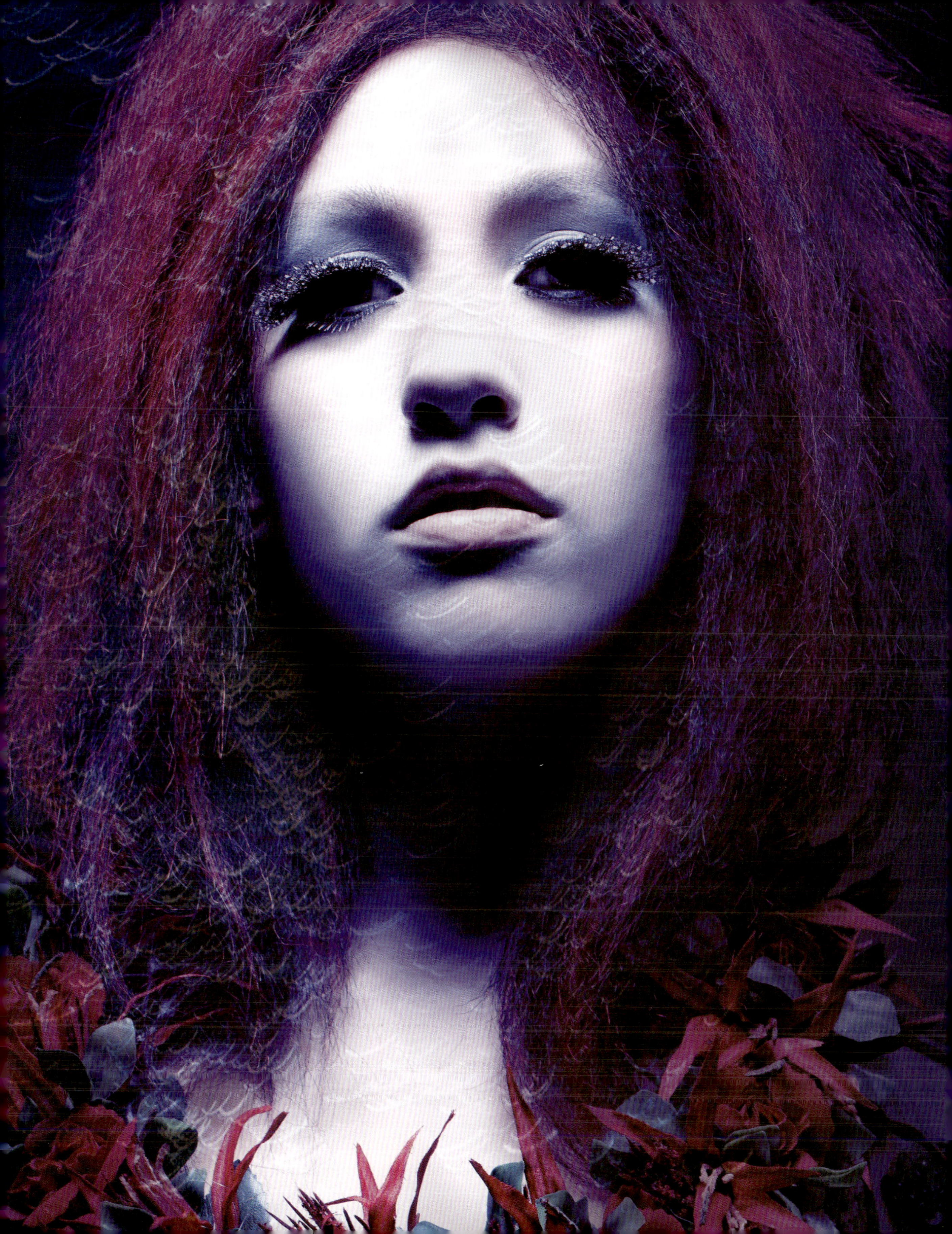

清川あさみは、妄想のコレクターである。
彼女の感性の網に捕らえられた女は、どれも美しい。
写真の中の標本は、まるで、ホルマリンに漬けられたように、
その時の"今"がきれいに並べられている。
しかも、その獲物たちはビーズや刺繍などに彩られ、
彼女好みの化粧が施されている。
女たちの美を引き出す、調教の芸術家である。

作詞家
秋元 康　Yasushi Akimoto

文学

[03] **Stitch Story** Books and Literature

オスカー・ワイルド
幸せな王子
絵 濱川あさみ

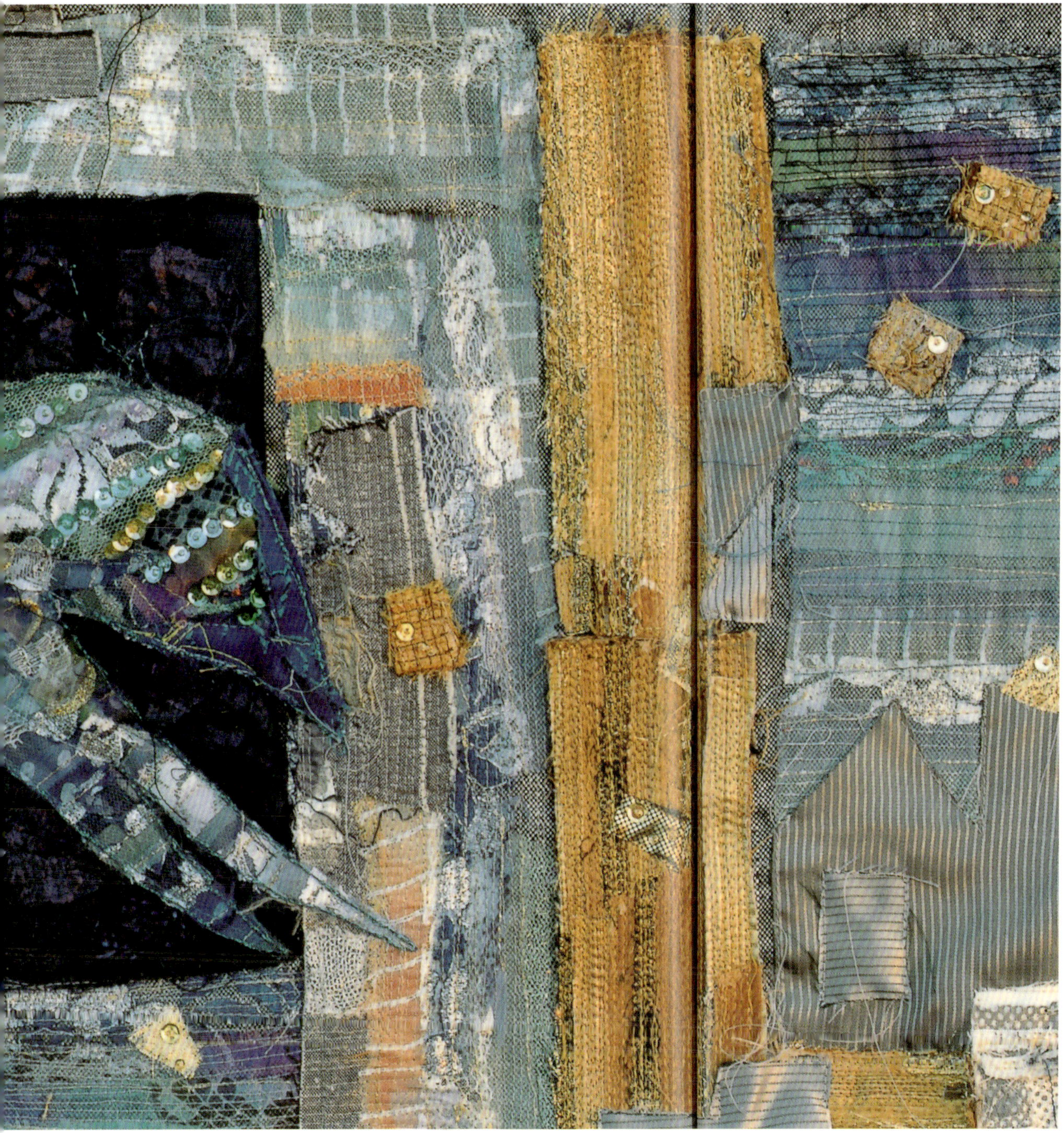

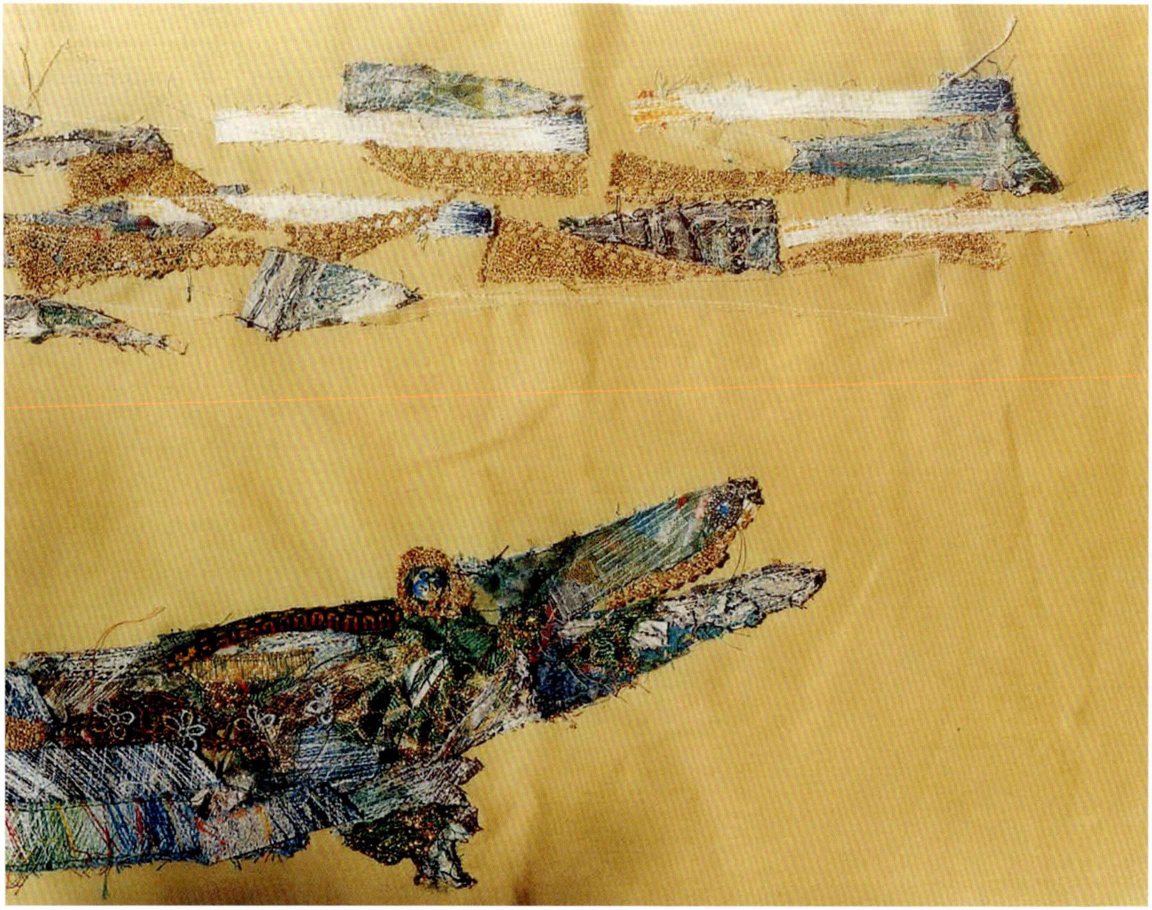

135

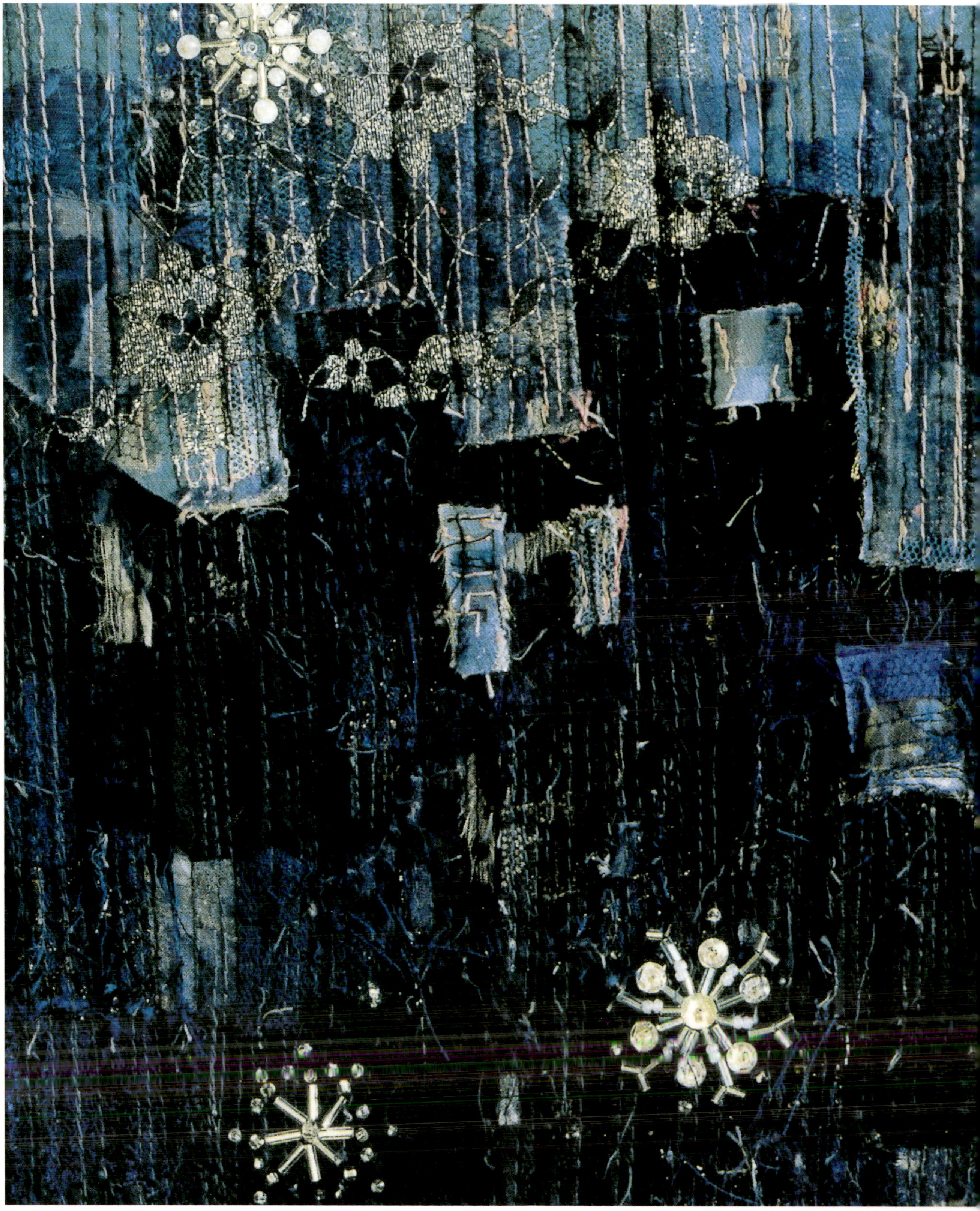

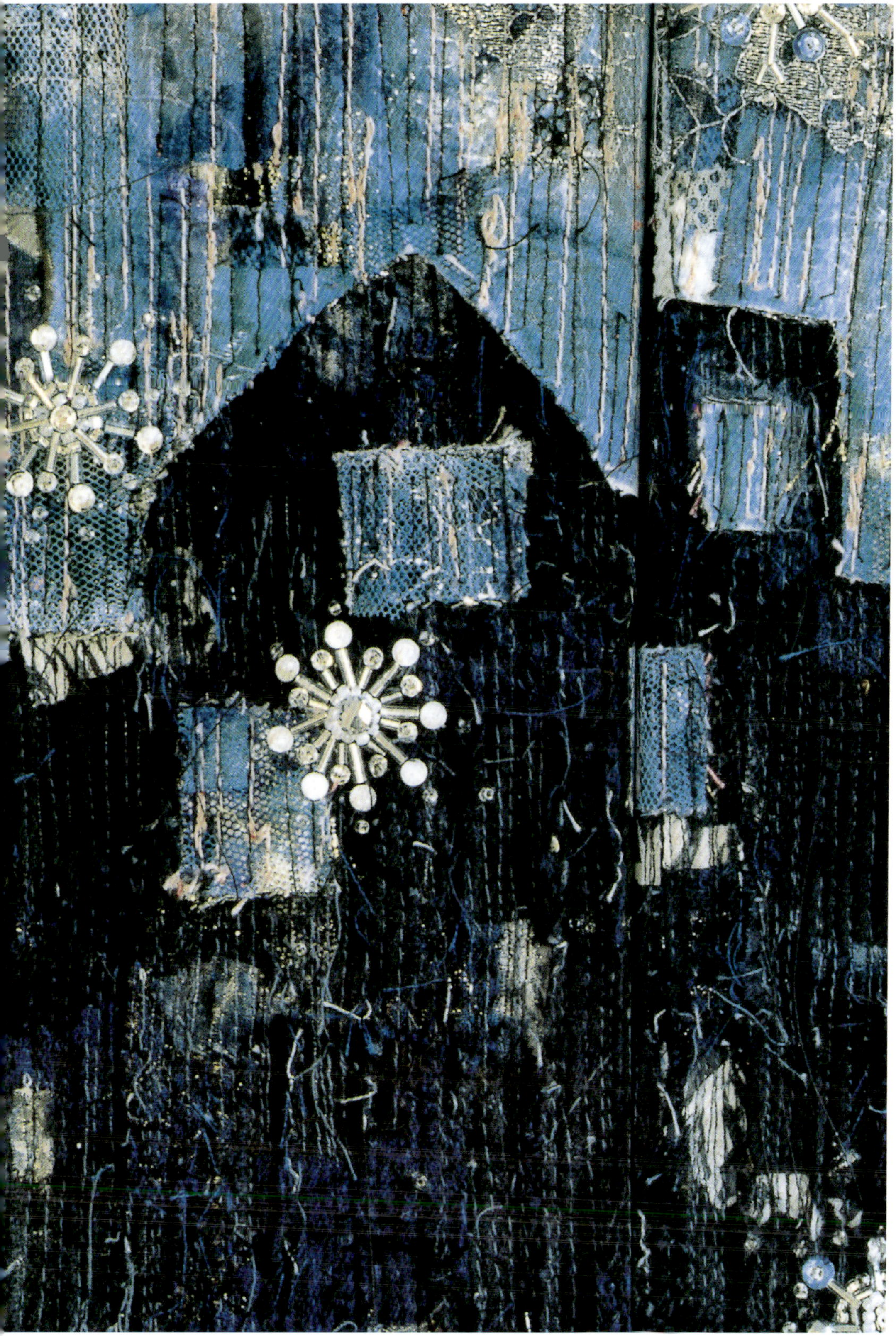

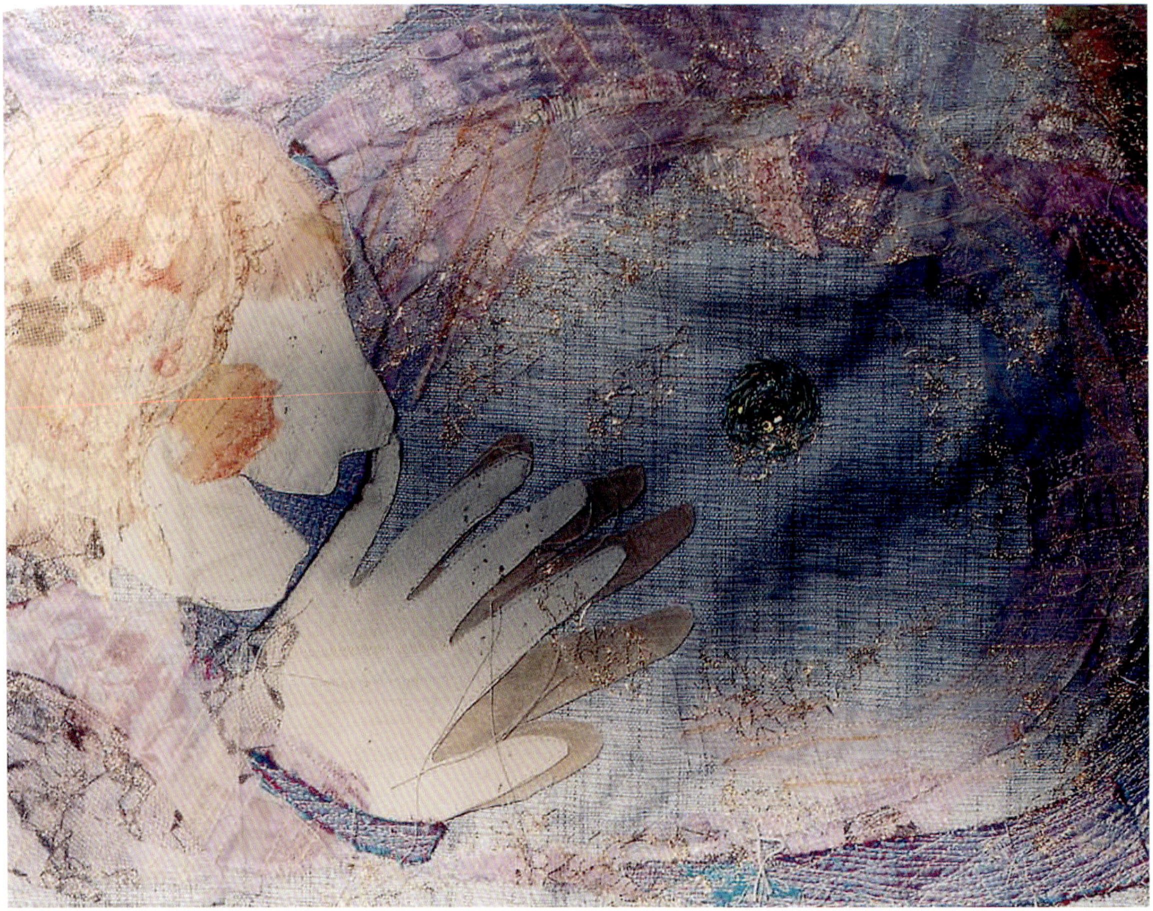

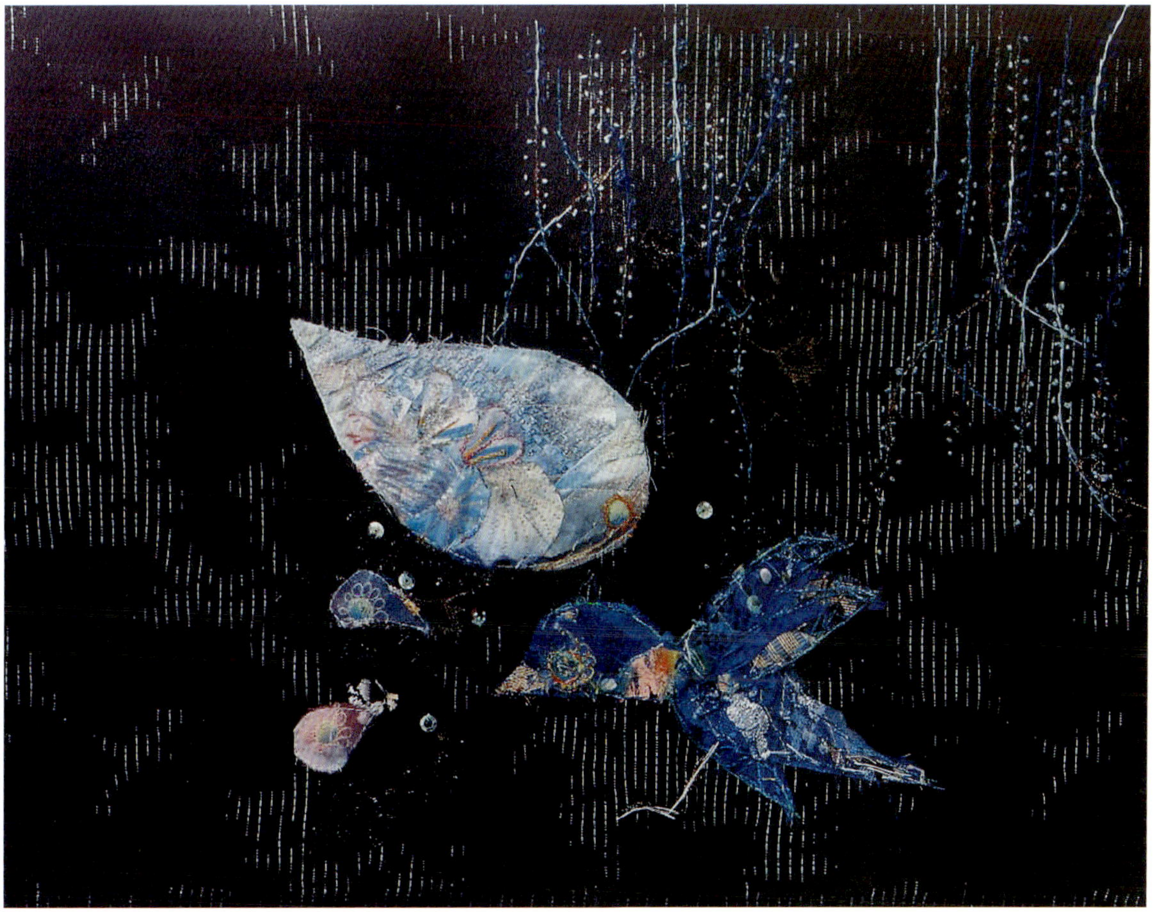

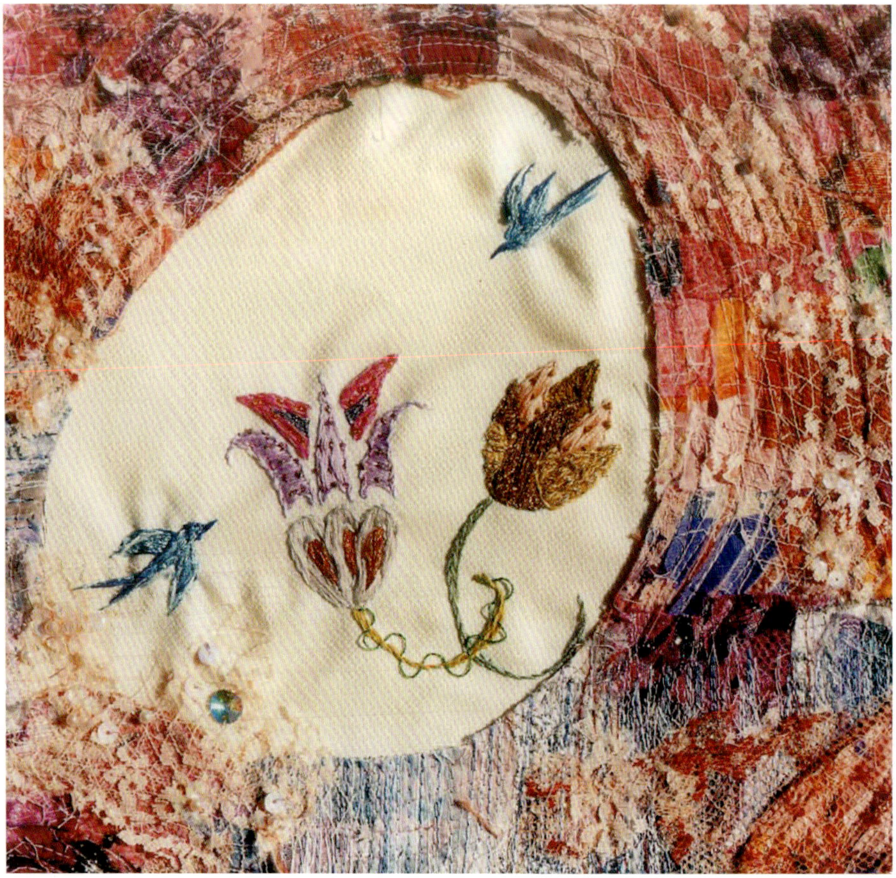

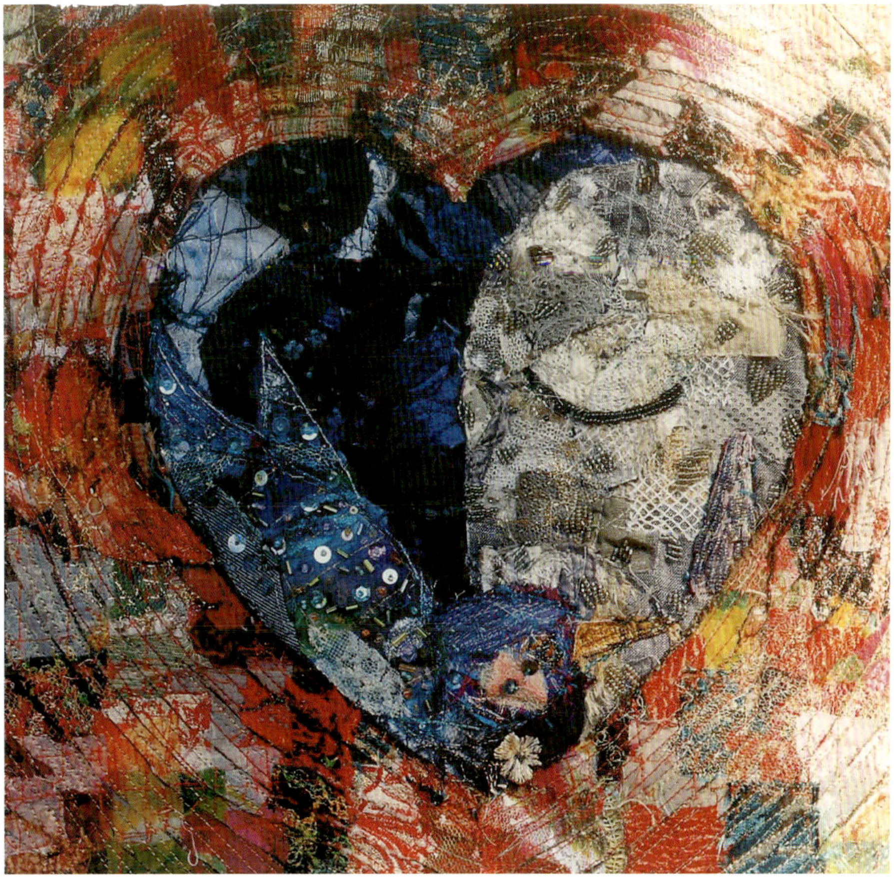

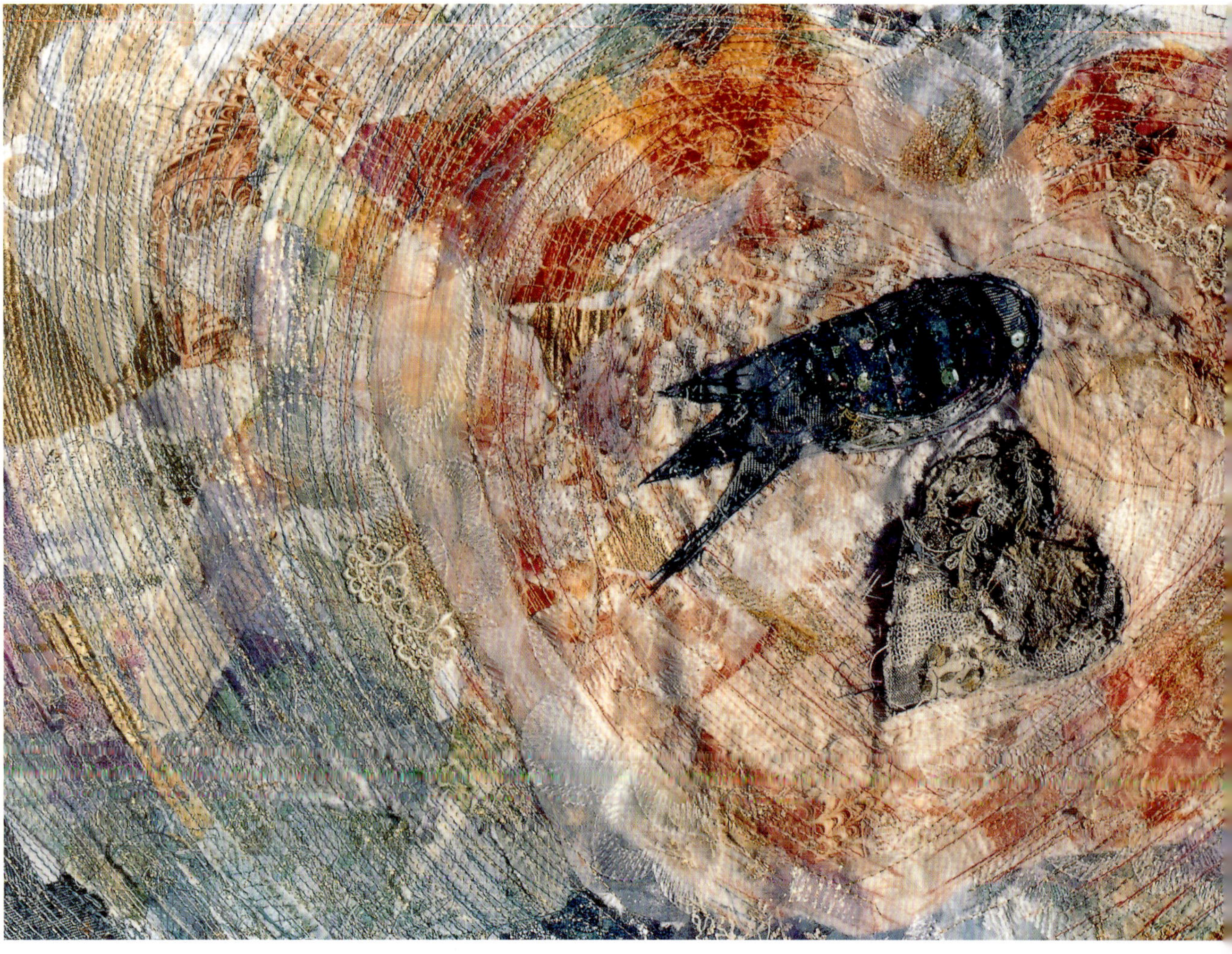

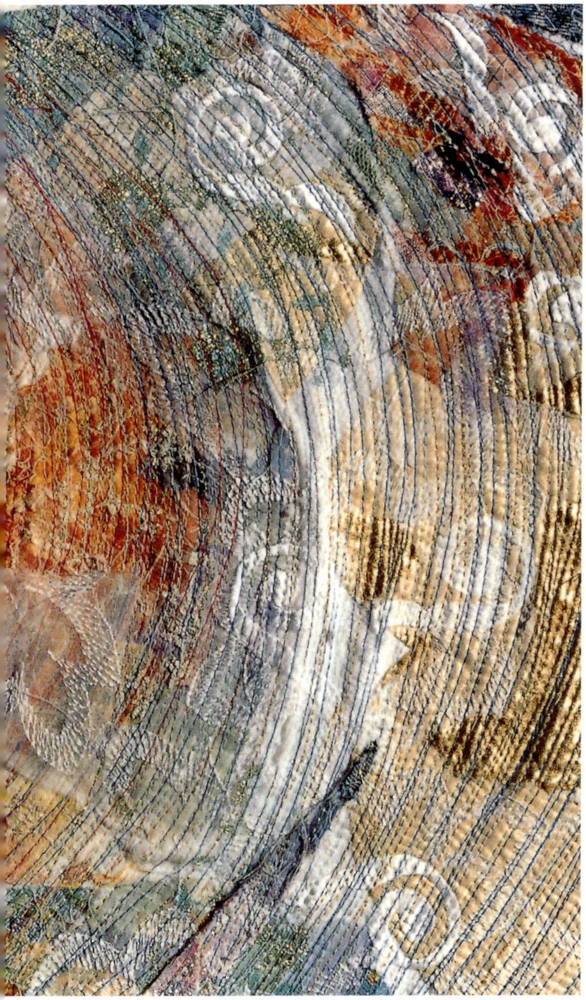

アンデルセン
人魚姫
絵 清川あさみ

144

145

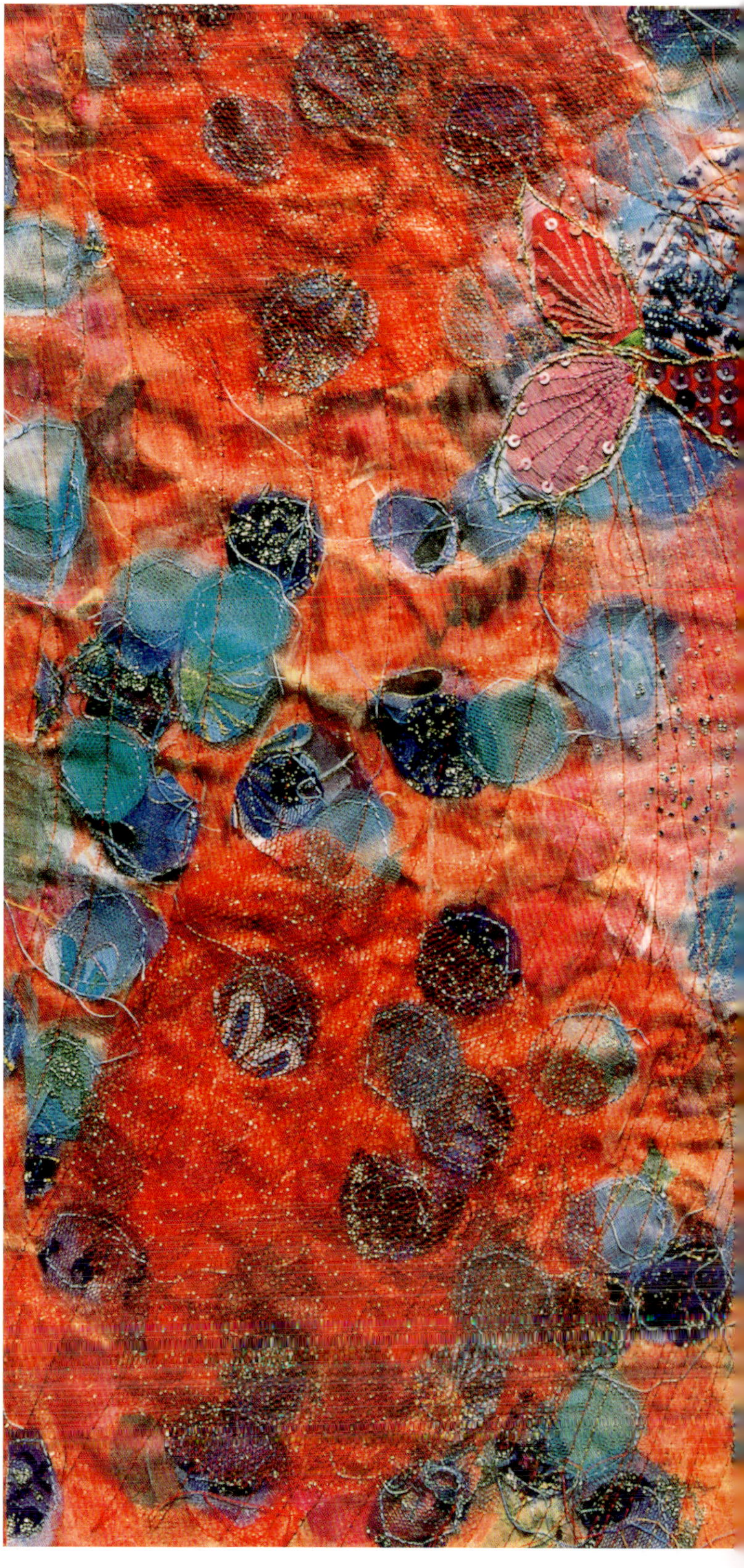

147

宮沢賢治 作
銀河鉄道の夜
ささめやゆき

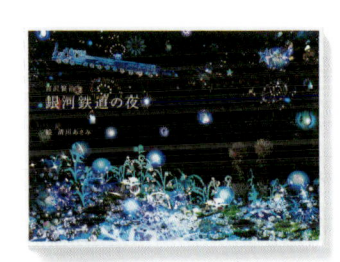

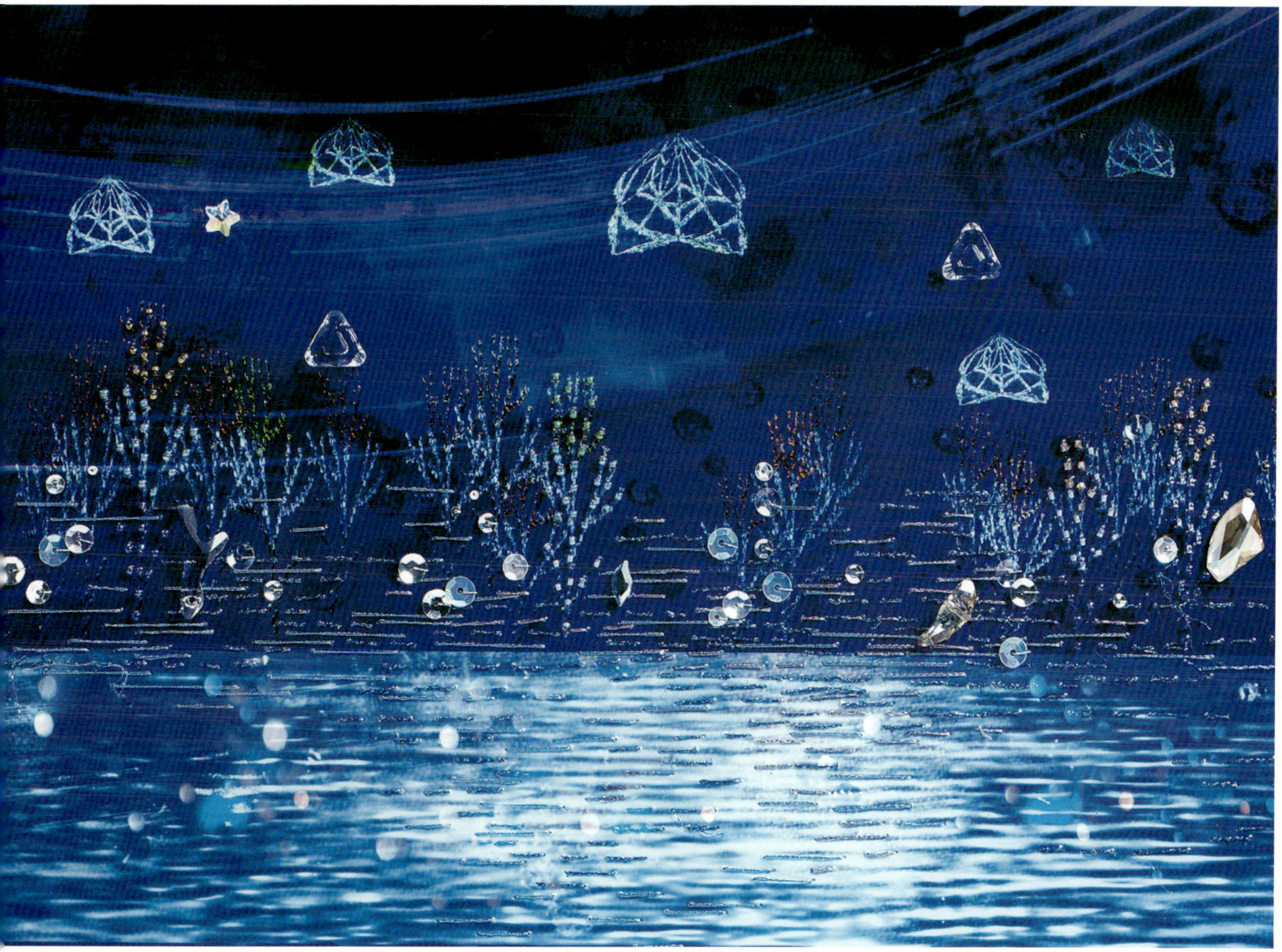

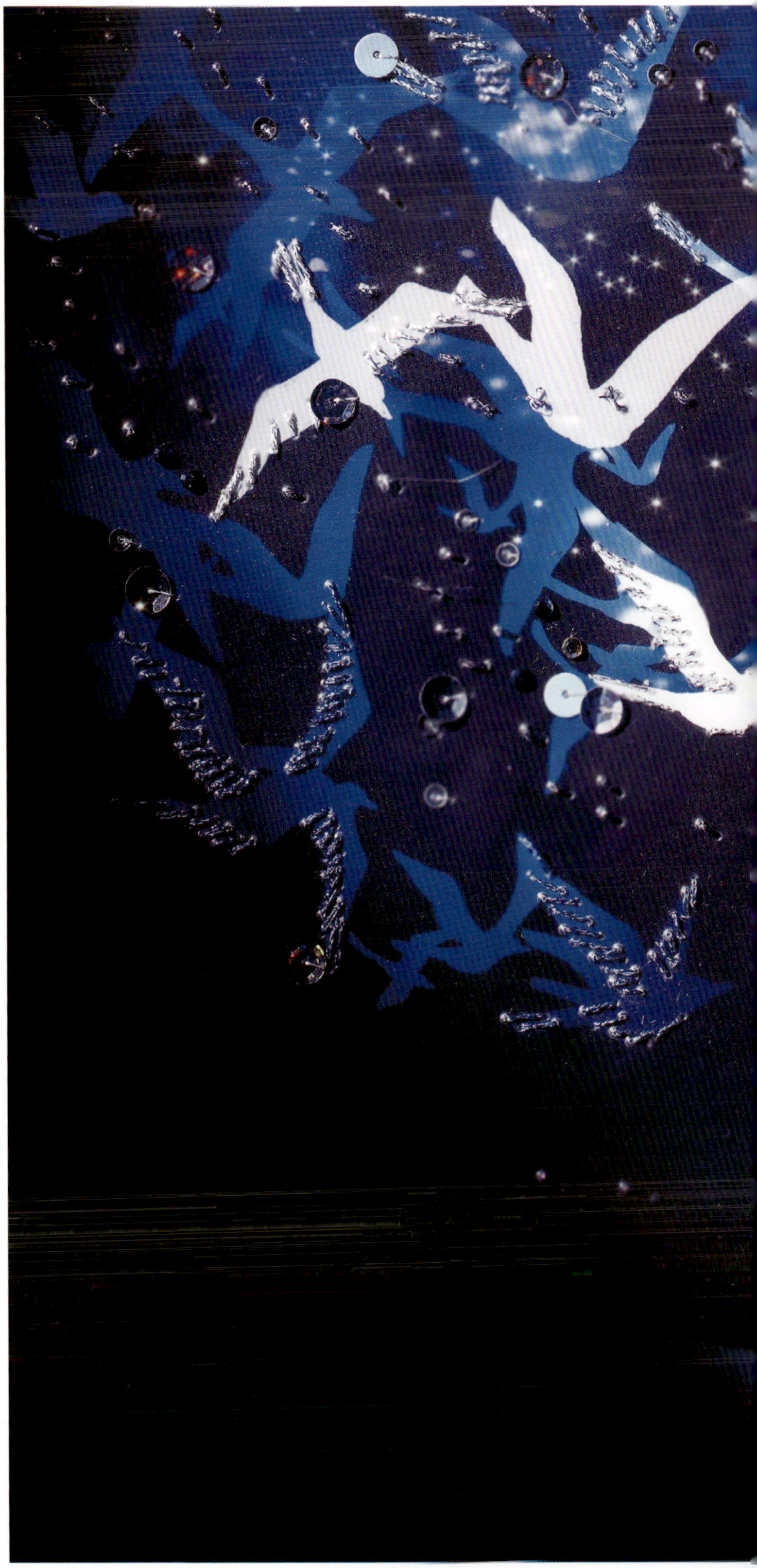

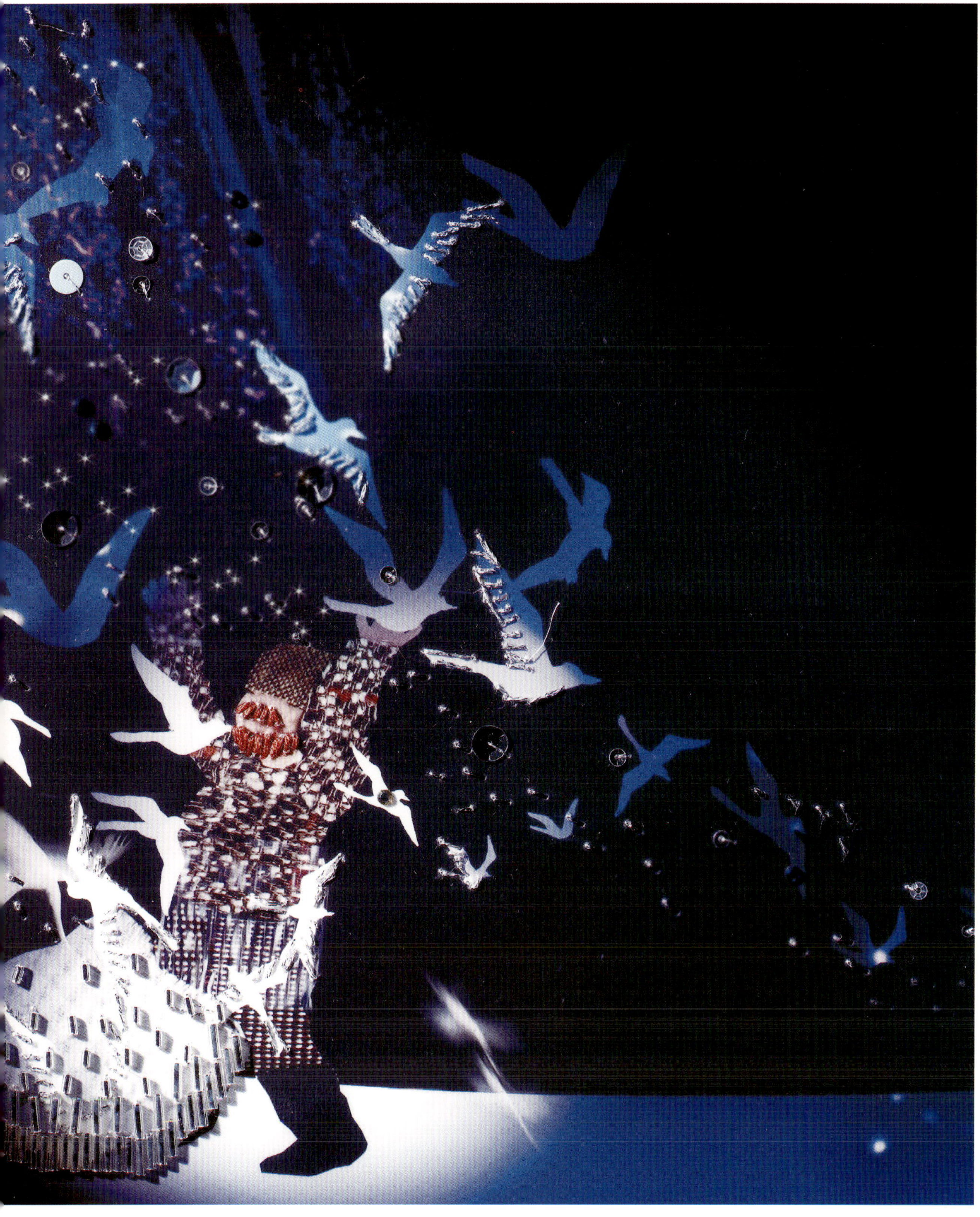

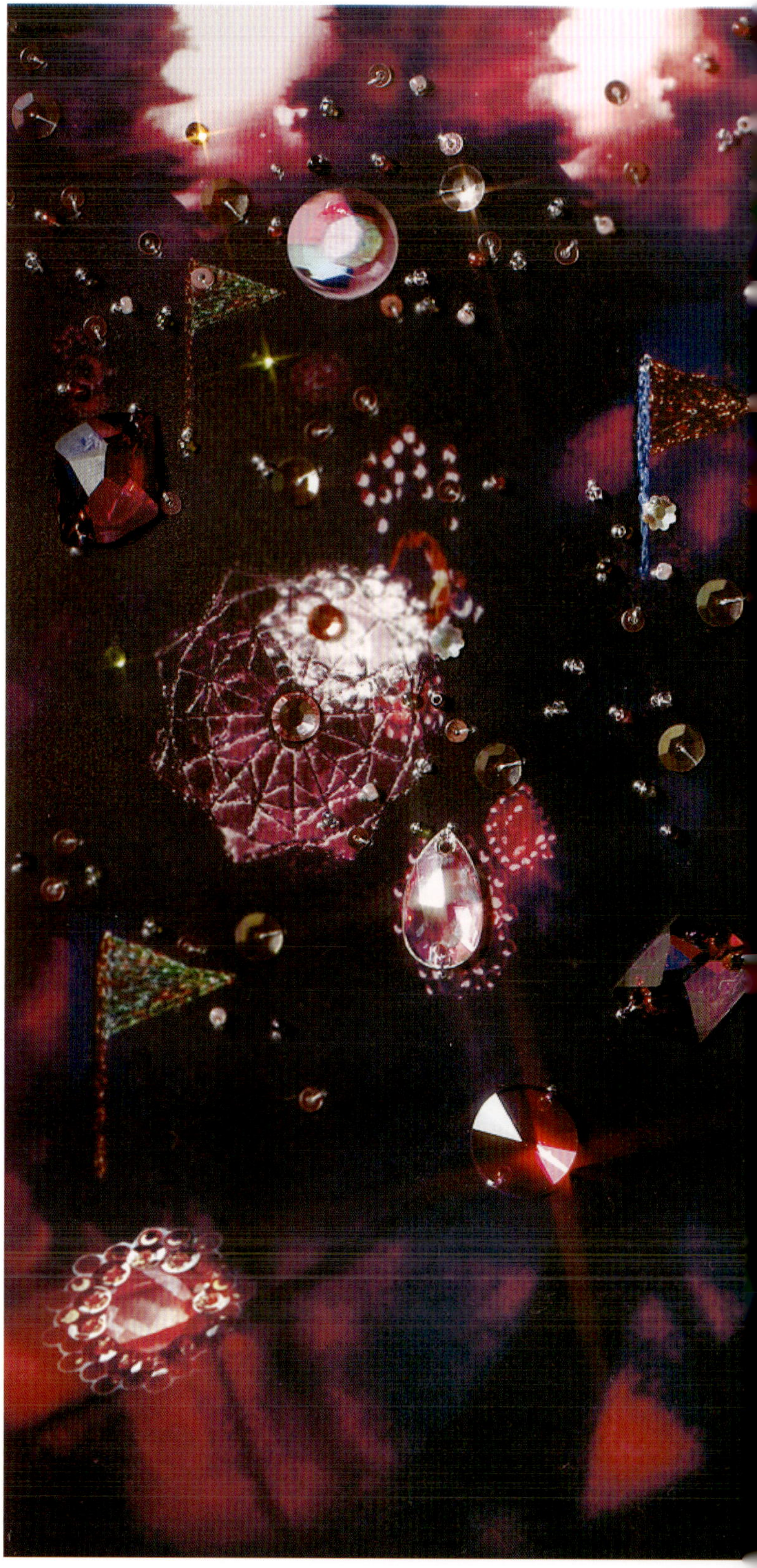

153

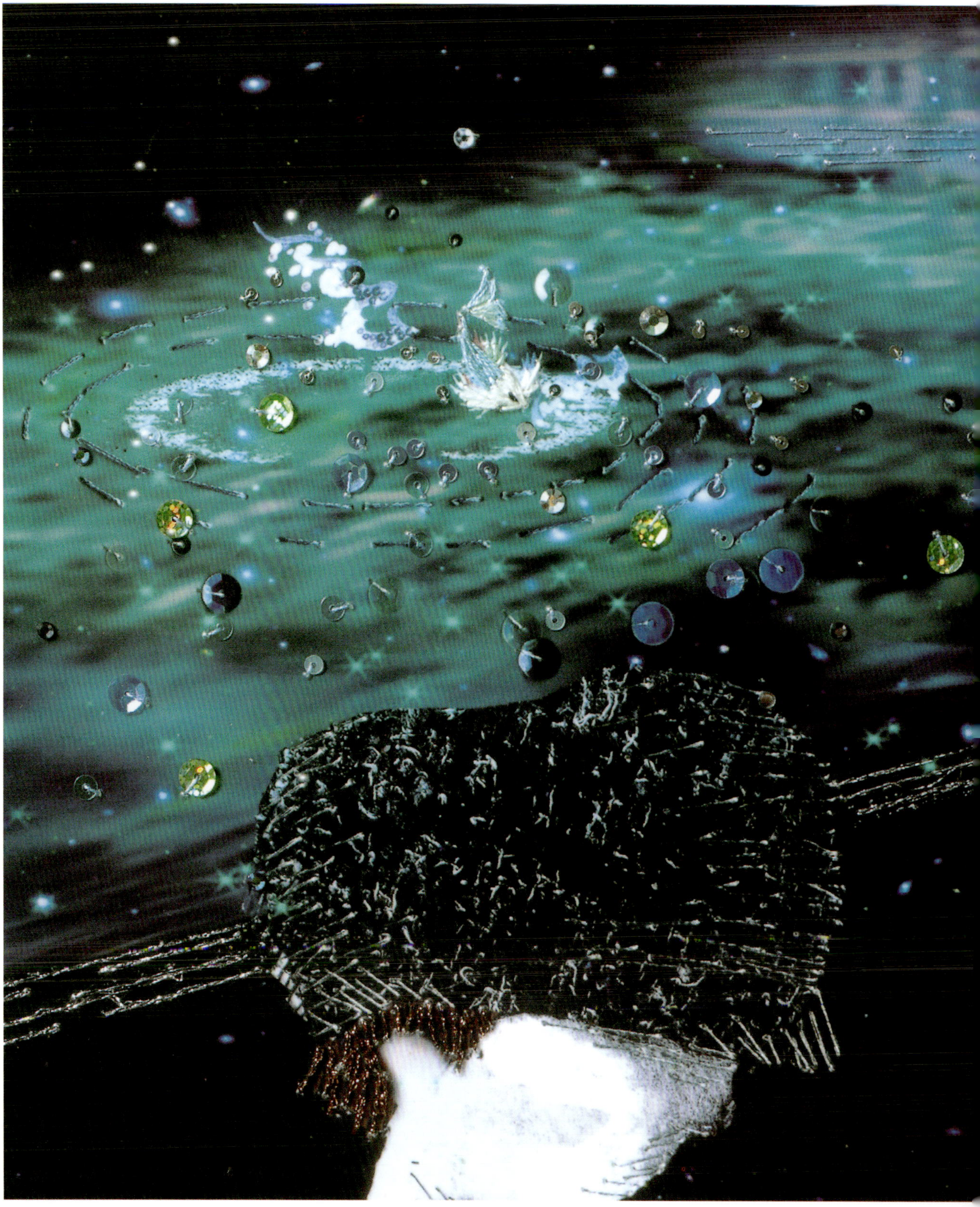

155

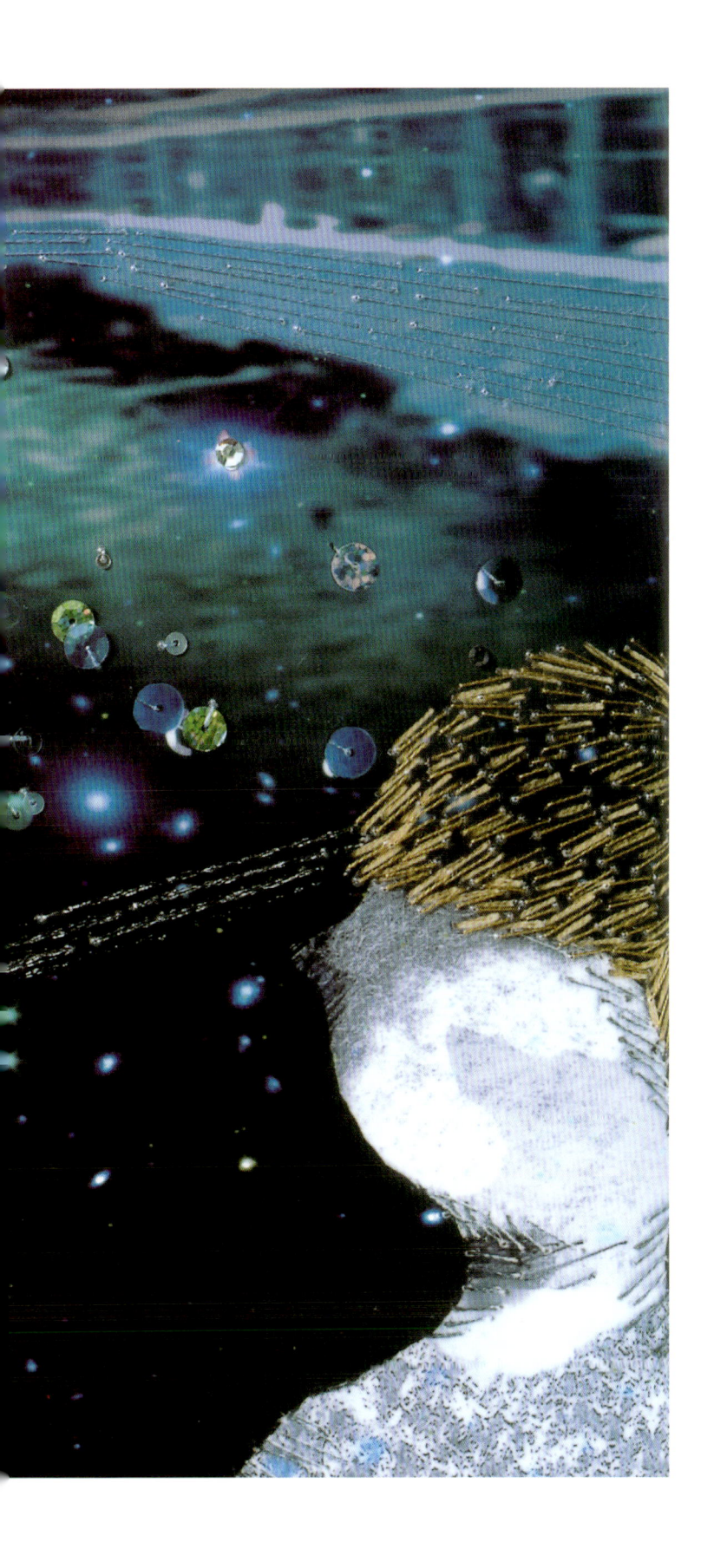

すばる 5

The Subaru Monthly May 2009

戯曲　井上ひさし「ムサシ」
文芸漫談　奥泉光＋いとうせいこう　後藤明生『挟み撃ち』を読む
小説　吉原清隆　おっとうらくの
原田ひ香　失踪クラブ

すばる 1月号（特大号）

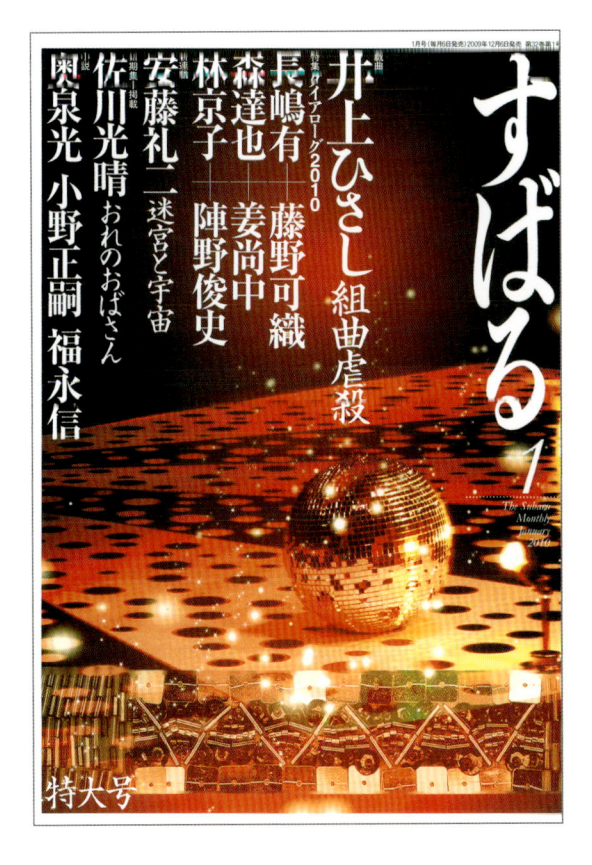

戯曲
井上ひさし　組曲虐殺

特集 ダイアローグ2010
長嶋有＋藤野可織
森達也＋姜尚中
林京子＋陣野俊史

結集
安藤礼二　迷宮と宇宙

最終回一周連載
佐川光晴　おれのおばさん

中篇
奥泉光　小野正嗣　福永信

すばる 9月号

小説
笙野頼子　猫ダンジョン荒神（前篇）
原田マハ　ジヴェルニーの食卓
松田青子　ノースリーブ

特集 魔都上海・ネオ上海

対談
小川洋子＋津村記久子

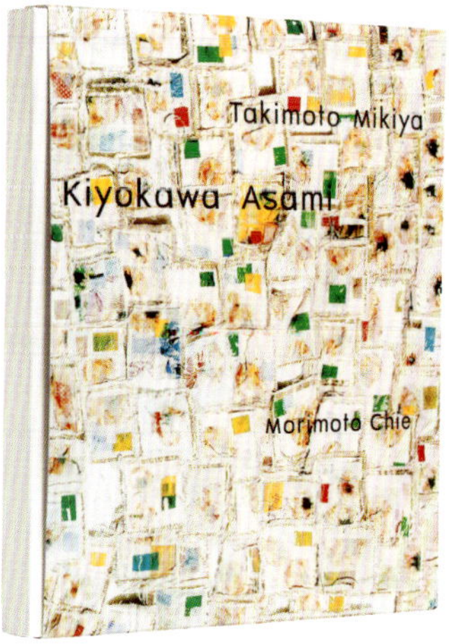
Takimoto Mikiya
Kiyokawa Asami
Morimoto Chie

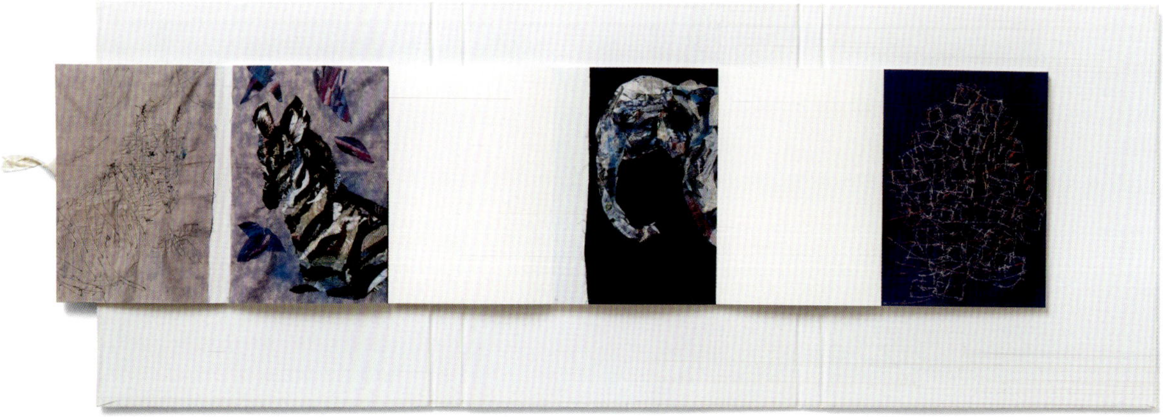

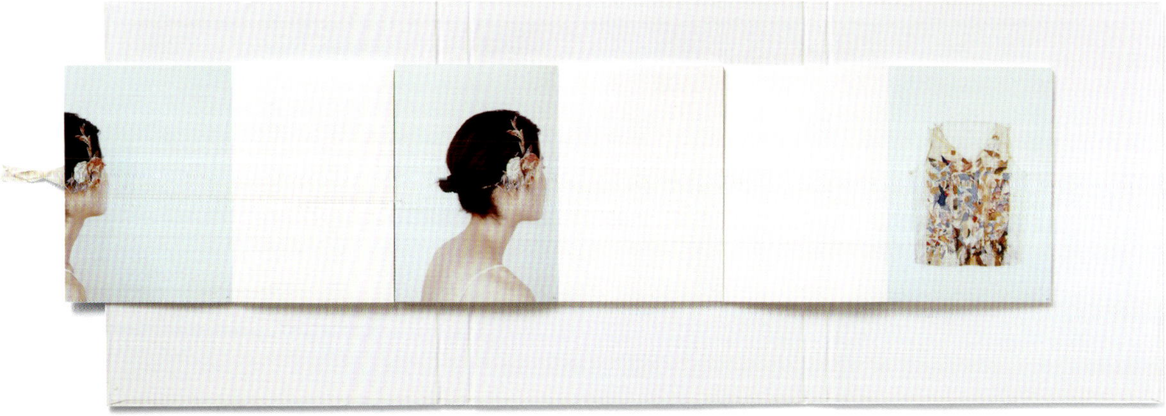

159

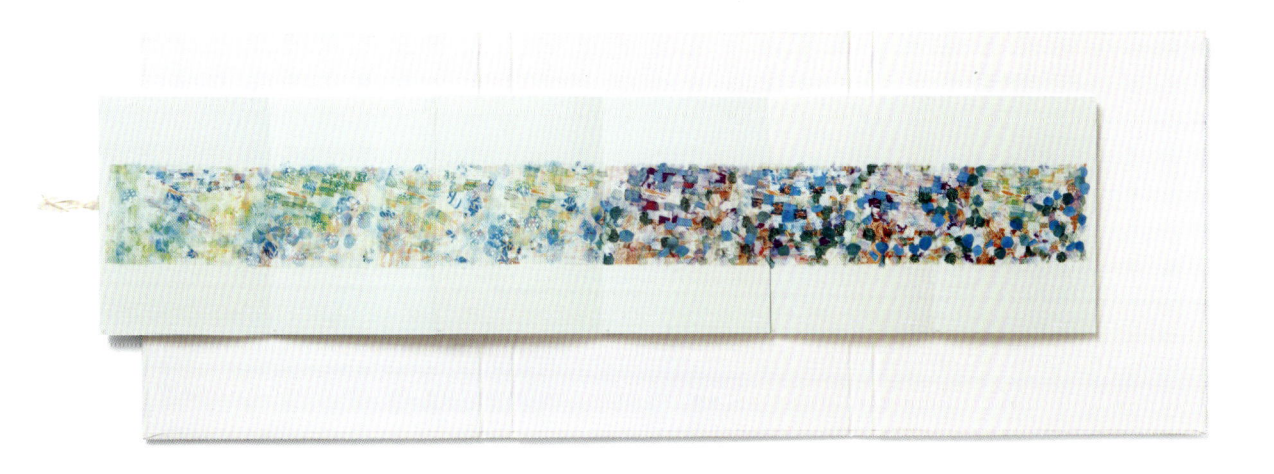

刺繡天国　松井雪子

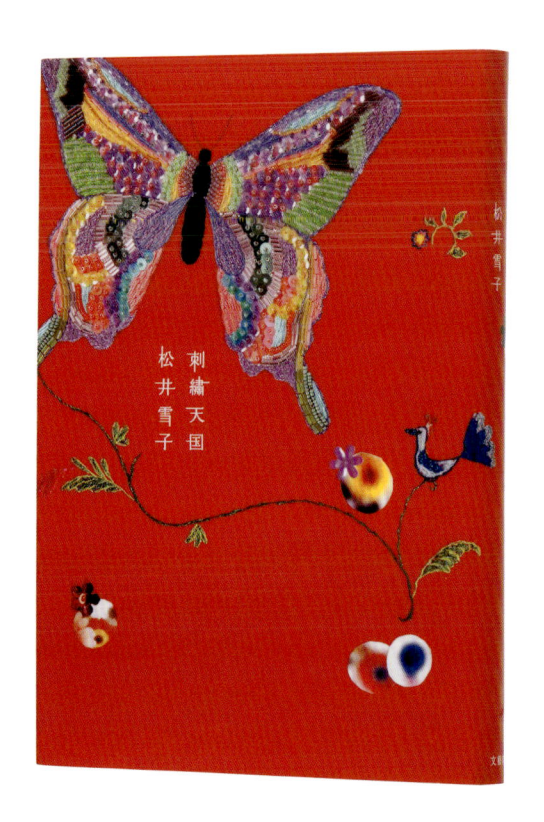

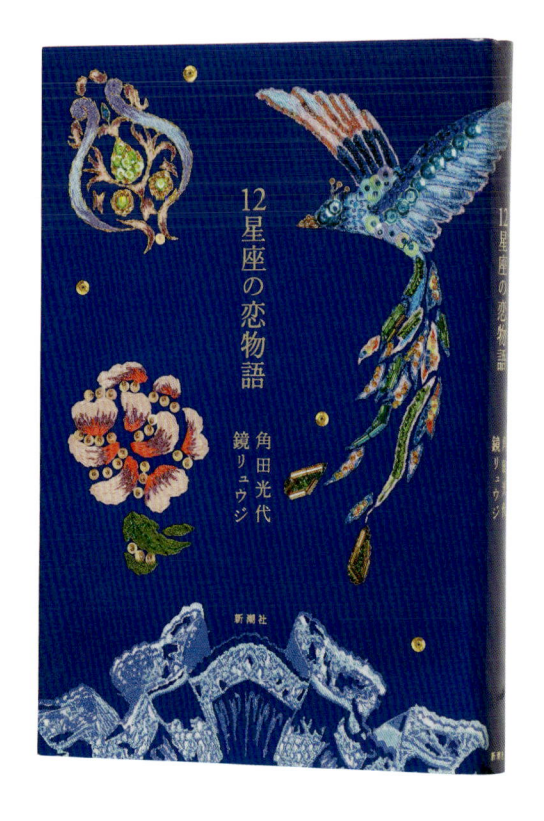

12星座の恋物語　角田光代　鏡リュウジ

やがて目覚めない朝が来る　大島真寿美

愛に似たもの　唯川恵

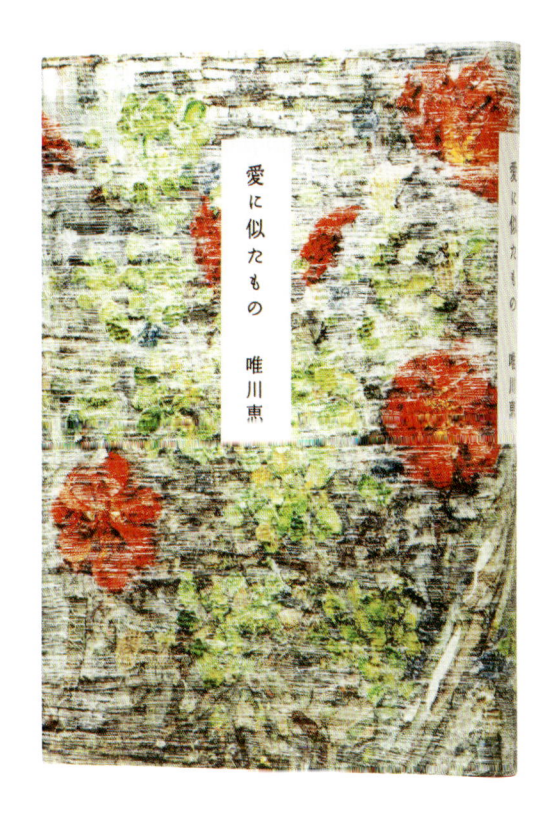

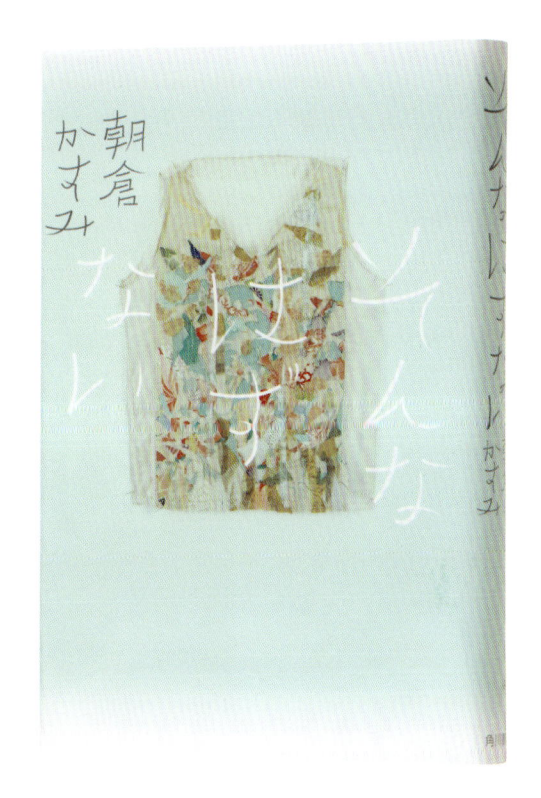

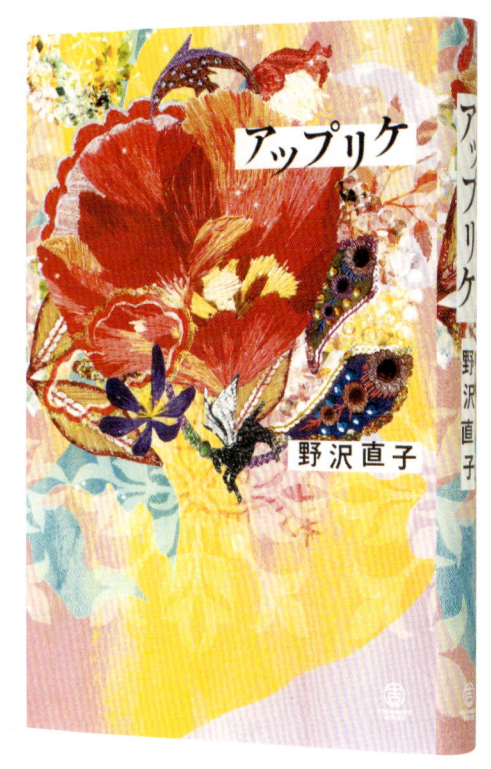

センセイの鞄　朝倉かすみ

アップリケ　野沢直子

162

清川あさみさんとは、『Zipper』というファッション誌の企画でコラボレーションの話になりました。はじめてお会いした時の印象は「目」。見た事のない目をしていました。それは言葉では表現できません。あらゆる光をとりこむような目と言ったら変だし。。むむ。とにかく目に感動したのが最初でした。僕は書道家として色んなジャンルの方とコラボレーションしてきましたが、もちろん刺繍ははじめてでした。そもそも刺繍と書がどのように交わるか、どのような相乗効果がになるか想像もつきませんでした。まずどういうテーマで創作をしようか話し合いになった時に、僕があさみさんにご自身の作品群を見せて頂いた時に、何と人間の感情をわかりやすく美しく表現する方だろうと感動しました。その中でもコンプレックスに対してのアプローチの仕方が斬新かつ素晴らしかったので、ぜひ「コンプレックス」をテーマにしようということになりました。実際「嫌」「醜」「太」などマイナスにとらわれることの多い文字をこんなにも集中して書くことはありませんでした。そして僕の書を投げて、その書に刺繍を施して返ってきた作品を見て唖然。まさかの融合世界。全く違和感がありません。あたかも最初からこんなアートが存在していたかのごとく、至極自然に書と刺繍がクロスしていたのです。しかもまさに相乗効果。書では表現しきれない部分を刺繍で補う。最初の作品は「醜」でした。醜いというコンプレックスを、ここまで堂々と美しい世界に仕上げたあさみさんに脱帽でした。それから僕はワクワクして作品を書くことができました。あさみさんがどんなリターンをするのか楽しみでしかたないのです。この連載がとうとう『com-po-ji』というタイトルで本になりました。コンプレックスとポジティブを混合させて造語。今までになかったのに、ずっと昔からあったような本になりました。これからの清川あさみさんの成長と活躍を考えるとドキドキします。これからも高め合ってゆきましょう！

書道家
武田双雲　　Souun Takeda

現実と幻想

　私は清川さんと誕生日が同じで、ちょうど一歳年上です。だから、清川さんがモデルさんとしてファッション誌でお仕事をしていたとき、私は読者として、リアルタイムでお見かけしていました。
　それからしばらくして、本屋で『人魚姫』を見つけました。表紙を見て、すぐ「好きな本だ」と感じたので、買うことにしました。「清川あさみ」とあって、モデルさんで同じ名前の人がいるけれど、同姓同名なのだろうか、と思ったら、同じ方でした（そのあと、どんどん活躍されて、いろいろなところで、お名前や作品を見るようになりました）。『人魚姫』を持ち帰り、どんな風に泡や人魚を描いてあるのだろうと、楽しみにページをめくりました。刺繍で表現された海は、遠くて淡くて曖昧でした。幻想的でした。人間は太古から、物語や歌、壁絵や織物、いろいろなもので生活と夢とのあわいを描いてきたと思います。はっきりしなくて、遠くて、普段の目や肌では触れられない世界。食べることに必死な時代でも描いていたことなのだから、きっと人間は相当な幻想好きなのでしょう。現代を生きる私ももちろん、幻想的なものに目を瞠ります。この海で泳ぎたいと思いました。
　それからまた何年か経って、あるトークイベントで清川さんご本人とお喋りする機会がありました。そのときに清川さんは、たしか、「現実と、頭の中のものと、どっちも描きたいです。だって、リアルだけだと、つまらないじゃない？」とおっしゃったように思います（私の記憶なので、実際の言葉は少し違ったかもしれません）。本当にそうだ、現実も大事だけど、それだけではつまらない。私もそんな気持ちで小説を書きたい、と思いました。
　初めてお会いした清川さんは、目が合うと必ずキュッと口角を上げて笑ってくれる、素敵な人でした。女同士ですが、ちょっとときめきました。そして、喋ることは全部ポジティブでした。全てのことに「楽しみだなあ」「面白いなあ」とおっしゃっていたように覚えています。こんな方が、幻想を大事にしてくれるのは、力強いことです。これからもずっと、現実と幻想に小さな穴をあけて、キュッと糸を通して繋いでいって欲しいです。

小説家
山崎ナオコーラ　　Nao-cola Yamazaki

ファッション

[04] **Stitch Story** Fashion

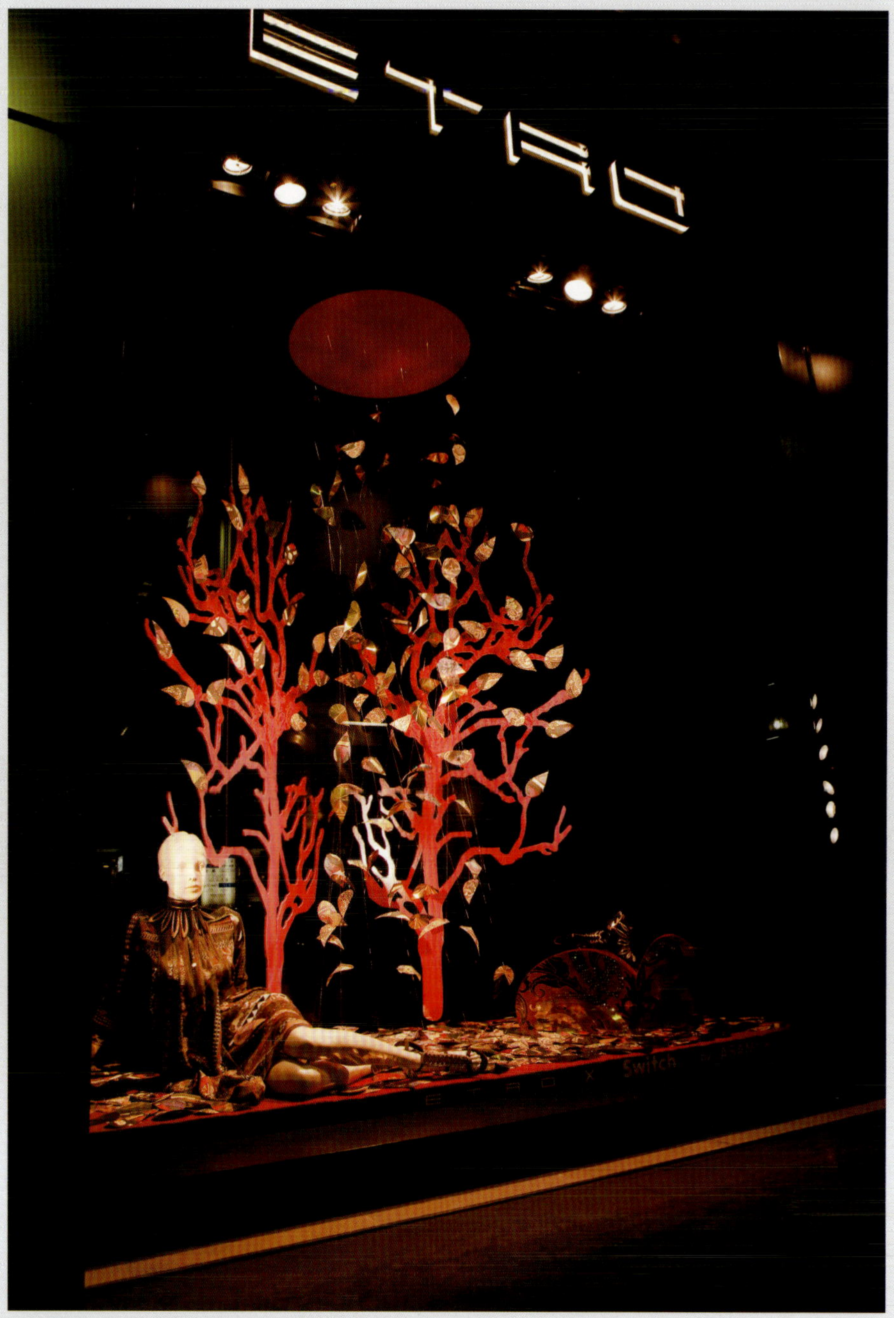
ETRO

167

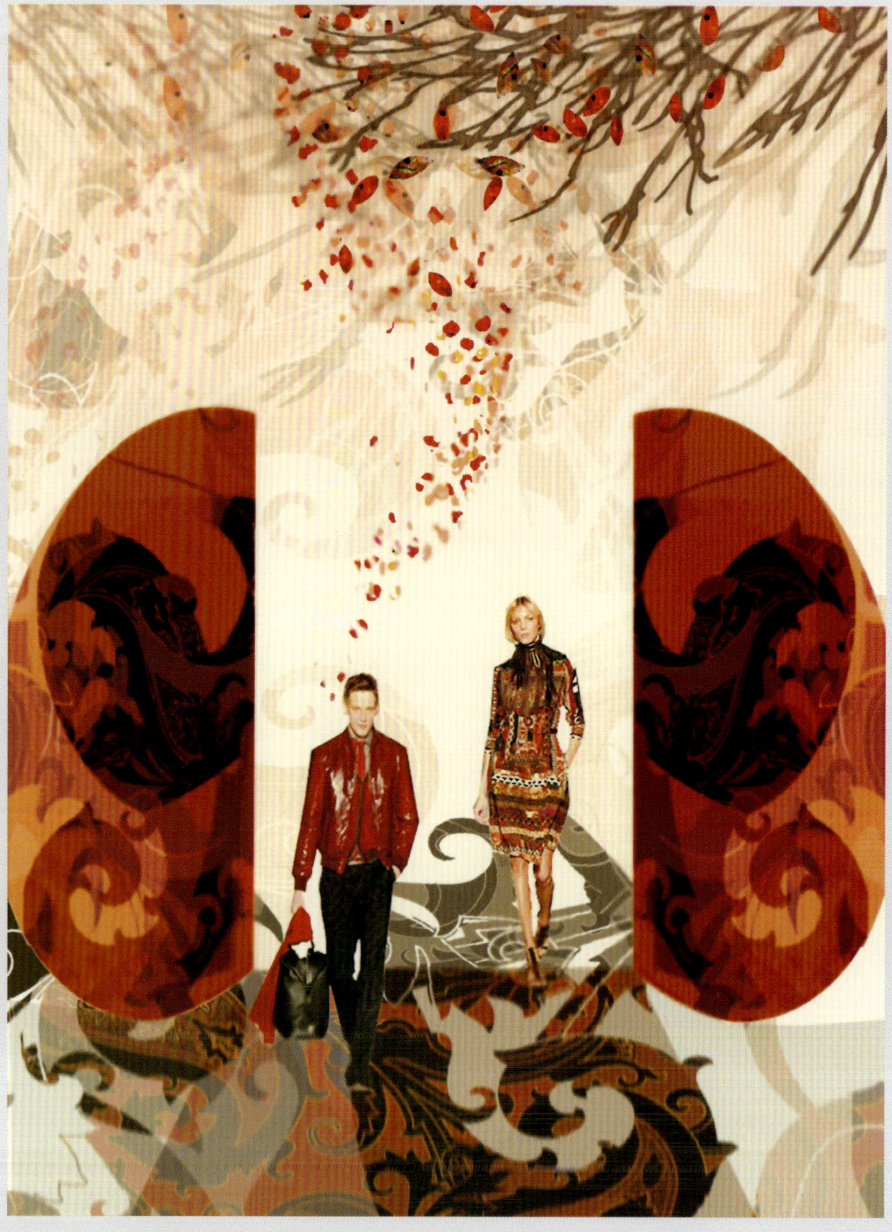

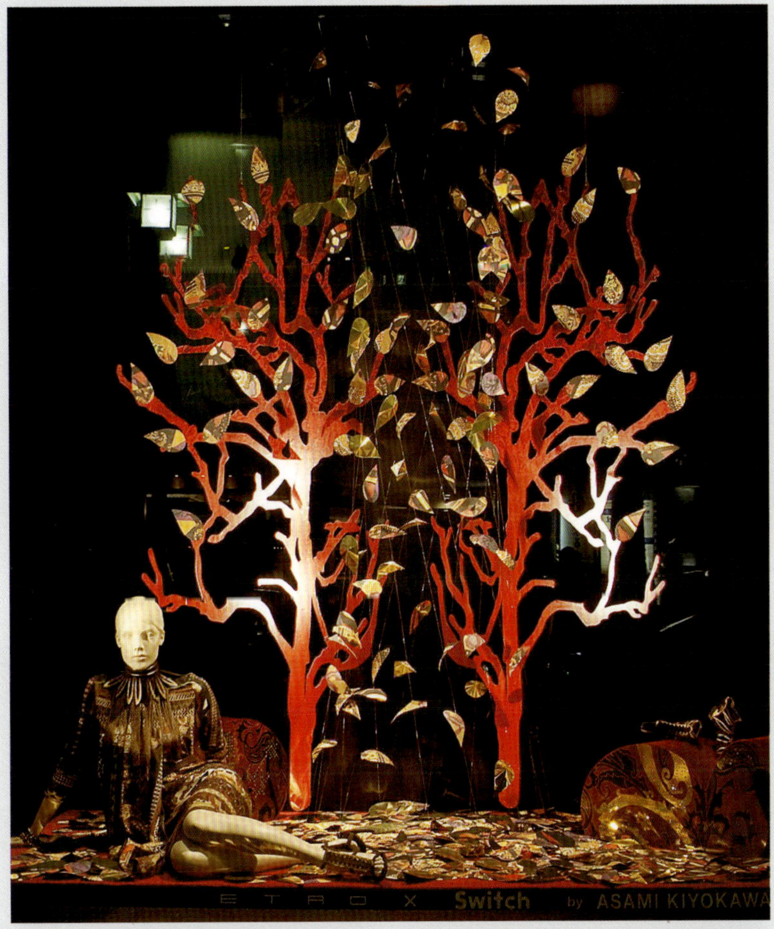
ETRO X Switch by ASAMI KIYOKAWA

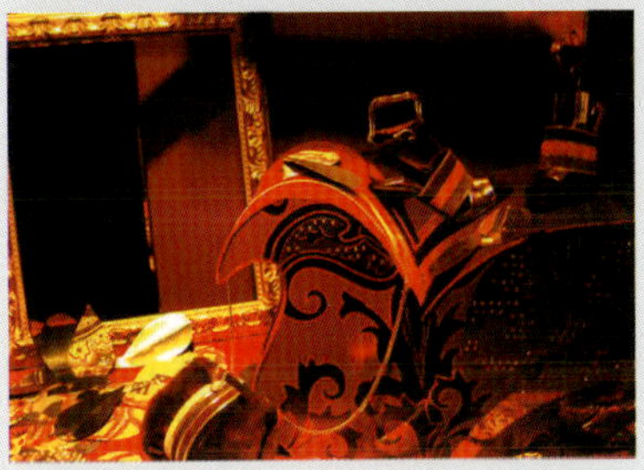

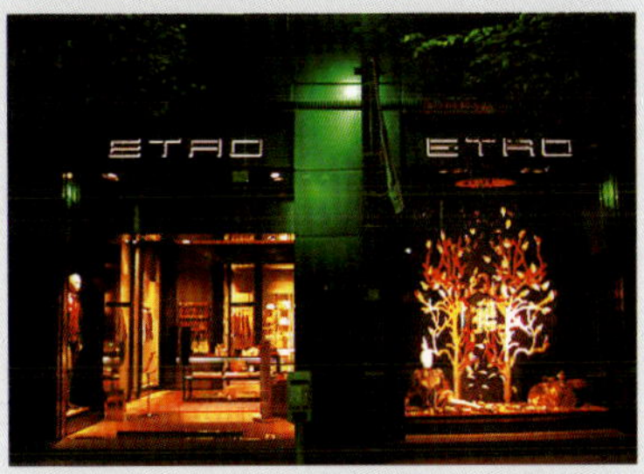
ETRO
ETRO

2009
CHRISTMAS STARS
made with CRYSTALLIZED™ - Swarovski Elements

matsuya Ginza

171

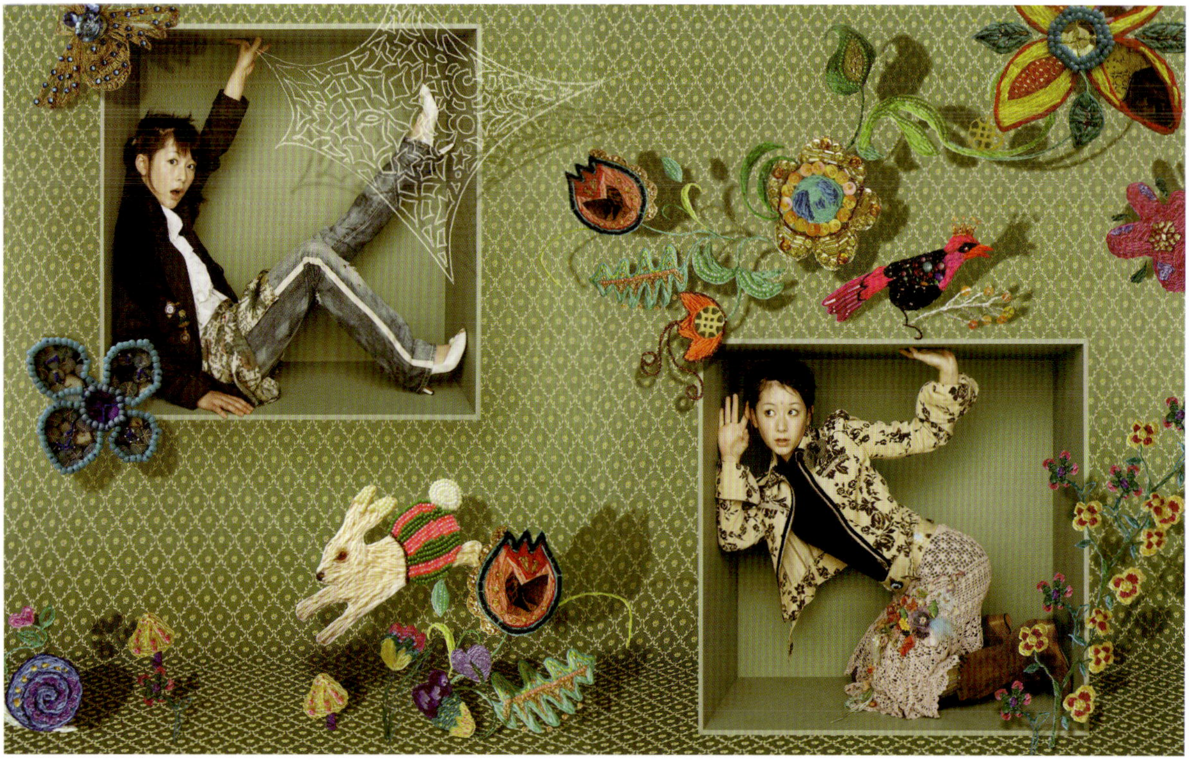

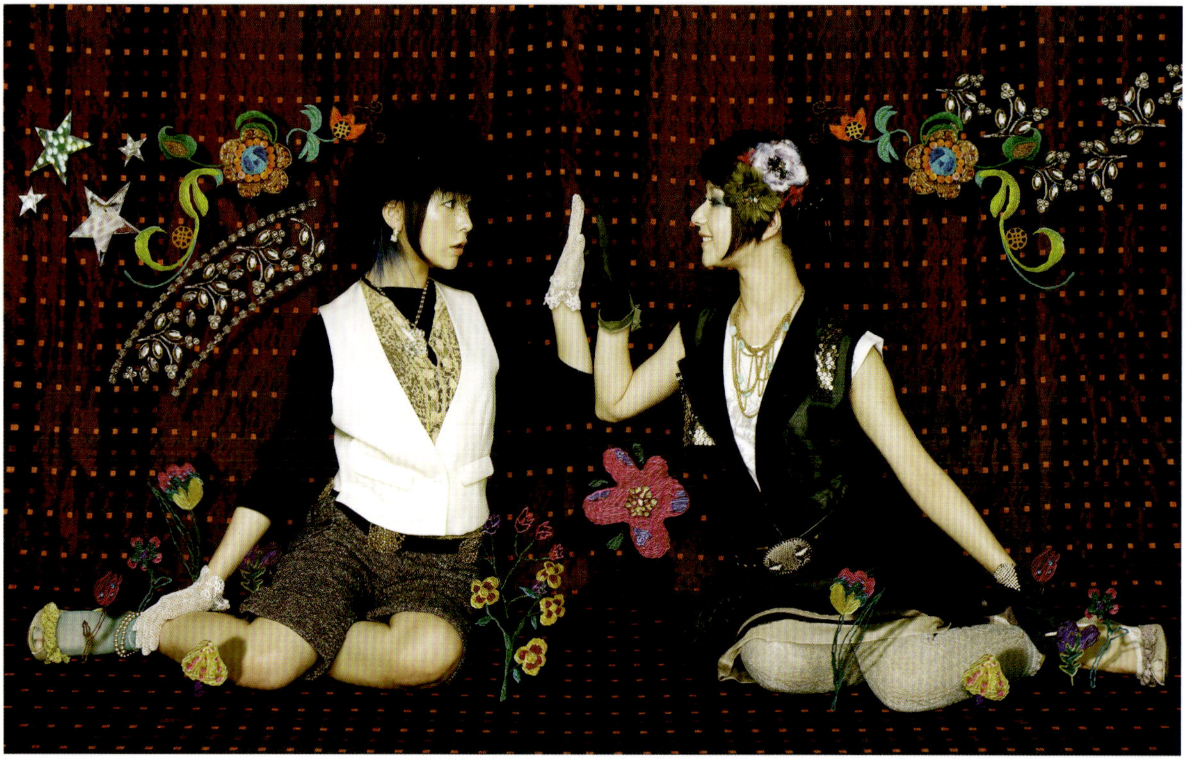

FORET GRAND BAZAR

cocoti

ココチいいがたくさん

fashion+restaurant

明治通り宮下公園向かい
3/20(月)オープン
ファッション・レストラン＆カフェ
シネマ・フィットネスの17ショップ

3 New Shops Open　レストラン2店舗＋カジュアルファッション1店舗

» http://www.cocoti.

- 12F　THE LEGIAN TOKYO　リゾート感あふれる空間で味わうフレンチアジアンキュイジーヌ　3/27(月)グランドオープン
- 3F　chef'sV Party　Bar&Buffet　野菜をいかしたビュッフェレストランで気分はパーティ
- 2F　Penguin by Munsingwear　ペンギンマークをモチーフにしたメンズ＆レディス新ブランド1号店

ココチ渋谷　東京都渋谷区渋谷1丁目23-16　03-5774-0124 (受付時間 10:00-19:00)　営業時間・テナント情報の詳細は→http://www.cocoti.net　cocotiはpicasso347から名称変更

チ渋谷。

+interior+cinema+fitness

175

PARCO SWIM DRESS

夏感り ♥

PARCO
www.parco-swim.com

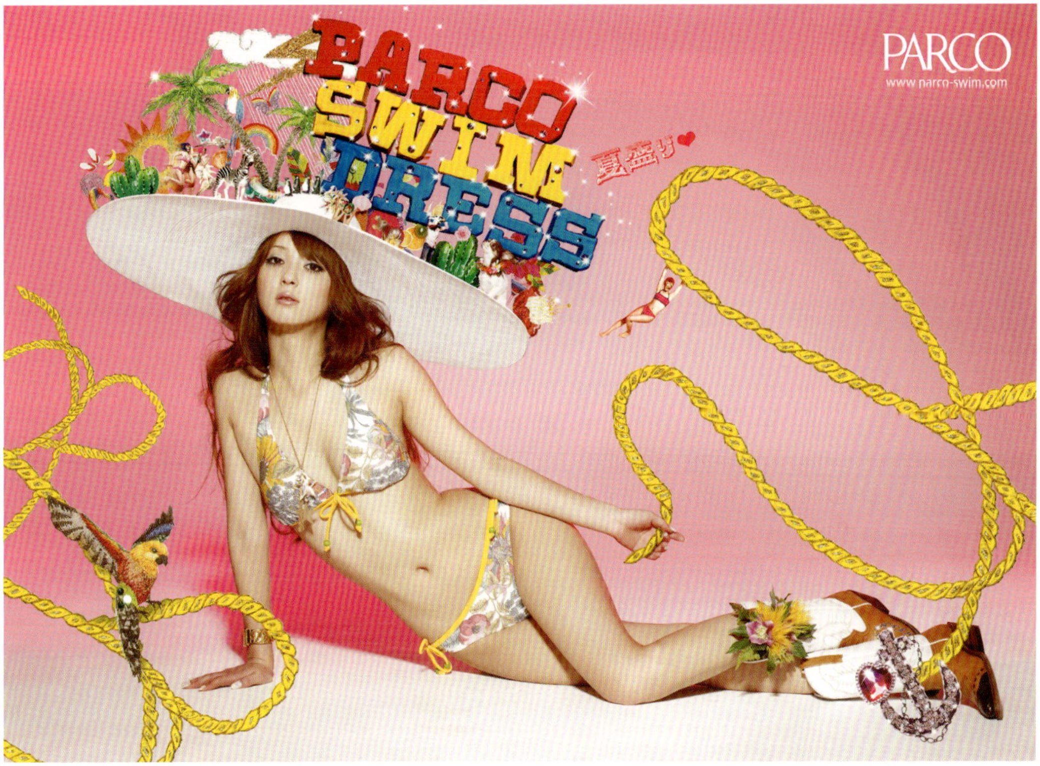
PARCO
SWIM
DRESS
夏盛り♥
PARCO
www.parco-swim.com

LOVE♡

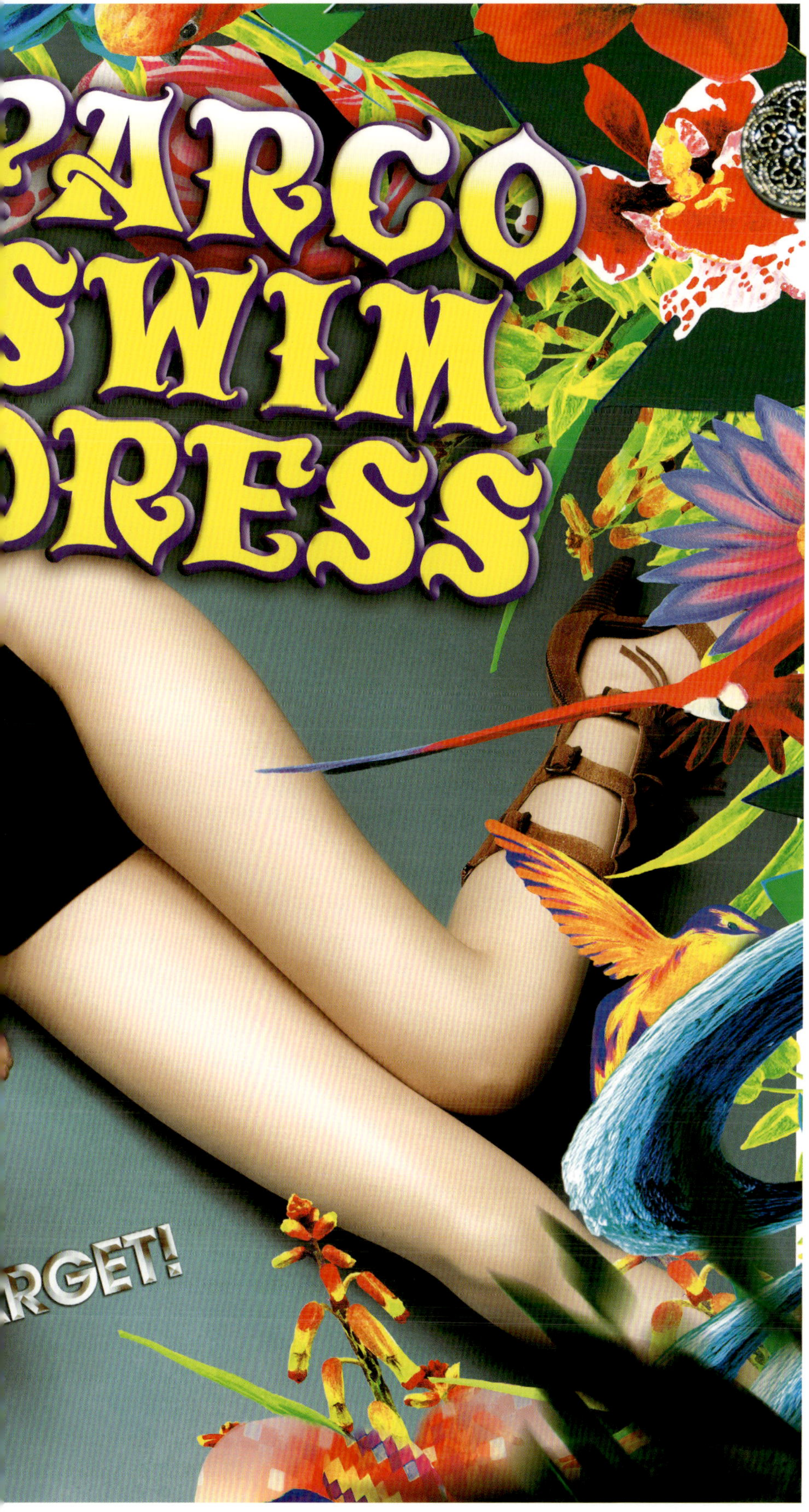
PARCO
SWIM
DRESS
RGET!

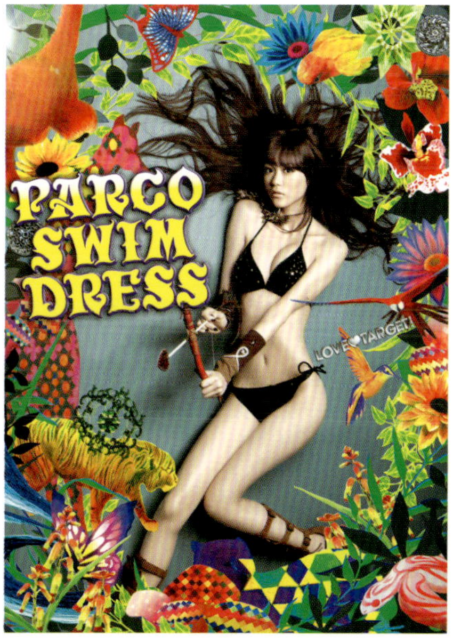
PARCO
SWIM
DRESS

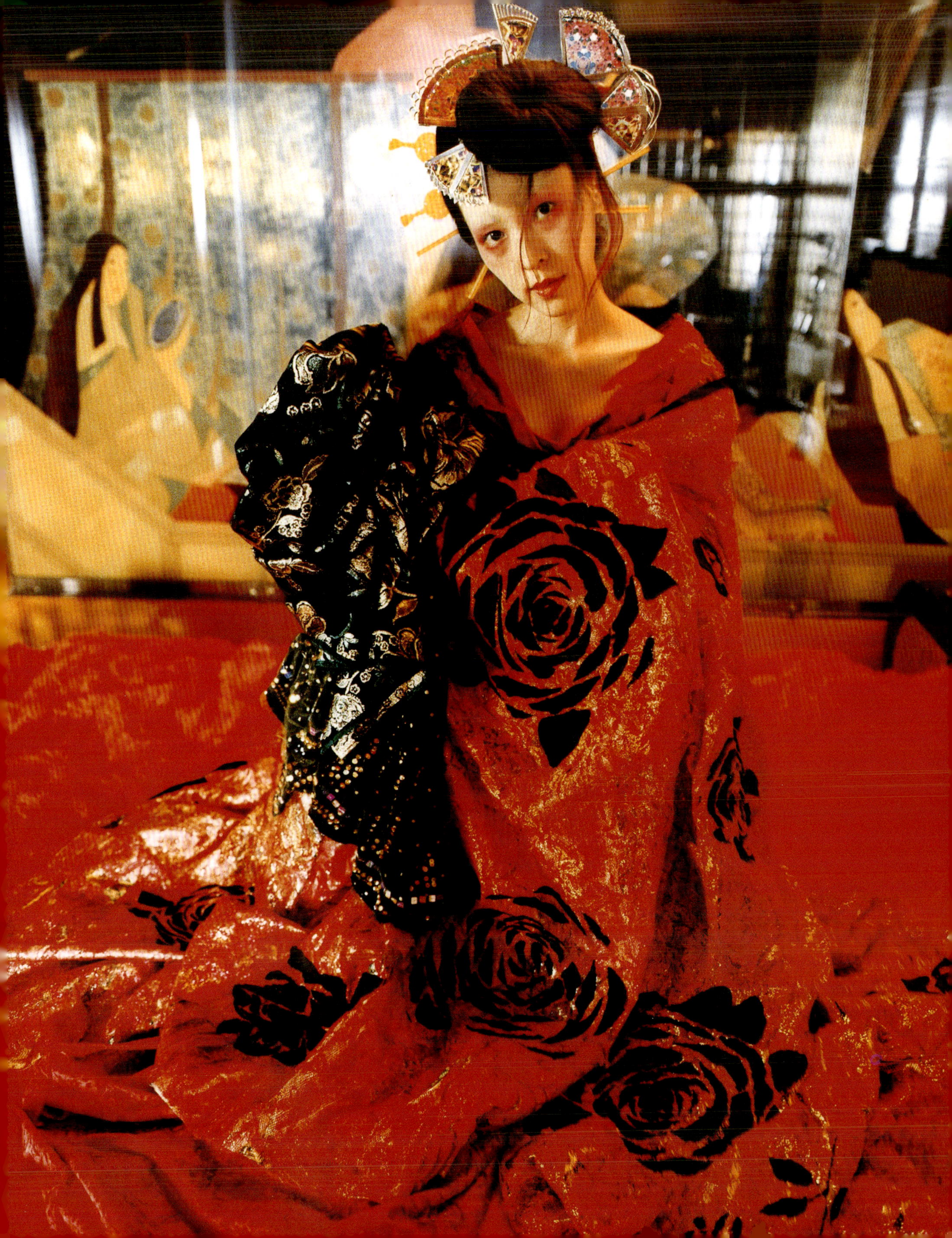

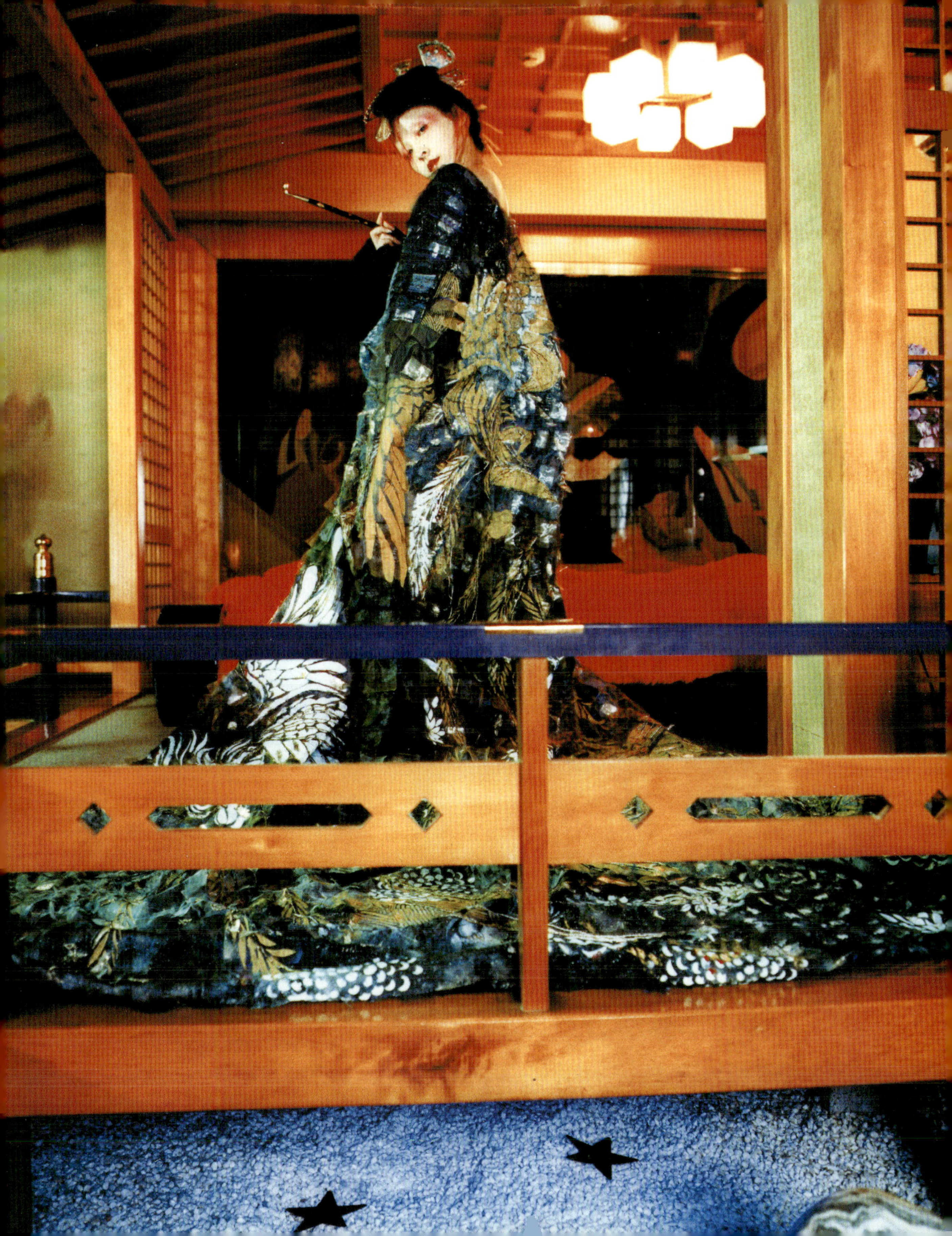

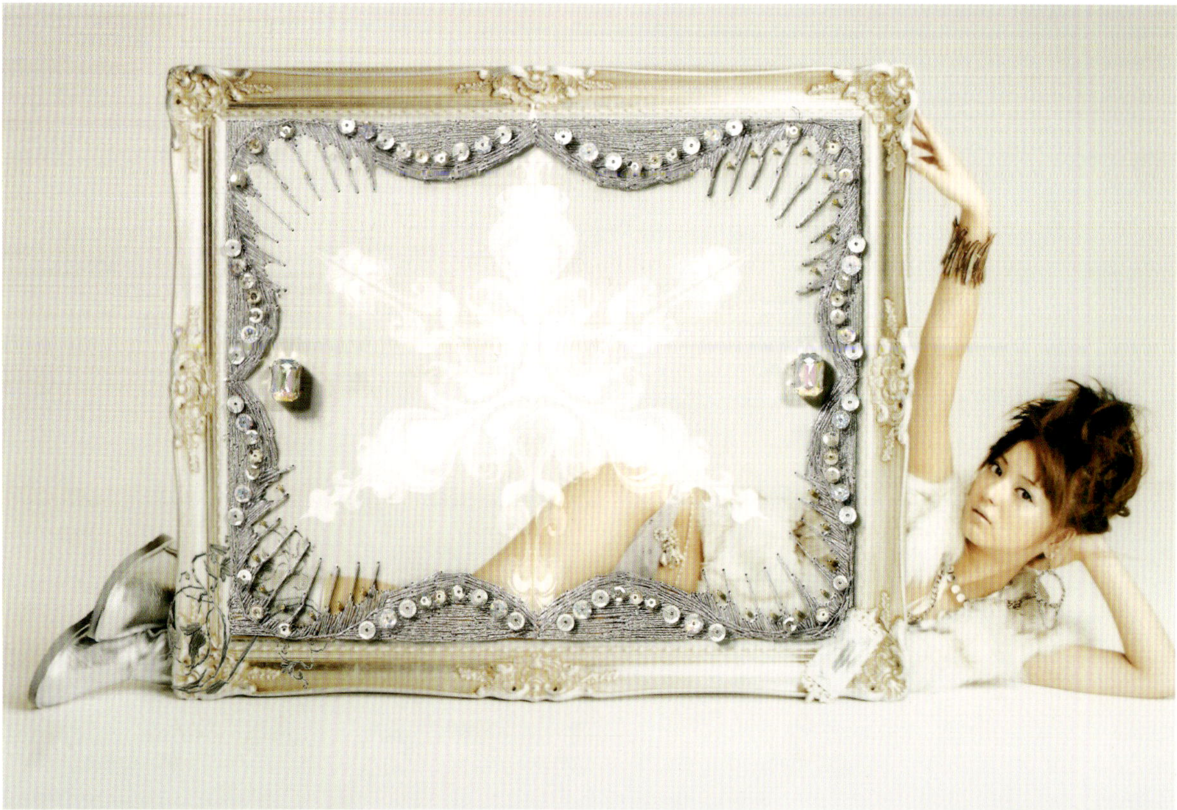

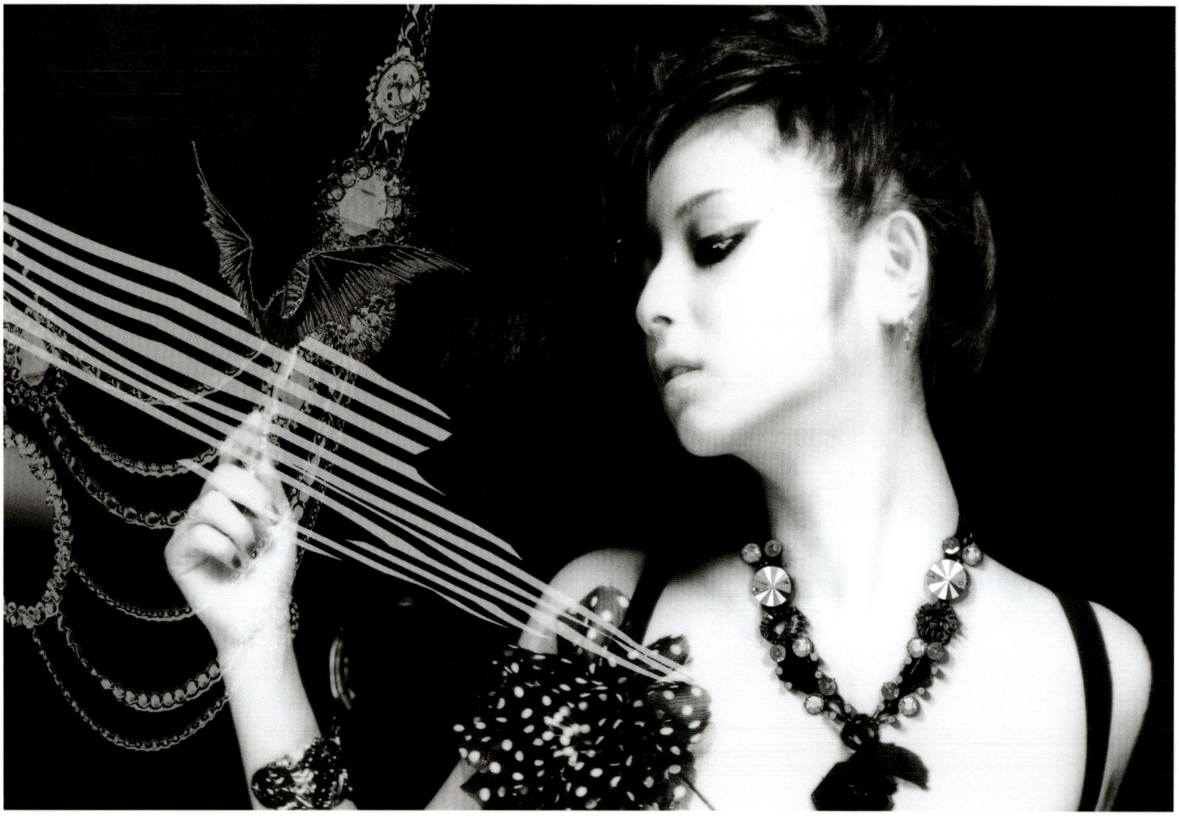

183

Her works are wonderful. I cannot see clearly what is drawn there when I first look at them, but by looking at them more carefully, I find very detailed drawings.
There is something there that can be found only when I look very carefully.
I have an impression similar to that I get with abstract art. That's splendid.
They also give out strong energy and warmth, by adding embroideries. I also feel feminine and sexual charm in a good sense of the term. It is never something perverted or indecent, and what I feel is intellectual and sensuality.

In a positive way, there need to be moments in our lives to escape from reality.
We Etro want to keep providing things that are full of fantasy and not completely "real" to those who can understand our philosophy.
For Etro, I believe what's necessary for turning this imagination and shaping fantasies in our mind and spirits into a real form is the manual work.
Asami gives shape to what she has imagined through manual work called embroidery.
In that sense, our work has a lot in common with hers.

I'd like to ask her to work again with us in the future.

あさみの作品は素晴らしい。
一見何が描かれているかはっきりと分かりませんが、よく見ると、
とてもきめ細かい描画が見えてきます。
十分に注意して見ないと分からないものが、そこにはあります。
抽象美術と似たような印象を受け、それは、見事の一言。
また、刺繍を加えることで、力強いエナジーと温かさを放ちます。
良い意味で、女らしくセクシャルな魅力も感じますが、
それは決して変質的でみだらなものではありません。
そこから伝わってくるのは、知性とセンシュアリティなのです。

人生には、いい意味で、現実から逃避する瞬間が必要です。
私たち「エトロ」は、これからも、私たちの理念を理解してくれる人々のために、
完全に"リアル"ではない、ファンタジーに満ちたものを提供していきたいのです。
エトロにとって、想像、そして心と精神の中で描くファンタジーを形にするために
必要なのものは、手仕事である、と確信しています。
あさみは刺繍という手仕事で想像したものを形にしています。
その意味で、私たちとあさみの作品には、たくさんの共通点があります。

これからも一緒に作品を創っていくことができれば幸いです。

「エトロ」アクセサリー&ホームコレクション クリエイティブディレクター
ヤコポ・エトロ　Jacopo Etro

コミュニケーション

[05] **Stitch Story** Communication

186

187

コトリンゴ／にちよ待ち
1: にちよ待ち
2: hedgehog
3: old spaceship

コトリンゴ／にちよ待ち
1: にちよ待ち
2: hedgehog
3: old spaceship
Music and Words by kotringo
©2007 Kab Inc.
Produced by Ryuichi Sakamoto
Strings arranged by kotringo (Track #1)
Mixed by Fernando Aponte (+ Ryuichi Sakamoto on Track #3)
Mastered by Ted Jensen at Sterling Sound
Engineered by Fernando Aponte
Assistant engineer:Hyomin Kang/Legacy Recording Studios- A509
Additional performers:
-Sweet Plantain-
Violin:Eddie Venegas
Violin:Romulo Benavides
Viola:Orlando Wells
Cello:David Gotay
Production management:Evan Balmer (Kab America Inc.)
Piano tuner:Kaz Tsujo
Artist management:LLP 10°C
Associate producer:Norika Sora
Cover design:Asami Kiyokawa
Design:Yukiko Harada
Photographer:Sakiko Nomura
A&D, Public relations:Satoshi Nakashiro,Sachiko Iida (commmons)
Public relations:Ryota "mpo" Ochi (commmons)
Sales promotion:Nano Uduka (AMC)
Product management:Akiko Kato (commmons)
Thanks to my family and my dear friends for their love and support.
http://www.commmons.com/
http://www.10do.jp/kotringo/
コトリンゴ／にちよ待ち
SAMPLE NOT FOR SALE
SAMPLE NOT FOR SALE

189

190

191

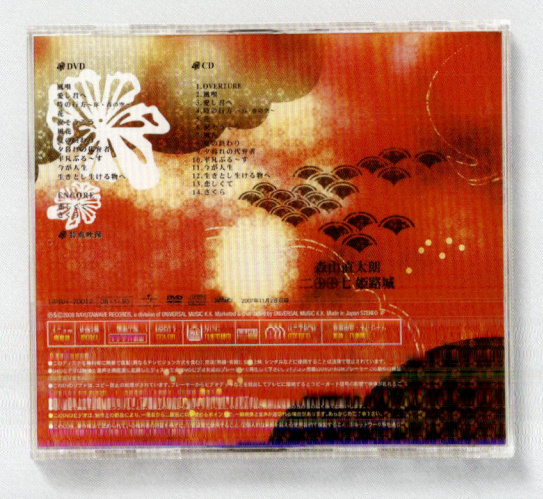

水蝶花
2 LIVE DVD
acoustic & orchestra
一青窈

193

Orient

元ちとせ

Occident

Chitose Hajime

www.alkali.jp

197

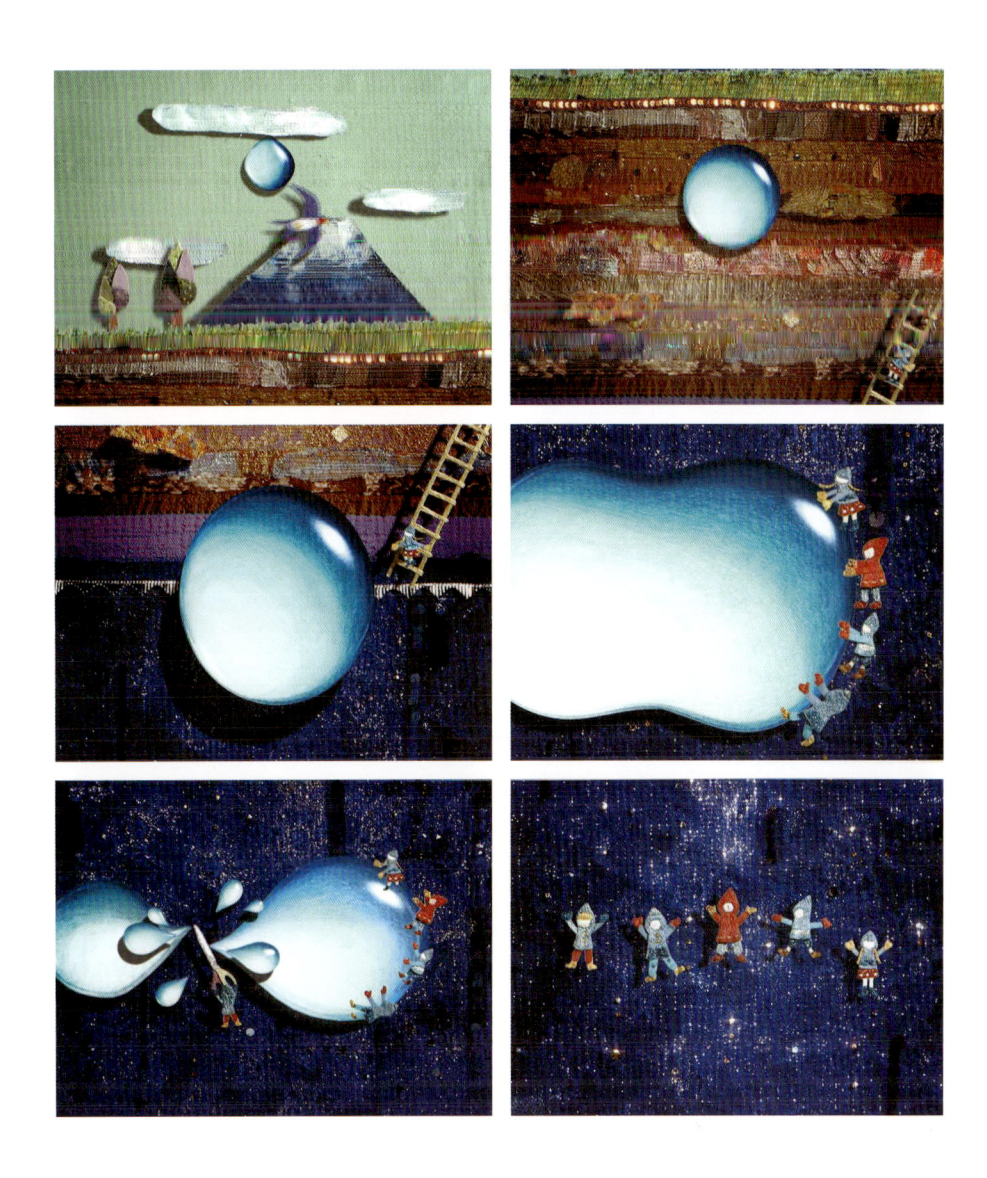

Merry Christmas

Merry Christmas
Jewelry Heart
輝いているのは やさしい気持ち
Sanrio
©1976,2001,2002,2004, 2005 SANRIO CO.,LTD.
Merry

200

201

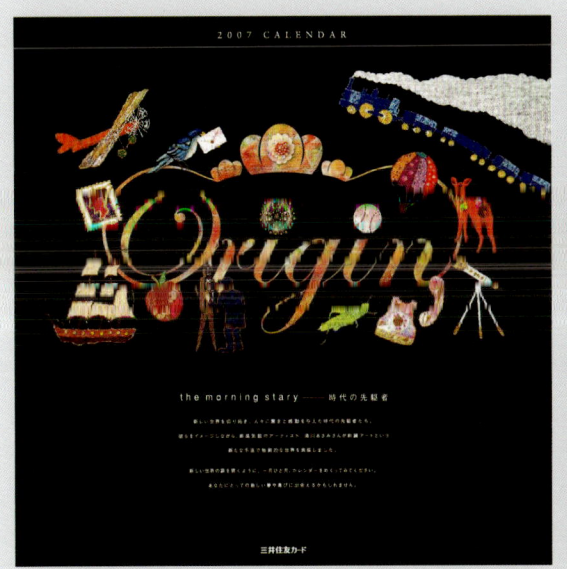

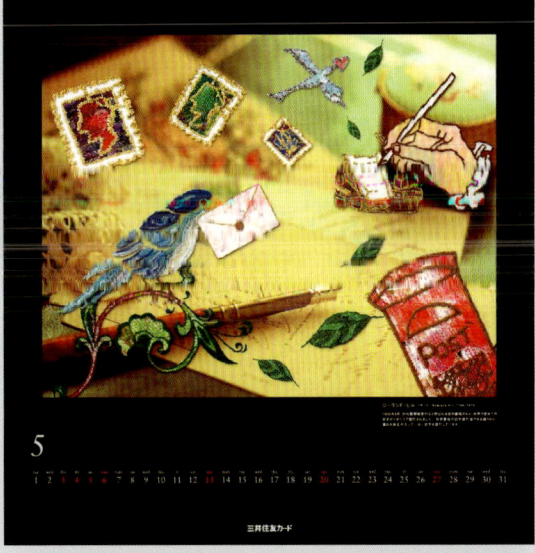

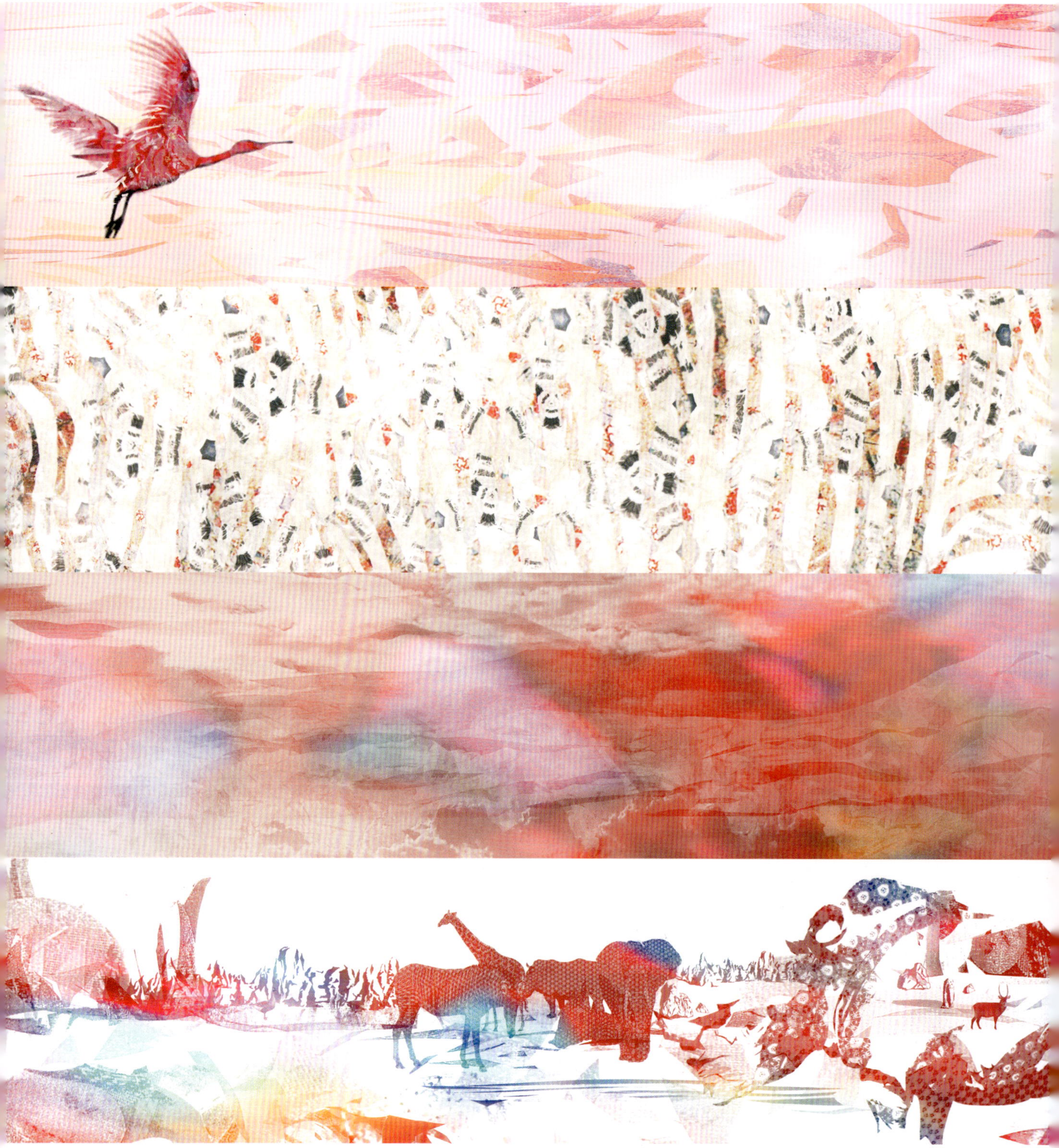

203

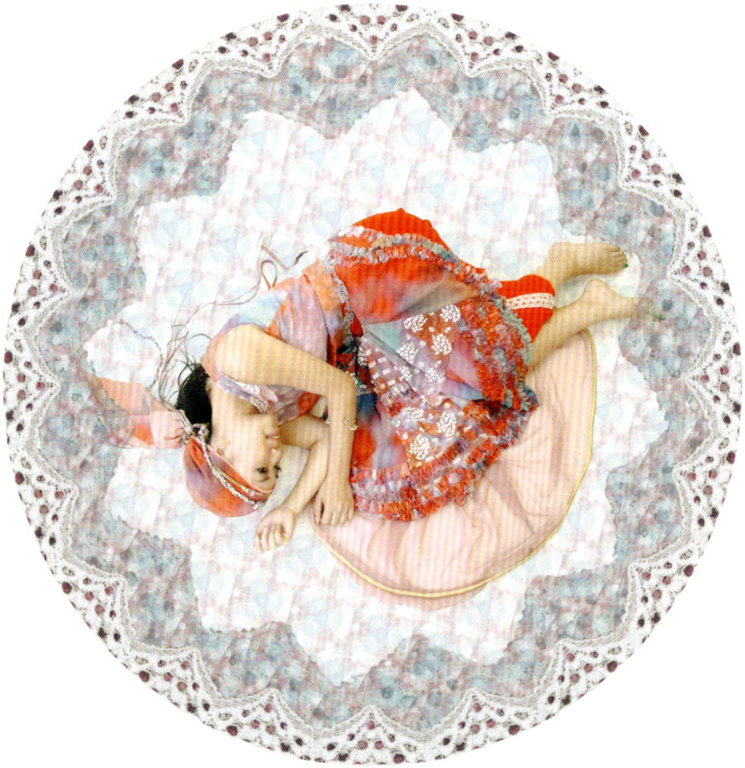

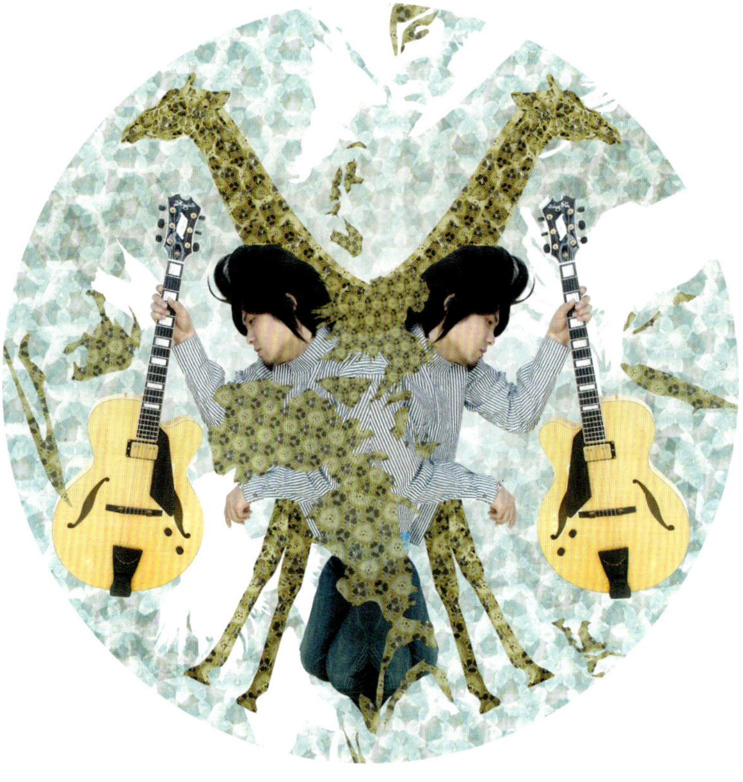

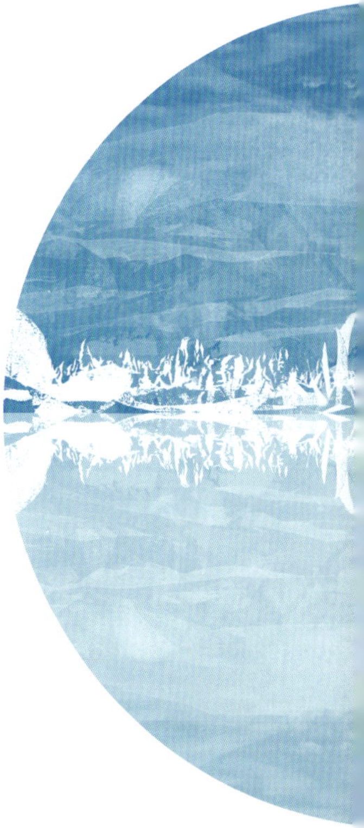

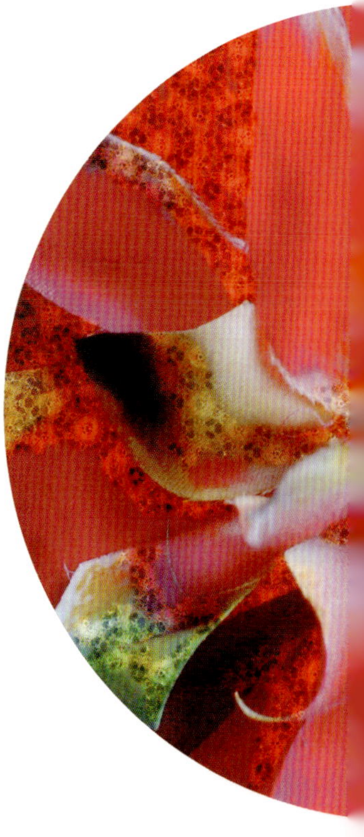

205

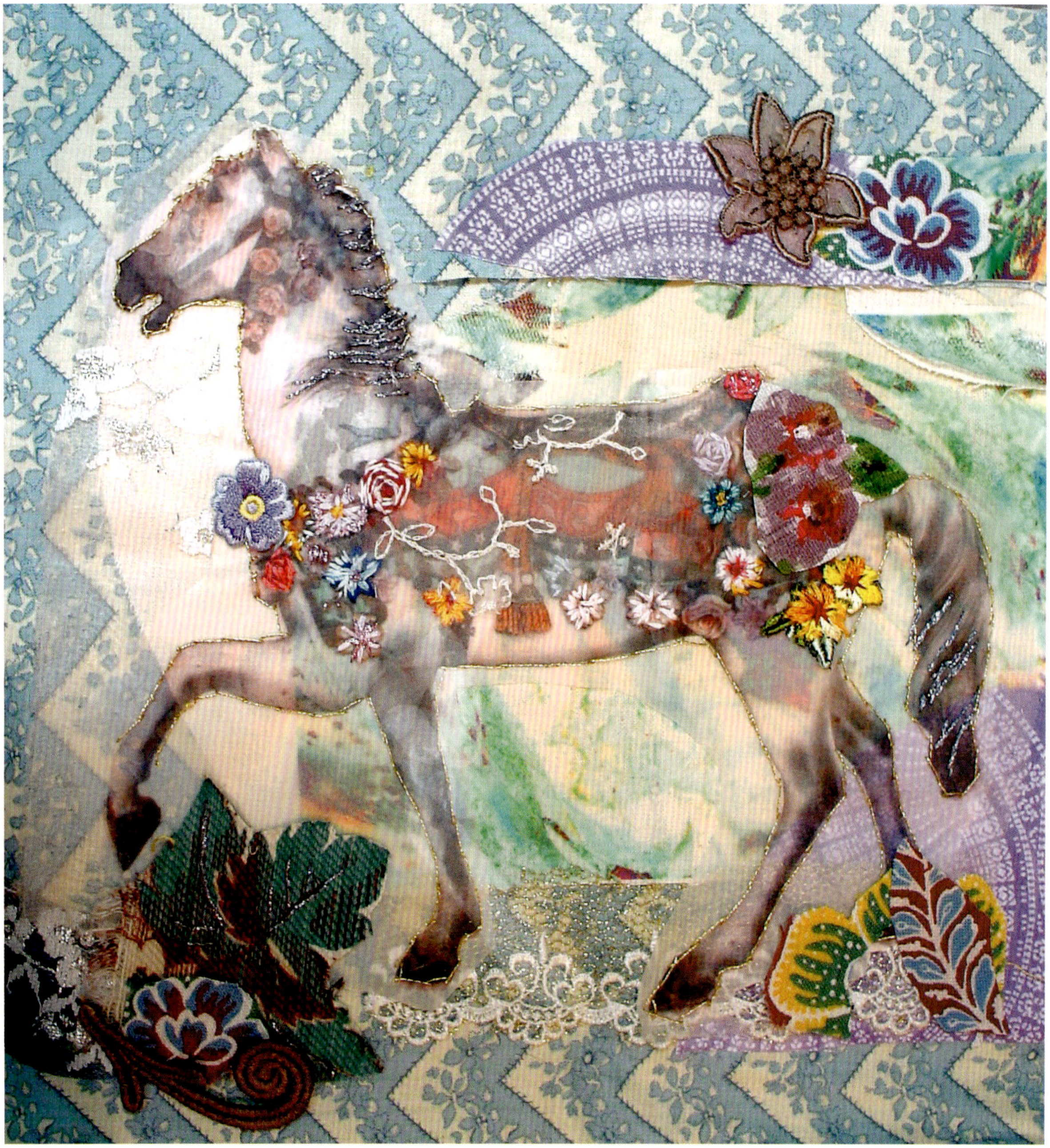

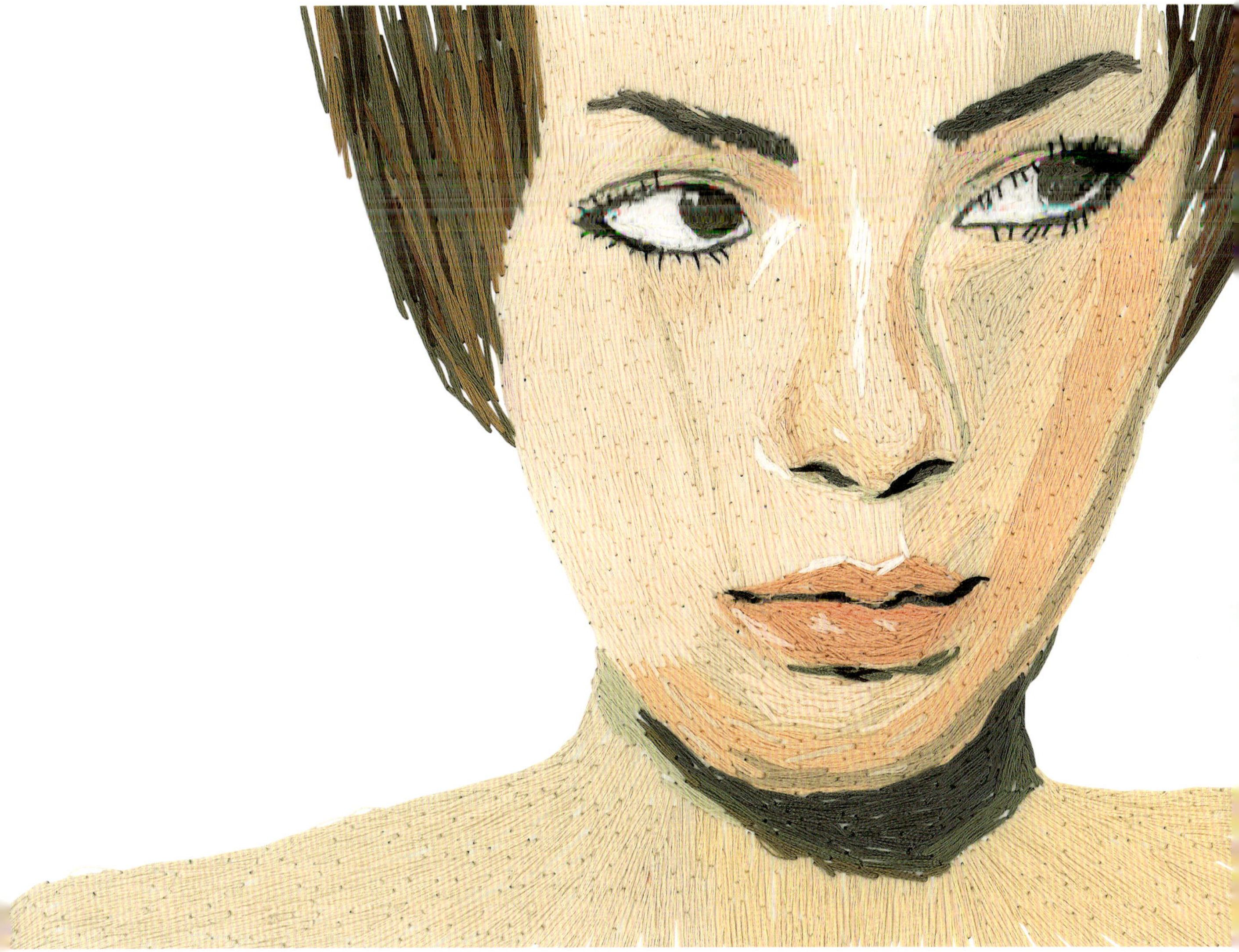

208

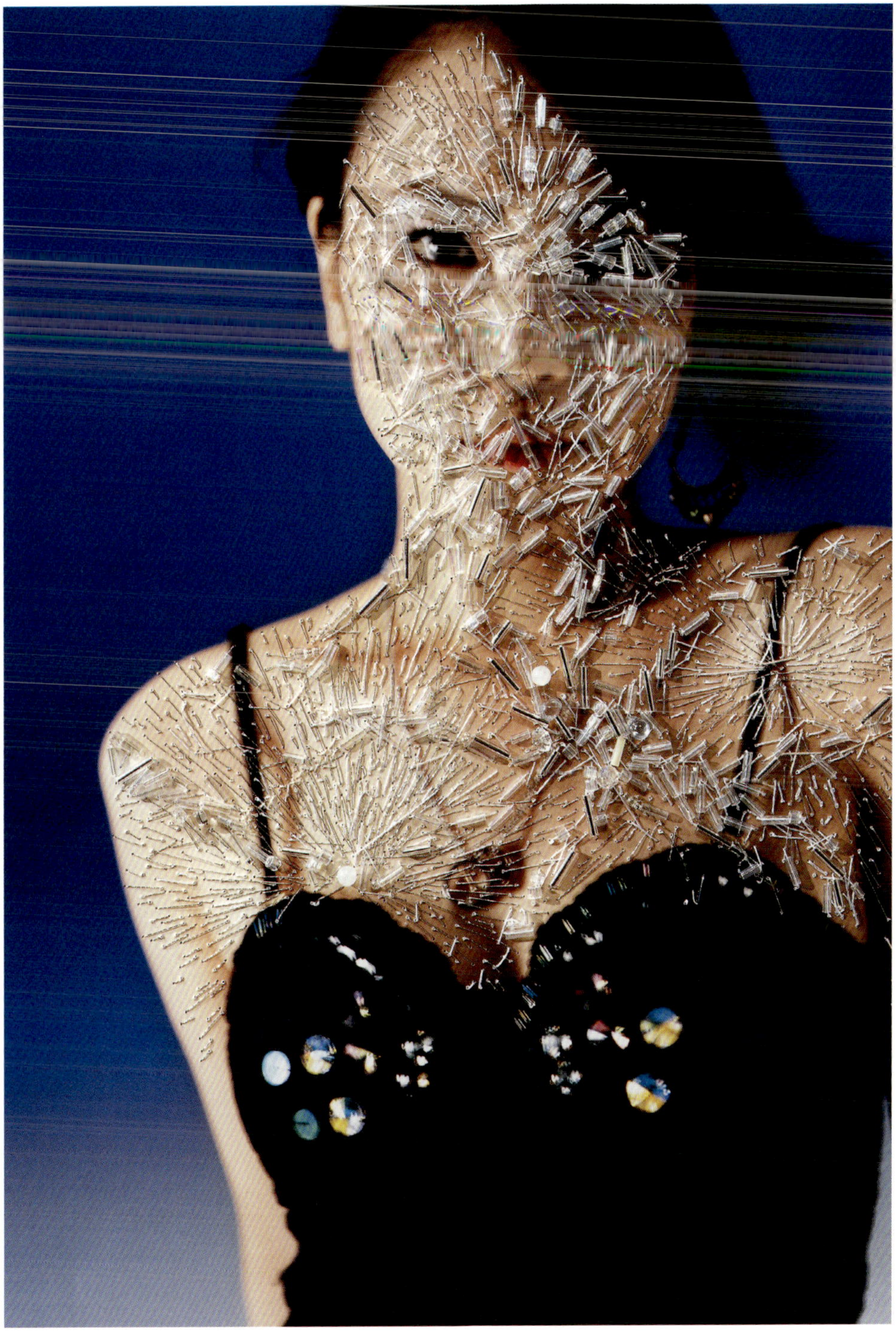

昔、『RE-ANIMATOR』というゾンビ映画があって、小学生ながら観たのを覚えています。ある若い科学者が死者を蘇らせてトラブルを巻き起こす、という内容。要するに「RE-ANIMATE〜再生」することには成功したワケですが、再生するものを間違えてしまった…。何故こんな話をしているかというと、別にあさみさんの作品にグロさを感じているからとか言う訳ではありません(笑)。ただ、この若い学者と同じように、あさみさんも独自の手法であらゆるものに新たな息を吹きかけてる。ある意味、僕たちが普段見慣れてしまって、見向きもしなくなったモノを「RE-ANIMATE」している。そんなパワーを彼女の作品から感じるからです。

初めて見たあさみさんの作品は、女性の顔が刺繍されまくってた写真です。とりあえず「なんだコレ〜!」ってビックリしたのを覚えています。奇麗な写真をキャンバスにした刺繍の施しには、色んな感情を感じました。怒りと平安、カオスとピース、ハチャメチャと合理性、そんな対比してるもの同士がひとつになって爆発してる感じがして、とても衝撃的でした。

最近は誰でも「アーティスト」になれる時代になりました。誰でもそれなりの作品を作る術を入手でき、どんな情報でもすぐにアクセスしてすぐに発表できてしまいます。そんな中、オリジナリティーが一際輝いて一目で誰の作品か分かるタッチを持つあさみさんは素晴らしい、真のアーティストだと思います。何かを創り上げる度に進化する「清川ールド」は、様々なジャンルや枠を超え、どこまで広がっていくのでしょうか？

これからも楽しませてください！

VERBAL(m-flo/TERIYAKI BOYZ®)

私

[00] **Stitch Story** Myself

Asami Kiyokawa's Biography

略歴

Photo by Leslie Kee

清川あさみ　Asami Kiyokawa
布や糸を使ったアーティストとして写真に刺繍を施すなど、その独特な世界感は幅広い年齢層にファン持つ。また、数々のCDジャケットや広告のアートディレクターとしても活躍中。主な書籍には、旬な女優を動植物に変身させる『美女採集 Asami Kiyokawa catch the girl』(INFASパブリケーションズ)、絵本『銀河鉄道の夜』(リトルモア)、作品集『caico』(求龍堂)など。2010年度VOCA展入賞。www.asamikiyokawa.com

With cloth and thread as her media, Asami Kiyokawa has attracted fans of all ages with her unique takes on the world, such as embroidering photographs. She has also worked as an art director for numerous CD covers and advertisements. Her best-known books include her picture book *Ginga Tetsudo no Yoru* (*Night on the Galactic Railroad*), her collection book *Caico* (Kyuryudo) and *Asami Kiyokawa Catch the Girl* (INFAS PUBLICATIONS), in which Kiyokawa transforms girls with a seasonal look into flora or fauna. Kiyokawa won an award at the VOCA Exhibition in 2010. www.asamikiyokawa.com

1979

淡路島に生まれる
Born on Awaji Island, Japan

1998

文化服装学院入学
モデルの仕事を始める、雑誌など連載多数
Entered Bunka Fashion College
Began working as a model and appeared repeatedly in many publications such as magazines.

2000

文化服装学院卒業
Graduated from Bunka Fashion College

2001

個展「SAUCE」(山梨/ギャラリートラックス)
Solo exhibition: *SAUCE* (Gallery Trax, Yamanashi, Japan)

2002

作品集『futo Kiyokawa Asami × Takimoto Mikiya × Morimoto Chie』(マドラ出版)刊行
作品展「futo」(東京/gallery ROCKET)
Published collection book *futo Kiyokawa Asami × Takimoto Mikiya × Morimoto Chie* (published by Madra Publishing)
Exhibition: *futo* (Gallery ROCKET, Tokyo, Japan)

20歳頃にデザインした、おのころ愛ランドの遊園地の宿泊施設
Accommodation building at Onokoro Ai Land amusement park, designed by Kiyokawa when she was around 20

自身はじめての個展「SAUCE」
SAUCE, Kiyokawa's first solo exhibition

2003

企画展「girls made」(東京 / gallery ROCKET)
Feature exhibition: *girls made* (Gallery ROCKET, Tokyo, Japan)

2004

企画展「Harajuku Collabo. Apartment 2004」(東京 / ラフォーレミュージアム原宿)
作品展「COLOR FRAGMENTS」(東京 / LAPNET SHIPS、愛知 / 名古屋松坂屋)
ベストデビュタント賞映像・グラフィック部門受賞
(経済産業省認可公益法人「(社)日本メンズファッション協会」主催)
Feature exhibition: *Harajuku Collabo. Apartment 2004* (Laforet Museum Harajuku, Tokyo, Japan)
Exhibition: *COLOR FRAGMENTS* (LAPNET SHIPS, Tokyo and Nagoya Matsuzakaya, Aichi, Japan)
Won the Film and Graphic Awards at the Best Debutant Awards
(held by the Men's Fashion Unity Japan, a public interest corporation
approved by the Ministry of Economy, Trade and Industry)

2005

屋外イベント「六本木ヒルズ春祭り」にて空間インスタレーション (東京 / 六本木ヒルズ)
個展「COLOR ROOMS」(大阪 / HEP HALL)
企画展「SPIRAL TAKE ART COLLECTION 2005」(東京 / spiral)
Space Installation at the Roppongi Hills Spring Festival, an outdoor event
(Roppongi Hills, Tokyo, Japan)
Solo Exhibition: *COLOR ROOMS* (HEP HALL, Osaka, Japan)
Feature exhibition: *SPIRAL TAKE ART COLLECTION 2005* (spiral, Tokyo, Japan)

2006

NSC名古屋ファッション専門学校 第25回講師
雑誌『relax』(マガジンハウス)にて「美女採集」連載スタート
絵本『幸せな王子』(リトルモア)刊行
原画展「幸せな王子」(東京 / LOGOS GALLERY、リトルモアギャラリー)
企画展「biishiki A New Japanese Aesthetic」(ニューヨーク / Esso Gallery)
雑誌『流行通信』(INFASパブリケーションズ)にて「美女採集」連載スタート
25th Lecturer at Nagoya Fashion College
Began *Bijo Saishu* (*Catch the Girl*) series in *relax* magazine (MAGAZINE HOUSE)
Published picture book *Shiawase Na Oji* (*The Happy Prince*) (Little More)
Original Picture Exhibition: *The Happy Prince*
(LOGOS GALLERY and Littlemore Gallery, Tokyo, Japan)
Feature exhibition: *biishiki A New Japanese Aesthetic* (Esso Gallery, New York, USA)
Began *Catch the Girl* series in *Ryuko Tsushin* magazine (INFAS PUBLICATIONS)

2007

絵本『人魚姫』(リトルモア)刊行
原画展「人魚姫」(東京 / LOGOS GALLERY)
ムック『美女採集 Asami Kiyokawa catch the girl』(INFASパブリケーションズ)刊行
個展「清川あさみの美女採集展」(東京 / パルコファクトリー)
Published picture book *Ningyo Hime* (*The Little Mermaid*) (Little More)
Original Picture Exhibition: *The Little Mermaid* (LOGOS GALLERY, Tokyo, Japan)
Published mook *Asami Kiyokawa Catch the Girl* (INFAS PUBLICATIONS)
Solo exhibition: *Asami Kiyokawa Catch the Girl Exhibition* (Parco Factory, Tokyo, Japan)

個展「SAUCE」
Solo Exhibition: *SAUCE*

作品展「COLOR FRAGMENTS」
COLOR FRAGMENTS exhibition

個展「COLOR ROOMS」
Solo Exhibition: *COLOR ROOMS*

絵本「人魚姫」刊行記念の原画展「人魚姫」
The Little Mermaid exhibition to commemorate Kiyokawa's picture book of the same name

2008

作品集『caico』(求龍堂、撮影：荒木経惟) 刊行
雑誌『和樂』(小学館) にて宝塚歌劇団トップ男役と企画連載「Bi-dan」スタート (後にDVD化)
企画展「SoulSwitch in MARUNOUCHI」(東京/丸ビル内マルキューブ)
個展「HAZY DREAM」(福岡/三菱地所アルティアム)
個展「清川あさみ Catch The Moment」(大阪/HEP HALL)
企画展「ETRO CIRCUS」(東京/代々木体育館)
Published collection book: *Caico* (Kyuryudo; photography by Nobuyoshi Araki)
Began special series *Bi-dan*, with top stars from Takarazuka Revue Company playing men, in *Waraku* magazine (Shogakukan) (later released on DVD)
Feature exhibition: *SoulSwitch in MARUNOUCHI* (Maru Cube in Marunouchi Building, Tokyo, Japan)
Solo Exhibition: *HAZY DREAM* (Mitsubishi Estate Artium, Fukuoka, Japan)
Solo Exhibition: *Asami Kiyokawa Catch the Moment* (HEP HALL, Osaka)
Feature exhibition: *ETRO CIRCUS* (Yoyogi National Gymnasium, Tokyo, Japan)

2009

文芸誌『すばる』(集英社) にて表紙を担当
雑誌『Zipper』(祥伝社) にて武田双雲氏とコラボレーション連載企画「com-po-ji」スタート
雑誌『FRaU』(講談社) にて「美女採集neo」連載スタート
企画展「Stitch by Stitch 針と糸で描くわたし」(東京/東京都庭園美術館)
企画展「手で創る 森英恵と若いアーティストたち」(茨城/水戸芸術館)
絵本『銀河鉄道の夜』(リトルモア) 刊行
In charge of cover artwork for art magazine *Subaru* (Shueisha)
Began special collaborative series *com-po-ji* with Soun Takeda in *Zipper* magazine (Shodensha)
Began Catch the Girl Neo series in *FRaU* magazine (Kodansha)
Feature exhibition: *Stitch by Stitch: Hari to Ito de Kaku Watashi*
(*I Draw with a Needle and Thread*) (Tokyo Metropolitan Teien Art Museum, Tokyo, Japan)
Feature exhibition: *Te de Tsukuru Mori Hanae to Wakai Atisto-tachi*
(*Made by Hand Hanae Mori and young artists*) (Art Tower Mito, Ibaraki, Japan)
Published picture book *Ginga Tetsudo no Yoru* (*Night on the Galactic Railroad*) (Little More)

2010

VOCA展佳作賞受賞 (「VOCA展」実行委員会、財団法人日本美術協会・上野の森美術館主催)
企画展「VOCA展2010」(東京/上野の森美術館)
作品集『PRISM』(共著：佐々木希、幻冬舎) 刊行
書籍『com-po-ji』(共著：武田双雲、祥伝社) 刊行
写真集『ノゾキミ』(共著：佐々木希、幻冬舎) 刊行
「美女採集」特別企画、AKB48を全員収録した「"AKB48×美女採集" by 清川あさみ」(講談社) 刊行
Awarded Honorable Mention at VOCA Exhibition
(held by VOCA Exhibition planning committee, Praemium Imperiale and the Ueno Royal Museum)
Feature exhibition: *VOCA Exhibition 2010* (The Ueno Royal Museum, Tokyo, Japan)
Published collection book *PRISM* (Gentosha, co-written by Sasaki Nozomi)
Published book *com-po-ji* (Shodensha, co-written by Soun Takeda)
Published photo collection *Nozokimi* (Gentosha, co-written by Sasaki Nozomi)
Published special edition of *AKB48 × Catch the Girl by Asami Kiyokawa* (Kodansha)
recorded by all members of pop group AKB48

個展「清川あさみの美女採集展」
Solo exhibition: *Asami Kiyokawa Catch the Girl Exhibition*

個展「HAZY DREAM」
Solo exhibition: *HAZY DREAM*

企画展「Stitch by Stitch 針と糸で描くわたし」
Feature exhibition: *Stitch by Stitch: Hari to Ito de Kaku Watashi*
(*I Draw with a Needle and Thread*)

企画展「手で創る 森英恵と若いアーティストたち」
Feature exhibition: *Te de Tsukuru Mori Hanae to Wakai Atisto-tachi* (*Made by Hand Hanae Mori and young artists*)

Asami Kiyokawa at Work   清川あさみの制作現場

Home and Atelier   自宅・アトリエ

既存家屋を改装した住居とアトリエは、「コケで覆う」というアイデアを清川あさみのパターンで実現。

1. モデルが立ち寄ったりするための空間。2. ミシンや刺繍作業をするアトリエ。窓の小さいカットワークもコケのパターンを踏襲。3. もう一つの作業部屋。4. いつでも家中の至る所に花を欠かさない。5. 愛犬のきなこともなかは癒しの存在。6. 家中の壁面、コケ、コケ、コケ!

Art Direction   撮影・ディレクション

「美女採集」など、モデルの撮影が伴う作品創りは、アートディレクション、スタイリング、アートワークなど、すべてのディレクションを担当。モデルの持つ真の魅力を表現するために、コンセプチュアルで普遍的なビジュアルを心がける。

7. コンセプトやイメージを凝縮した手書きのラフ。8. カメラマンに撮影をディレクション中。9. 「美女採集」など、モデルが立つ作品は衣装もすべてスタイリングする。10. 宝塚とのコラボレーションの現場。アートワークを引き立てる小物も制作。11. スタイリングも自身が担当。ポージングにも気を配る。12. 真剣にカメラチェック。この後、仕上がった写真にさらにアートワークを施していく。

Work   作品制作

コンセプトが定まったら、あとは無心に創るだけ。
大量の布や糸、ビーズの中から、迷うことなく素材をセレクトし、驚くほどの集中力で、作品を表現していく。

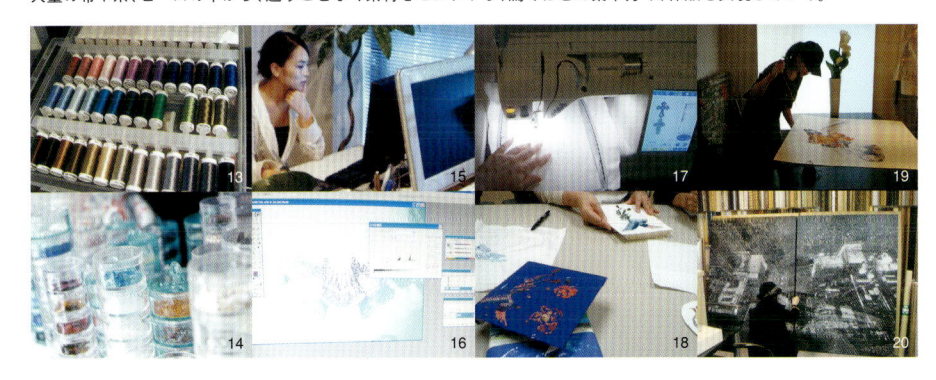

13-14. アトリエには、色とりどりの刺繍糸やビーズを常備。15. グラフィック加工など、パソコン上の作業も。16. アナログとデジタルの融合が清川あさみアートの世界を創り上げている。17. ミシンも大活躍。18. 書籍の装画は、数パターンを制作。19. 「Complexシリーズ」に刺繍を施す。細かい作業も超短時間で仕上げる集中力。20. 「HAZY DREAM」の制作風景。大きく出力した写真に、大胆にザクザクと刺繍していく。

Words for Stitch Stories　清川あさみの言葉

Asami's Words for Her Works
清川あさみの言葉――作品

■ドレス「pathos」(P006-009)
ドレス…。スケールの大きい作品を創ることの特殊性。自分の身体性を超えたスケールで表現をすることは、何か自分の「理性」を超えて、「本能」と呼応するような気持ちになります。

■Complex シリーズ (P010-019)
きれいなものをよく見ると、実は歪んでいたり汚れていたり、バランスが悪かったりするものが多い。そこがセクシーで魅力的だと感じ、そんな内側の魅力をもっと出してみようと思ったのがこのシリーズ。年齢を重ねたことで、マイナスの部分をプラスに見せる技術がついたと思います。

■Dream Time(P020-027)
私としては、今までですごく脱皮をくり返していますが、この時の脱皮には絶対荒木さんが必要だと思いました。私の内面の隠れた部分を表現するにあたって、何かヒントが見つかるかなと思ってお願いしました。

■清川あさみの美女採集 (P072-085)
私が大好きな美女22人とコラボレーションさせて頂きました。そもそも美女好きで知られていた私が、この企画をやろうと思ったのも写真に刺繍をする手法を始めてからです。グラフィックでやることをあえて刺繍してしまえば、世界でたった一つの絵画のような存在になるのでは…というところから始まりました。もちろん人だけでなく風景から植物まで何でも縫ってしまいますが、人物を縫う理由としては、なんとも言えないオーラやパワーが刺繍することによって引き出されるからです。一気に温度が上昇するというか…。生のモナリザを見た時に感じた感覚もそうでした。一人ひとりコンセプトを決めて撮影するまでが一番長く、さまざまなこだわりがありまして…。衣装も、ただ借りたお洋服を着せるのではなく、あくまでリアルに。生地を持っていきその現場で創ってしまうこともあります。衣装も絵の具の一部なので、素材、色彩、かたち、すべてその人に合わせたこだわりのかたまりです。そして見たことのないその人の特別な世界観をテーマにいつも制作しているため、制作スタッフもその時その時で特別な尊敬するメンバーの皆様とご一緒します。
このように特殊な方法で世界でたったひとつの絵を創るので、特別な感じが出ているのかもしれません。女性に限らず…人間的に内面から魅力を発する人物を見ると、視覚的にその人の素敵なところを伝えたくなります。それが出せる企画「美女採集」は私のライフワークでもあります。

■『幸せな王子』(P132-143)
お仕事の話をいただいた時には、もう絵が頭の中に全部浮かんでいたんです。物語が、自分の中ではいつも立体的に表現されています。登場人物の心情や風景、その時の気温や天気が、全部ビジュアルで見える絵本創りは新鮮でわくわくする経験でした。

■作品集『futo ― Kiyokawa Asami × Takimoto Mikiya × Morimoto Chie』(P158-159)
初の作品集だったので、とにかく見せ方にはこだわりました。この頃は、布と糸を使った作品を創り始めた時期で、ひたすら模索していました。創っては壊し、また縫う。その結果として布に独特なテクスチャーが生まれ、まるで絵画のようになることを知りました。
カメラマンは前々から瀧本幹也さんと決めていました。有機的な私の作品が、少し無質なイメージの瀧本さんの作風にうまくマッチすると思いました。瀧本さんと、装幀をしていただいた森本さんという、2人のフィルターによって、とても独特な世界観になり、まるでギャラリーを歩くような感覚の作品集になりました。

■Stitch Story 5 Communication コミュニケーションの作品 (P185-209)
CMのビジュアルを作る時や、CD・DVDのジャケットを考える時は、できるだけ明快でインパクトのあるものにしたいと思っています。
人に共感してもらうことが大事なので、依頼してくれた方をはじめ、プロジェクト関係者、そのビジュアルを街でたまたま見かけた人など、できるだけ多くの人が喜んだり驚いてくれることを想像します。だから、初期のコンセプトから最後のディテールまでとにかくこだわります。

■顔に刺繍を施した自画像(作品集『caico』より／P209)
自分の写真に刺繍していた間、自分とは何なのか、自分自身を素材に刺繍するこの行為をどう捉えるか、全然整理がつかず答えが見つからなくて、でもその答えが見えないこと自体の揺れている感触が、ちゃんと作品に出ていたらよかったと思います。

Asami's Words for Art and Creation
清川あさみの言葉――作品制作・アート

■2006年
とにかく糸と布を使って、ひたすら感情と色の関係を研究。はじめて（今の手法の作品を）創った時、「布や糸でも光や影が表現できるんだ！発見した！」という驚きがありました。糸だけでも、とても豊かな表現ができるんですよ。やわらかくできたり、激しくできたり。布の良さって、立体感があるのはもちろん、人に近い肌触りとか、入り込みやすい質感にもあるんです。人の五感に働くんですね。普通の絵とはちがって、触ってみたいと思える絵。アートは、見た人に何か考えさせるものがないとだめだと思います。また、今まで見たことのないものを見る経験によって、自分の内部に「作品＝アート」が生み出される、そんな気がするんです。
(2006年3月雑誌インタビューより)

商業デザインになることで、やっぱり"だれかのために作る"というような責任感は強くなったと思います。打合せでダメだと言われても、「じゃあ次！」とすぐに気持ちを切り替えられる。へこまないタイプなんです。
もともと好きでやっていることで、「表現者として常に新しいことに挑戦していきたい」という気持ちが強いんです。新しいものを生み出すのは苦しいことだけど、それは私の使命だと思う。
「どういうメッセージ性が込められている作品か説明できること」が仕事として求められていますが、逆に、全部説明できるものばかりだと、表現としての進化も止まってしまう気がするんです。だから、コンセプチュアルな表現は少しずつ取り入れつつ、子どもっぽい部分、ストレートな部分も失わずにいたいかな。客観的な自分が創るメッセージ性の高いコンセプト・ビジュアルと、奔放な自分が思いのままに生み出す新しいビジュアル。その両方の感性を持ち続けた作品創りをしていきたいですね。
(2006年12月雑誌インタビューより)

■ 2007年
ある既成概念を破ったり、誰も想像できないようなビジュアルの世界を創るのって、本当に楽しい。誰も見たことのない世界を構築しながら、その中に私にしかできない"ひねり"を加えていく。
どんなに新しいものを創って、古いものを捨てても、きっと自分にとって大切なものは残っているんじゃないかと思うんです。ものを捨てていくことは、自分を濾過していることにもなっている気がします。
いつも無理がないよう、心のままに行動して、ゆっくり生活し考えていると、人体自身の中から消えて興味の断片的なものは残り、そこからどんどん枝分かれしていくと思うんです。その枝分かれしたテーマから何をチョイスするか、これが自分にとっては大事なんだと思います。
(2007年2月雑誌インタビューより)

■ 2008年
人が喜ぶのを見るのは大好きです。それが一番かな。だから意外と簡単に自分を消せたりするんです。
とにかく私は"間"に行きたがるんですよ。悲しいとハッピーの間とか、そういう曖昧さが好きなんです。曖昧なものが"ちゃんと形になった瞬間"がある時訪れて、もの創りしている理由を実感したんです。
創作力の源は、「おもしろいものを見たい」という欲が深いところです。作品は勝手に歩いて行ってくれるから。見たいから創るし、創ったら出会う。そうやって自分が今、ドキドキするものを常に問うて、その流れに任せているというか。"夢"を設定してそこを目指して創るんじゃなく、偶然も含めた日々の刺激に敏感でいることですね。
(2008年9月雑誌インタビューより)

■ 2009年
針と糸をぐさぐさ刺してものを創るって、決して忘れられない感覚。手の跡はリアルに残るし伝わるんです。私にとって縫うとは、理由と理由をつないでいく作業。きれいも醜いもいろんな理由をつないでいくと、新しい価値観が生まれると思う。
(2009年7月週刊誌インタビューより)

制作を始めてもうすぐ10年。気がついたら、私の作品を待ってくれている人がいて、だから次を見せていきたいと思っています。今は見てくれる人がいるし、自分もメッセージを伝えられるくらいの技術が身についているから、「これはもうやるしかないな」と思っています。
(2009年12月webインタビューより)

■ 2010年
自分の目を信じているんです。自分がすごいと思ったら、必ず人に届くはずだから。
「作品を通して会話をしたい」と、いつもどこかで思っています。私の作品を押しつけるのではなく、作品を通して社会と話したいんです。パッと見て「すごいね」と言われる作品よりは、魔法みたいな作品が好き。見た人が魔法にかけられたように「もう一回見てみようかな」「あと5秒見ていたいな」と思うようなものを創りたいんです。じっくり見てもらうためには、手法が面白くないといけないし、どこかしら時代に合っていないといけない。私自身が飽き性で、いろんな絵を見たいと思ってしまうから、同じ手法でも全然違う絵にしたくなるし、すぐに新しい手法に興味を持ってしまうんです。そういう意味で執着はないですね。
作品を創る意味がなくなったらやめると思う。けれど、今は創ることは運命と感じてるんです。
(2010年6月雑誌インタビュー)

Others' Words about Asami Kiyokawa
他者から見た清川あさみ

(前略)身のまわりのものを次から次へと"捨てて"しまう大胆さと潔さには感服いたしました。(中略)その過去を振り返らない気質こそ、新しい表現を次々と手に入れる秘策と推察しました。だって人間、抱えるものが多くなると、それだけで"満杯"になり、欲しいものを手に入れる気力を失いますもの。清川さんが闊達に身軽でいられるのは、本当に大切なものを見ぬく目と、求めるもの・目指すものの形を、きちんと掴んでいるからですね。清川さんの作品を見て心を癒されながら、自分にとって大切なものは何かを、じっくり考えたいと思います。
(雑誌『psiko』2007年2月号(ポプラ社刊)より抜粋、文:小松成美)

(前略)写真撮影と刺繍とを繰り返すことによって、当初の実景写真が持っていた現実感は次第に失われて、イメージは夢幻の世界に浮遊することとなる。卓抜な発想と入念な手仕事が生み出したきわめて斬新な表現世界がそこにある。(中略)
もともと写真とは、徹底してイメージの世界である。われわれは何にせよ写真を眺める時には、何よりもまず映し出された映像に意識を集中させる。だが写真に刺繍を施すということになれば、それはたしかな手触りや存在感を持った現実世界のモノ、つまりオブジェの世界に属するものとなる。それをもう一度撮影するということは、オブジェを改めてイメージの世界に引き戻すことにほかならない。オブジェとイメージのこの絶え間ない往復運動のあいだに、単なるオブジェともイメージとも言い切れない独自の表現領域を切り拓いたこと、しかもそれによって豊穣な詩情に満ちた作品を生み出したことは、現代アートへの重要な貢献と言うべきであろう。
(雑誌『本』2010年6月号(講談社刊)「現代アートの現場から」より抜粋(HAZY DREAM解説)、文:高階秀爾 大原美術館館長)

(前略)清川の持つ文脈は、だからジャンルというものの中にはない。それゆえに表現の自由と困難が常につきまとうわけだが、現在のアートを取り巻く状況は彼女にとってむしろアドバンテージといえる。「アートと非アートの境界線がなくなりつつある」といった言説がやっと内実を伴うようになってきたいま、既存の文脈に依拠しない清川の表現は、確かに時代にマッチしている。(中略)
美しさと醜さ、二つの相反するイメージが同居する清川の作品。この矛盾が見る人によってそれぞれ異なる反応を生み出す。ある人にとっては近づきたい憧れであり、ある人にとっては遠ざけたい現実となる。しかしおそらく「Complex」という作品で清川が伝えようとしているのは、その両方を同時に引き受ける時の「揺れ=わからなさ」である。(中略)
清川の作品の美しくも醜くもある矛盾の輝きは、この世界そのものから発せられる裸の光なのである。
(雑誌『美術手帖』2008年3月号(美術出版社刊)より抜粋、文:石井芳征)

Description of Works 作品解説

P006-009
■ドレス「pathos」
大きなドレスと、ドレスのある空間(水戸芸術館現代美術ギャラリー)

1×50mの作品には生地を5000枚程生地のパーツを使用。

高さ10mのドレスはギリシャ語で「pathos(パトス)」。

永遠の美しさを求める女性のエゴは決して死を受け入れることはできない。
すべての女性が抱く、美しき一瞬と、それと常に隣り合わせの破滅。
その刹那にこそ永遠を垣間見る。

P020－027
■Dream Time
日常的な植物をじっと見つめることで、不思議な感覚が呼び起こされることがある。

オーストラリアのアボリジニーの生活の中に「Dream time(天地創造時代)」という言葉がある。
それは現代人のリニアな時間軸ではない、過去現在未来が同等に拡がる感覚。
造花という命のないものに「刺繍」という別次元の命を吹き込むことにより、造花を生き還らせ、どこまでも広がりを与える感覚を表現。

P036-045
■HAZY DREAM
世の中の曖昧さ。
何が現実で何が空想か、そんな感覚が麻痺している時代だからこそ、浮かび上がる夢のような日常の風景。

P046-071
■Re:
「eco」をテーマにしたイベント「SoulSwitch in MARUNOUCHI」にて、使われなくなったエコバッグを素材にしたドレス作品と、女優の西原亜希さんとのコラボレーション作品が展示された。
「再生」をテーマにビジュアルストーリーを制作。
何かが誕生して自然と土に還っていく。
そんな当たり前の景色を表現。

P072-084
■清川あさみの美女採集
女優やタレント、ミュージシャンなどお気に入りの美女を'採集'し、その美女に合う動植物をテーマに、衣装制作から撮影ディレクション、アートワークまでを手がけてビジュアル作品を創り上げるシリーズ企画「清川あさみの美女採集」。『relax』(マガジンハウス刊、現在休刊)誌上にて2006年1月号よりスタートし、同年12月号より『流行通信』(INFASパブリケーションズ)にて拡大好評連載された企画。まさに旬な美女22人を'採集'し、この「美女採集」が一冊の本にまとめられ、『流行通信』の特別増刊号『美女採集

P006-009
■ Dress: Pathos
A Big Dress and a Space with the Dress
(Contemporary Art Garelly, Art Tower Mito)

For the 1x50m piece I used around 5000 pieces of fabric.

I am now making a dress around 10m tall.
Its name is the Greek word *pathos*.

The ego of a woman yearning for eternal beauty never accepts death.
The beautiful moments that surround all women, and the ruin that always accompanies them.
It is in those moments that one glimpses eternity.

P020–027
■ Dream Time
Sometimes quietly watching ordinary plants awakens a mysterious sensation.

The Australian Aborigines use the word "Dream time" in their lifestyle. This is not the linear time axis used by contemporary people, but the feeling that the past, present and future are all spreading out at once.
By taking artificial flowers, inanimate objects, and adding a new dimension of life in the form of embroidery, expressed a sense of bringing the back to life and letting them spread out boundlessly.

P036-045
■ HAZY DREAM
The vagueness of society.
We live in an age in which our sense of what is reality and what is fantasy are paralyzed, and this is why the scenery of our days resembles a floating dream.

P046-071
■ Re:
An eco-themed event held at *SoulSwitch in Marunouchi*.
The exhibition featured dresses made from old eco-friendly shopping bags, and pieces made in collaboration with the actress Aki Nishihara.
It told a visual story with recycling as a theme.
Something is born and then naturally returns to the earth.
The exhibition expressed that natural setting.

P072-084
■ *Asami Kiyokawa Catch the Girl (Bijo Saishu)*
Asami Kiyokawa features her favorite beautiful female celebrities such as actresses, entertainers or musicians. Using flora and fauna that suit each of the beautiful women, works on everything from costume production to photography direction and artwork to produce a series of works featured in *Asami Kiyokawa Catch the Girl*. The feature began in the January 2006 issue of *Relax* magazine (MAGAZINE HOUSE; currently on hiatus), and became a hit series in *Ryuko Tsushin* magazine (INFAS PUBLICATIONS) in

Asami Kiyokawa catch the girl』として2007年12月に発行された。2009年より講談社『Frau』にて「美女採集neo」として好評連載中。

『FRaU』掲載
上戸 彩 / 黒木メイサ / 吉瀬美智子 / 栗山千明 / Superfly / 吉高由里子 / アンジェラベイビー / 土屋アンナ / 宮﨑あおい / 綾瀬はるか / 仲 里依紗 / 佐々木 希 / 草刈麻有 / 真木よう子 / 杏 / 山田 優 / 貫地谷しほり / AKB48 / 綾波レイ 他

『流行通信』掲載
広末涼子 / 夏帆 / 香椎由宇 / 戸田恵梨香 / 北乃きい / 上野樹里 / リア・ディゾン / 北川景子 / 井上真央 / 沢尻エリカ / 吹石一恵 / 堀北真希 / 長澤まさみ

『relax』掲載
水川あさみ / 一色紗英 / 相武紗季 / 石原さとみ / 安藤裕子 / 芦名 星 / 美波 / 宮地真緒 / 本上まなみ

December of the same year. The series featured 22 girls with true seasonal beauty. The *Catch the Girl* works were compiled into the book *Asami Kiyokawa Catch the Girl*, which was published as a special edition of *Ryuko Tsushin* in December 2007. Since 2009, it has been running as the hit series *Catch the Girl Neo* in Kodansha's *FRaU* magazine.

Featured in FRaU magazine
Aya Ueto / Meisa Kuroki / Michiyo Kichise / Chiaki Kuriyama / Superfly / Yuriko Yoshitaka / Angelababy / Anna Tsuchiya / Aoi Miyazaki / Haruka Ayase / Riisa Naka / Nozomi Sasaki / Mayuu Kusakari / Yoko Maki / Anne / Yu Yamada / Shihori Kanjiya / AKB48 / Rei Ayanami   and more

Featured in Hyuko Tsushin magazine
Ryoko Hirosue / Kaho / Yu Kashii / Erika Toda / Kie Kitano / Juri Ueno / Leah Dizon / Keiko Kitagawa / Mao Inoue / Erika Sawajiri / Kazue Fukiishi / Maki Horikita / Masami Nagasawa

Featured in *relax* magazine
Asami Mizukawa / Sae Isshiki / Saki Aibu / Satomi Ishihara / Yuko Ando / Sei Ashina / Minami / Mao Miyaji / Manami Honjo

---

P085-099
■宝塚歌劇団×清川あさみ
小学館の女性誌『和樂』5月号より、衣装、アートディレクション、アートワークのすべてを手がける「源氏千年紀記念 宝塚歌劇団トップスター 源氏をめぐる物語」が5回にわたり連載された。
宝塚歌劇団各組のトップスターが、源氏物語をイメージソースに、光源氏のごとき美青年を演じる。
写真は篠山紀信氏が撮影する、2大アーティストの壮大なコラボレーション企画。
同企画を清川が'花と和'をテーマに、'現代の美男子'としてプロデュースするスペシャルビジュアル企画『Bi-dan』がCS放送「タカラヅカ・スカイ・ステージ」で放送された。

P085-099
■ Takarazuka Revue Company x Asami Kiyokawa
Genji Centennial: A Tale About Genji with Takarazuka Revue Company's Top Stars was a 5-part series featured in Shogakukan's women's magazine *Waraku* from its May edition onwards. Asami Kiyokawa handled everything relating to costumes, artistic direction and artwork.
The top star from each of Takarazuka's troupes played handsome young men resembling Hikaru Genji, using the Tale of Genji as an image source. With Kishin Shinoyama taking the photographs, it was a magnificent collaboration between two major artists.
As a continuation, Kiyokawa also produced a special visual feature, also called *Bi-dan*, in which Takarazuka stars played contemporary handsome men with the theme "Flowers and Peace". The feature aired on Takarazuka's satellite channel, Takarazuka Sky Stage.

P132-143
■絵本『幸せな王子』
本当に大切なこととは何か?
全身金でまとわれた像になってしまった王子の目に映るのは、街の人々が抱える悲しみと苦しみ。
つばめは王子の願いを叶えるため、王子がまとう金や宝石を貧しい人達へ運ぶ。
やがて冬が訪れ、鉛の心臓になった王子とつばめの亡骸は…。
果てしない優しさを伝える、愛に満ちあふれる物語。

P132-143
■ *Shiawase na Oji* (The Happy Prince)
What is really important?
The Prince, a golden statue, sees the sadness and pain of the people in his town.
A swallow takes the Prince's gold and jewels and brings them to poor people to fulfill the Prince's wish to help them.
Eventually, winter comes and all that is left is the Prince's lead heart and the swallow's dead body...
A story full of love that tells of an endless kindness.

P144-147
■絵本『人魚姫』
ああ、王子、わたしはあなたのそばにいたくて声を捨ててしまったのです。

人間の王子に恋をしてしまった人魚姫は、きれいな声とひきかえに2本の足を手に入れ、王子と再会する。
王子への限りない愛情のその先には…。
アンデルセン童話の代表作でもある、儚くも美しい恋の物語。

P132-143
■ *Ningyo Hime* (The Little Mermaid)
Oh, my prince, I gave up my voice so that I could be by your side.

The little mermaid falls in love with a human prince. She trades her beautiful voice for a pair of legs in order to meet him again. Her boundless love for the prince leads to...
This story of fleeting yet beautiful love is one of Hans Christian Andersen's best-known stories.

Index 作品インデックス

■ Credit Format クレジットフォーマット
クレジットは、ページ・作品名・スタッフクレジット・素材・サイズ・制作年の順に記載しています。
Credit order: page, title, production staff, material, size, date

制作スタッフクレジットの呼称は以下のように略記して記載しています。
The following abbreviations are used in for production staff name:
M：モデル Model　P：撮影 Photographer　H&M：ヘア＆メイク Hair&Make
AD：アートディレクション Art Direction　ST：スタイリング Styling　AW：アートワーク Art Work
CD：クリエイティブディレクション Creative Direction　D：デザイン Design

Stitch Story 1
空間 Space

P006-009
ドレス「pathos」
「手で創る　森英恵と若いアーティストたち」2009年
水戸芸術館現代美術ギャラリーでの展示風景
P：大谷健二
写真提供：水戸芸術館現代美術センター
素材：コットン、ポリエステル
2009年

Dress: Pathos
"Made by Hand　Hanae Mori and young artists" 2009
Installation view at Contemporary Art Gallery, Art Tower Mito
P : Kenji Otani
Courtesy of Contemporary Art Center, Art Tower Mito
Material : cotton, polyester
2009

P010-011
Complex シリーズ「voice」
作品集『caico』（求龍堂刊）より
M：Kori（BRAVO models）
素材：写真、ビーズ、刺繍糸
サイズ：H110cm × W88cm
2007年

Complex - voice
From collection book "caico" (Kyuryudo)
M : Kori (BRAVO models)
Material : photo, bead, thread
Size : H110cm × W88cm
2007

P012
Complex シリーズ「heart」
作品集『caico』（求龍堂刊）より
M：Kori（BRAVO models）
素材：写真、ビーズ、刺繍糸
サイズ：H110cm × W88cm
2007年

Complex - heart
From collection book "caico" (Kyuryudo)
M : Kori (BRAVO models)
Material : photo, bead, thread
Size : H110cm × W88cm
2007

P013
Complex シリーズ「hair」
作品集『caico』（求龍堂刊）より
M：Kori（BRAVO models）
素材：写真、ビーズ、刺繍糸
サイズ：H110cm × W88cm
2007年

Complex - hair
From collection book "caico" (Kyuryudo)
M : Kori (BRAVO models)
Material : photo, bead, thread
Size : H110cm × W88cm
2007

P014-015
Complex シリーズ「skin」
作品集『caico』（求龍堂刊）より
M：Kori（BRAVO models）
素材：写真、ビーズ、刺繍糸
サイズ：H110cm × W88cm
2007年

Complex - skin
From collection book "caico" (Kyuryudo)
M : Kori (BRAVO models)
Material : photo, bead, thread
Size : H110cm × W88cm
2007

P016
Complex シリーズ「fat」
作品集『caico』（求龍堂刊）より
M：Kori（BRAVO models）
素材：写真、ビーズ、刺繍糸
サイズ：H110cm × W88cm
2007年

Complex - fat
From collection book "caico" (Kyuryudo)
M : Kori (BRAVO models)
Material : photo, bead, thread
Size : H110cm × W88cm
2007

P017
Complex シリーズ「greed」
M：Kori（BRAVO models）
素材：写真、ビーズ、刺繍糸
サイズ：H110cm × W88cm
2009年

Complex - greed
M : Kori (BRAVO models)
Material : photo, bead, thread
Size : H110cm × W88cm
2009

P018
左
Complex シリーズ「wound」
M：Kori（BRAVO models）
素材：写真、ビーズ、刺繍糸
サイズ：H110cm × W88cm
2009年

Left
Complex - wound
M : Kori (BRAVO models)
Material : photo, bead, thread
Size : H110cm × W88cm
2009

右
Complex シリーズ「hairy」
M：Kori（BRAVO models）
素材：写真、ビーズ、刺繍糸
サイズ：H110cm × W88cm
2009年

Right
Complex - hairy
M : Kori (BRAVO models)
Material : photo, bead, thread
Size : H110cm × W88cm
2009

P019
左
Complex シリーズ「melancholia」
M：Kori（BRAVO models）
素材：写真、ビーズ、刺繍糸
サイズ：H110cm × W88cm
2009年

Left
Complex - melancholia
M : Kori (BRAVO models)
Material : photo, bead, thread
Size : H110cm × W88cm
2009

右
Complex シリーズ「aging」
M：Kori（BRAVO models）
素材：写真、ビーズ、刺繍糸
サイズ：H110cm × W88cm
2009年

Right
Complex - aging
M : Kori (BRAVO models)
Material : photo, bead, thread
Size : H110cm × W88cm
2009

P020-025
Dream Time シリーズ
作品集『caico』（求龍堂刊）より
P：荒木経惟
素材：造花、ビーズ、刺繍糸
2007年

Series of Dream Time
From collection book "caico" (Kyuryudo)

P : Nobuyoshi Araki
Material : artificial flower, bead, thread
2007

P026-027
Dream Time シリーズ
東京都庭園美術館「Stitch by Stitch」展カタログ用写真
P : 木奥惠三
素材：造花、ビーズ、刺繡糸
2009年

Series of Dream Time
For the catalog of exhibition at Tokyo Metropolitan Teien Art Museum, "Stitch by Stitch"
P : Keizo Kioku
Material : artificial flower, bead, thread
2009

P028-029
光るおうち
P : 野川かさね
素材：ダンボール、布、刺繡糸
2006年

HIKARU OUCHI
P : Kasane Nogawa
Material : cardboard, cloth, thread
2006

P030
フィットネスクラブ「ILLOIHA」
2006年

Fitness club "ILLOIHA"
2006

P031
ヘアサロン「Luxe」
P : 阿野太一
2005年

Hair salon "Luxe"
P : Daici Ano
2005

P032-033
白い壁
素材：布、アクリル絵の具
サイズ：H255cm × W519cm
2001年

SHIROI KABE
Material : cloth, acrylic paint
Size : H255cm × W519cm
2001

Stitch Story 2
写真　Photographs

P036-037
HAZY DREAM
素材：写真、刺繡糸
サイズ：H150cm × W225cm
2009年

HAZY DREAM
Material : photo, thread
Size : H150cm × W225cm
2009

P038-043
HAZY DREAM
素材：写真、刺繡糸
2009年

HAZY DREAM
Material : photo, thread
2009

P044
HAZY DREAM
企画展「ETRO CIRCUS」
代々木オリンピックプラザでの展示風景
2008年

HAZY DREAM
Feature exhibition "ETRO CIRCUS" at Yoyogi Olympic Plaza
2008

P045
個展「HAZY DREAM」三菱地所アルティアムでの展示風景
2008年

Solo exhibition "HAZY DREAM" at Mitsubishi Estate Artium
2008

P046-071
Re:
雑誌『re-quest/QJ』2008年11月号（セイファート刊）掲載
M：西原亜希
P：四方あゆみ (ROOSTER)
H&M：橘 房図
AD, ST, AW：清川あさみ
2008年

Re:
Featured in "re-quest/QJ" magazine's November 2008 edition (SEYFERT)
M : Aki Nishihara
P : Ayumi Shikata (ROOSTER)
H&M : Fusae Tachibana
AD, ST, AW : Asami Kiyokawa
2008

P072
左
清川あさみの美女採集「水川あさみ×フラミンゴ」
雑誌『relax』2006年1月号（マガジンハウス刊）掲載
M：水川あさみ
P：戎 康友
H&M：橋本孝裕 (SHIMA)
AD, ST, AW：清川あさみ
2006年

Left
Asami Kiyokawa Catch the Girl: Asami Mizukawa x Flamingo
Featured in "relax" magazine's January 2006 edition (MAGAZINE HOUSE)
M : Asami Mizukawa
P : Yasutomo Ebisu
H&M : Takahiro Hashimoto (SHIMA)
AD, ST, AW : Asami Kiyokawa
2006

右
清川あさみの美女採集「一色紗英×キツネ」
雑誌『relax』2006年2月号（マガジンハウス刊）掲載
M：一色紗英
P：藤田一浩
H&M：市川土筆 (MILD)
AD, ST, AW：清川あさみ
2006年

Right
Asami Kiyokawa Catch the Girl: Sae Isshiki x Fox
Featured in "relax" magazine's February 2006 edition
(MAGAZINE HOUSE)
M : Sae Isshiki
P : Kazuhiro Fujita
H&M : Tsukushi Ichikawa (MILD)
AD, ST, AW : Asami Kiyokawa
2006

P073
左
清川あさみの美女採集「石原さとみ×金魚」
雑誌『relax』2006年4月号（マガジンハウス刊）掲載
M：石原さとみ
P：MOTOKO (mili)
H&M：宮森隆行 (esper.)
AD, ST, AW：清川あさみ
2006年

Left
Asami Kiyokawa Catch the Girl: Satomi Ishihara x Goldfish
Featured in "relax" magazine's April 2006 edition
(MAGAZINE HOUSE)
M : Satomi Ishihara
P : MOTOKO (mili)
H&M : Takayuki Miyamori (esper.)
AD, ST, AW : Asami Kiyokawa
2006

右
清川あさみの美女採集「美波×チョウ」
雑誌『relax』2006年7月号（マガジンハウス刊）掲載
M：美波
P：中川正子 (OWL)
H&M：神﨑美香 (POETESS)
AD, ST, AW：清川あさみ
2006年

Right
Asami Kiyokawa Catch the Girl: Minami x Butterfly
Featured in "relax" magazine's July 2006 edition
(MAGAZINE HOUSE)
M : Minami
P : Masako Nakagawa (OWL)
H&M : Micca Kanzaki (POETESS)
AD, ST, AW : Asami Kiyokawa
2006

P074
上
清川あさみの美女採集「相武紗季×ワニ」
雑誌『relax』2006年3月号（マガジンハウス刊）掲載
M：相武紗季
P：MOTOKO (mili)
H&M：橋本孝裕 (SHIMA)
AD, ST, AW：清川あさみ
2006年

Above
Asami Kiyokawa Catch the Girl: Saki Aibu x Crocodile
Featured in "relax" magazine's March 2006 edition
(MAGAZINE HOUSE)
M : Saki Aibu
P : MOTOKO (mili)
H&M : Takahiro Hashimoto (SHIMA)
AD, ST, AW : Asami Kiyokawa
2006

下
清川あさみの美女採集「安藤裕子×クラゲ」
雑誌『relax』2006年5月号（マガジンハウス刊）掲載
M：安藤裕子
P：新津保建秀 (KiKi inc.)
H&M：宮森隆行 (esper.)
AD, ST, AW：清川あさみ
2006年

Below
Asami Kiyokawa Catch the Girl: Yuko Ando x Jellyfish

Featured in "relax" magazine's May 2006 edition
(MAGAZINE HOUSE)
M : Yuko Ando
P : Kenshu Shintsubo (KiKi inc.)
H&M : Takayuki Miyamori (esper.)
AD, ST, AW : Asami Kiyokawa
2006

P075
上
清川あさみの美女採集「芦名 星×白鳥」
雑誌『relax』2006年6月号(マガジンハウス刊)掲載
M：芦名 星
P：内藤啓介(KiKi inc.)
H&M：橋本孝裕(SHIMA)
AD, ST, AW：清川あさみ
2006年

Above
Asami Kiyokawa Catch the Girl: Sei Ashina x Swan
Featured in "relax" magazine's June 2006 edition
(MAGAZINE HOUSE)
M : Sei Ashina
P : Keisuke Naito (KiKi inc.)
H&M : Takahiro Hashimoto (SHIMA)
AD, ST, AW : Asami Kiyokawa
2006

下
清川あさみの美女採集「宮地真緒×ヒョウ」
雑誌『relax』2006年8月号(マガジンハウス刊)掲載
M：宮地真緒
P：野口貴司(San Drago)
H&M：杉山彰啓(mod's hair)
AD, ST, AW：清川あさみ
2006年

Below
Asami Kiyokawa Catch the Girl: Mao Miyaji x Panther
Featured in "relax" magazine's August 2006 edition
(MAGAZINE HOUSE)
M : Mao Miyaji
P : Takashi Noguchi (San Drago)
H&M : Akihiro Sugiyama (mod's hair)
AD, ST, AW : Asami Kiyokawa
2006

P076
上
清川あさみの美女採集「本上まなみ×フクロウ」
雑誌『relax』2006年9月号(マガジンハウス刊)掲載
M：本上まなみ
P：木寺紀雄
H&M：笹浦洋子(e.a.t...)
AD, ST, AW：清川あさみ
2006年

Above
Asami Kiyokawa Catch the Girl: Manami Honjo x Owl
Featured in "relax" magazine's September 2006 edition
(MAGAZINE HOUSE)
M : Manami Honjo
P : Norio Kidera
H&M : Yoko Sasaura (e.a.t...)
AD, ST, AW : Asami Kiyokawa
2006

下
清川あさみの美女採集「広末涼子×孔雀」
雑誌『流行通信』2006年12月号(INFASパブリケーションズ刊)
掲載
M：広末涼子
P：TAKAKI_KUMADA
H&M：佐藤 寛(KOHL)
AD, ST, AW：清川あさみ
2006年

Below
Asami Kiyokawa Catch the Girl: Ryoko Hirosue x Peacock
Featured in "RyukoTsushin" magazine's December 2006 edition
(INFAS PUBLICATIONS)
M : Ryoko Hirosue
P : TAKAKI_KUMADA
H&M : Kan Sato (KOHL)
AD, ST, AW : Asami Kiyokawa
2006

P077
上
清川あさみの美女採集「夏帆×冬牡丹」
雑誌『流行通信』2007年1月号(INFASパブリケーションズ刊)
掲載
M：夏帆
P：藤田一浩
Hair：JUNYA (switch management)
Make：島田まりこ (switch management)
AD, ST, AW：清川あさみ
2007年

Above
Asami Kiyokawa Catch the Girl: Kaho x Peony
Featured in "Ryuko Tsushin" magazine's January 2007 edition
(INFAS PUBLICATIONS)
M : Kaho
P : Kazuhiro Fujita
Hair : JUNYA (switch management)
Make : Mariko Shimada (switch management)
AD, ST, AW : Asami Kiyokawa
2007

下
清川あさみの美女採集「香椎由宇×ライオン」
雑誌『流行通信』2007年2月号(INFASパブリケーションズ刊)
掲載
M：香椎由宇
P：戎 康友
H&M：加茂克也(mod's hair)
AD, ST, AW：清川あさみ
2007年

Below
Asami Kiyokawa Catch the Girl: Yu Kashii x Lion
Featured in "RyukoTsushin" magazine's February 2007 edition
(INFAS PUBLICATIONS)
M : Yu Kashii
P : Yasutomo Ebisu
H&M : Katsuya Kamo (mod's hair)
AD, ST, AW : Asami Kiyokawa
2007

P078
上
清川あさみの美女採集「戸田恵梨香×シマウマ」
雑誌『流行通信』2007年3月号(INFASパブリケーションズ刊)
掲載
M：戸田恵梨香
P：戎 康友
H&M：佐藤 寛(KOHL)
AD, ST, AW：清川あさみ
2007年

Above
Asami Kiyokawa Catch the Girl: Erika Toda x Zebra
Featured in "Ryuko Tsushin" magazine's March 2007 edition
(INFAS PUBLICATIONS)
M : Erika Toda
P : Yasutomo Ebisu
H&M : Kan Sato (KOHL)
AD, ST, AW : Asami Kiyokawa
2007

下
清川あさみの美女採集「北乃きい×梅」
雑誌『流行通信』2007年4月号(INFASパブリケーションズ刊)
掲載
M：北乃きい
P：藤原江理奈
H&M：佐々木博美
AD, ST, AW：清川あさみ
2007年

Below
Asami Kiyokawa Catch the Girl: Kie Kitano x Ume
Featured in "Ryuko Tsushin" magazine's April 2007 edition
(INFAS PUBLICATIONS)
M : Kie Kitano
P : Erina Fujiwara
H&M : Hiromi Sasaki
AD, ST, AW : Asami Kiyokawa
2007

P079
上
清川あさみの美女採集「上野樹里×ミツバチ」
雑誌『流行通信』2007年5月号(INFASパブリケーションズ刊)
掲載
M：上野樹里
P：藤原江理奈
H&M：RYO
AD, ST, AW：清川あさみ
2007年

Above
Asami Kiyokawa Catch the Girl: Juri Ueno x Honeybee
Featured in "Ryuko Tsushin" magazine's May 2007 edition
(INFAS PUBLICATIONS)
M : Juri Ueno
P : Erina Fujiwara
H&M : RYO
AD, ST, AW : Asami Kiyokawa
2007

下
清川あさみの美女採集「リア・ディゾン×カメレオン」
雑誌『流行通信』2007年6月号(INFASパブリケーションズ刊)
掲載
M：リア・ディゾン
P：横浪 修
H&M：山口恵美
AD, ST, AW：清川あさみ
2007年

Below
Asami Kiyokawa Catch the Girl: Leah Dizon x Chameleon
Featured in "Ryuko Tsushin" magazine's June 2007 edition
(INFAS PUBLICATIONS)
M : Leah Dizon
P : Osamu Yokonami
H&M : Emi Yamaguchi
AD, ST, AW : Asami Kiyokawa
2007

P080
上
清川あさみの美女採集「井上真央×うさぎ」
雑誌『流行通信』2007年8月号(INFASパブリケーションズ刊)
M：井上真央
P：アミタ マリ
H&M：中谷圭子(MINGLE)
Nail：山本 恵(Studiio FOCH)
AD, ST, AW：清川あさみ
2007年

Above
Asami Kiyokawa Catch the Girl: Mao Inoue x Rabbit
Featured in "Ryuko Tsushin" magazine's August 2007 edition
(INFAS PUBLICATIONS)
M : Mao Inoue
P : mari amita
H&M : Keiko Nakatani (MINGLE)
Nail : Megumi Yamamoto (Studio FOCH)

AD, ST, AW : Asami Kiyokawa
2007

下
清川あさみの美女採集「沢尻エリカ×蜘蛛」
雑誌『流行通信』2007年9月号(INFASパブリケーションズ刊)
掲載
M：沢尻エリカ
P：アミタ マリ
H&M：山田典良 (e.a.t...)
AD, ST, AW：清川あさみ
2007年

Below
Asami Kiyokawa Catch the Girl: Erika Sawajiri x Spider
Featured in "Ryuko Tsushin" magazine's September 2007 edition (INFAS PUBLICATIONS)
M : Erika Sawajiri
P : mari amita
H&M : Noriyoshi Yamada (e.a.t...)
AD, ST, AW : Asami Kiyokawa
2007

P081
上
清川あさみの美女採集「堀北真希×グッピー」
雑誌『流行通信』2007年11月号(INFASパブリケーションズ刊)
掲載
M：堀北真希
P：朴 玉順 (CUBE)
H&M：CHIKA (artifata)
AD, ST, AW：清川あさみ
2007年

Above
Asami Kiyokawa Catch the Girl: Maki Horikita x Guppy
Featured in "Ryuko Tsushin" magazine's November 2007 edition (INFAS PUBLICATIONS)
M : Maki Horikita
P : PAK OK SUN (CUBE)
H&M : CHIKA (artifata)
AD, ST, AW : Asami Kiyokawa
2007

下
清川あさみの美女採集「長澤まさみ×パンダ」
雑誌『流行通信』2008年1月号(INFASパブリケーションズ刊)
掲載
M：長澤まさみ
P：TAKAKI_KUMADA
H&M：山口久勝 (ROND.)
AD, ST, AW：清川あさみ
2007年

Below
Asami Kiyokawa Catch the Girl: Masami Nagasawa x Panda
Featured in "Ryuko Tsushin" magazine's January 2008 edition (INFAS PUBLICATIONS)
M : Masami Nagasawa
P : TAKAKI_KUMADA
H&M : Hisakatsu Yamaguchi (ROND.)
AD, ST, AW : Asami Kiyokawa
2007

P082
上
清川あさみ美女採集neo「上戸 彩×インコ」
雑誌『FRaU』2009年5月号(講談社刊)掲載
M：上戸 彩
P：TAKAKI_KUMADA
H&M：森 麻美 (viso noi)
AD, ST, AW：清川あさみ
2009年

Above
Asami Kiyokawa Catch the Girl neo: Aya Ueto x Parakeet
Featured in "FRaU" magazine's May 2009 edition (Kodansha)

M : Aya Ueto
P : TAKAKI_KUMADA
H&M : Ami Mori (viso noi)
AD, ST, AW : Asami Kiyokawa
2009

下
清川あさみ美女採集neo「黒木メイサ×馬」
雑誌『FRaU』2009年6月号(講談社刊)掲載
M：黒木メイサ
P：Kaz ARAHAMA (D-CORD)
H&M：山口久勝 (ROND.)
AD, ST, AW：清川あさみ
2009年

Below
Asami Kiyokawa Catch the Girl neo: Meisa Kuroki x Horse
Featured in "FRaU" magazine's June 2009 edition (Kodansha)
M : Meisa Kuroki
P : Kaz ARAHAMA (D-CORD)
H&M : Hisakatsu Yamaguchi (ROND.)
AD, ST, AW : Asami Kiyokawa
2009

P083
清川あさみ美女採集neo「吉高由里子×サソリ」
雑誌『FRaU』2009年10月号(講談社刊)掲載
M：吉高由里子
P：TOSHI HIRAKAWA (D-CORD)
H&M：RYO
AD, ST, AW：清川あさみ
2009年

Above
Asami Kiyokawa Catch the Girl neo: Yuriko Yoshitaka x Scorpion
Featured in "FRaU" magazine's October 2009 edition (Kodansha)
M : Yuriko Yoshitaka
P : TOSHI HIRAKAWA (D-CORD)
H&M : RYO
AD, ST, AW : Asami Kiyokawa
2009

下
清川あさみ美女採集neo「宮崎あおい×たぬき」
雑誌『FRaU』2010年1月号(講談社刊)掲載
M：宮崎あおい
P：横浪 修
H&M：小西神士 (KiKi inc.)
AD, ST, AW：清川あさみ
2009年

Below
Asami Kiyokawa Catch the Girl neo: Aoi Miyazaki x Tanuki
Featured in "FRaU" magazine's January 2010 edition (Kodansha)
M : Aoi Miyazaki
P : Osamu Yokonami
H&M : Shinji Konishi (KiKi inc.)
AD, ST, AW : Asami Kiyokawa
2009

P084
上
清川あさみ美女採集neo「真木よう子×シャクナゲ」
雑誌『FRaU』2010年6月号(講談社刊)掲載
M：真木よう子
P：Chenche Kai (CUBE)
Hair：masato (PRIMAL manegement)
Make：ノダ ノリカタ (MILD)
AD, ST, AW：清川あさみ
2010年

Above
Asami Kiyokawa Catch the Girl neo: Yoko Maki x Rhododendron
Featured in "FRaU" magazine's June 2010 edition (Kodansha)
M : Yoko Maki

P : Chenche Kai (CUBE)
Hair : masato (PRIMAL manegement)
Make : Norikata Noda (MILD)
AD, ST, AW : Asami Kiyokawa
2010

下
清川あさみ美女採集neo「杏×キリン」
雑誌『FRaU』2010年7月号(講談社刊)掲載
M：杏
P：藤田一浩
H&M：奥平正芳 (CUBE)
AD, ST, AW：清川あさみ
2010年

Below
Asami Kiyokawa Catch the Girl neo: Anne x Giraffe
Featured in "FRaU" magazine's July 2010 edition (Kodansha)
M : Anne
P : Kazuhiro Fujita
H&M : Masayoshi Okudaira (CUBE)
AD, ST, AW : Asami Kiyokawa
2010

P085 / P090-091
夢桜
M：真矢 聖 (宝塚歌劇団)
P：篠山紀信
AD, ST, AW：清川あさみ
2008年

Yumezakura
M : Sei Matobu (Takarazuka Revue Company)
P : Kishin Shinoyama
AD, ST, AW : Asami Kiyokawa
2008

P086 / P092-093
桔梗月
M：瀬奈じゅん (宝塚歌劇団)
P：篠山紀信
AD, ST, AW：清川あさみ
2008年

Kikyo
M : Jun Sena (Takarazuka Revue Company)
P : Kishin Shinoyama
AD, ST, AW : Asami Kiyokawa
2008

P087 / P094-095
COSMIC ROSE
M：水 夏希 (宝塚歌劇団)
P：篠山紀信
AD, ST, AW：清川あさみ
2008年

COSMIC ROSE
M : Natsuki Mizu (Takarazuka Revue Company)
P : Kishin Shinoyama
AD, ST, AW : Asami Kiyokawa
2008

P088 / P096-097
夕顔
M：安蘭けい (宝塚歌劇団)
P：篠山紀信
AD, ST, AW：清川あさみ
2008年

Yugao
M : Kei Aran (Takarazuka Revue Company)
P : Kishin Shinoyama
AD, ST, AW : Asami Kiyokawa
2008

P089 / P098-099
SUETSUMUHANA
M：大和悠河(宝塚歌劇団)
P：篠山紀信
AD, ST, AW：清川あさみ
2008 年

SUETSUMUHANA
M : Yuga Yamato (Takarazuka Revue Company)
P : Kishin Shinoyama
AD, ST, AW : Asami Kiyokawa
2008

P100-105
AYUMI ITOH × ASAMI KIYOKAWA × YASUTOMO EBISU × AKIHIRO SUGIYAMA
雑誌『AM:ZERO』VOL.03(ディー・ディー・ウェーブ発行)掲載
M：伊藤 歩 / Anore Inc
P：戎 康友
H&M：杉山彰啓 (mod's hair)
AD, ST：清川あさみ
2003 年

AYUMI ITOH × ASAMI KIYOKAWA × YASUTOMO EBISU × AKIHIRO SUGIYAMA
Featured in "AM:ZERO" magazine's VOL.03 edition
(DD WAVE)
M : Ayumi Ito / Anore Inc
P : Yasutomo Ebisu
H&M : Akihiro Sugiyama (mod's hair)
AD, ST : Asami Kiyokawa
2003

P106
城田 優
雑誌『anan』2009年9月2日号(マガジンハウス刊)掲載
M：城田 優
P, AD：清川あさみ
H&M：岩田恵美
ST：福田春美
2009 年

Yu Shirota
Featured in "anan" magazine's 2nd Sptember 2009 edition
(MAGAZINE HOUSE)
M : Yu Shirota
P, AD : Asami Kiyokawa
H&M : Emi Iwata
ST : Harumi Fukuda
2009

P107
早乙女太一
テレビ東京「だれでもピカソ」より
M：早乙女太一
P：朴 玉順 (CUBE)
AD, ST, AW：清川あさみ
2008 年

Taichi Saotome
From the TV Tokyo show "Everyone's a Picasso"
M : Taichi Saotome
P : PAK OK SUN (CUBE)
AD, ST, AW : Asami Kiyokawa
2008

P108-129
TOKYO MIRRORS
雑誌『re-quest/QJ』(セイファート刊) 2009年6月号掲載
M：Kelly A. (BRAVO models)
P：朴 玉順 (CUBE)
H&M：高橋和義
AD, ST, AW：清川あさみ
2009 年

TOKYO MIRRORS
Featured in "re-quest/QJ" magazine's June 2009 edition

(SEYFERT)
M : Kelly A. (BRAVO models)
P : PAK OK SUN (CUBE)
H&M : Kazuyoshi Takahashi
AD, ST, AW : Asami Kiyokawa
2009

Stitch Story 3
文学 Books and Literature

P132-133
金の降る街
絵本『幸せな王子』(リトルモア刊)より
P：今井智己
2006 年

The city with the leaves of the fine gold
From picture book "Shiawase Na Oji (The Happy Prince)"
(Little More)
P : Tomoki Imai
2006

P134
わにのひなたぼっこ
絵本『幸せな王子』(リトルモア刊)より
P：今井智己
2006 年

The crocodile taking a sun-bath
From picture book "Shiawase Na Oji (The Happy Prince)"
(Little More)
P : Tomoki Imai
2006

P135
スケートする子どもたち
絵本『幸せな王子』(リトルモア刊)より
P：今井智己
2006 年

Skating children
From picture book "Shiawase Na Oji (The Happy Prince)"
(Little More)
P : Tomoki Imai
2006

P136-137
雪
絵本『幸せな王子』(リトルモア刊)より
P：今井智己
2006 年

Snow
From picture book "Shiawase Na Oji (The Happy Prince)"
(Little More)
P : Tomoki Imai
2006

P138
マッチ売りの少女
絵本『幸せな王子』(リトルモア刊)より
P：今井智己
2006 年

A Little Match-girl
From picture book "Shiawase Na Oji (The Happy Prince)"
(Little More)
P : Tomoki Imai
2006

P139
ピチョン
絵本『幸せな王子』(リトルモア刊)より
P：今井智己
2006 年

A drop
From picture book "Shiawase Na Oji (The Happy Prince)"
(Little More)
P : Tomoki Imai
2006

P140
蓮と仲間たち
絵本『幸せな王子』(リトルモア刊)より
P：今井智己
2006 年

The Lotus-flowers and the the swallows
From picture book "Shiawase Na Oji (The Happy Prince)"
(Little More)
P : Tomoki Imai
2006

P141
キス
絵本『幸せな王子』(リトルモア刊)より
P：今井智己
2006 年

Kiss
From picture book "Shiawase Na Oji (The Happy Prince)"
(Little More)
P : Tomoki Imai
2006

P142-143
天使がみつけたもの
絵本『幸せな王子』(リトルモア刊)より
P：今井智己
2006 年

Things the angel found
From picture book "Shiawase Na Oji (The Happy Prince)"
(Little More)
P : Tomoki Imai
2006

P144
お姫さまの宝物
絵本『人魚姫』(リトルモア刊)より
P：鈴木理策
2007 年

The Treasures of the Princess
From picture book "Ningyo Hime (The Little Mermaid)"
(Little More)
P : Risaku Suzuki
2007

P145
白鳥の群れ
絵本『人魚姫』(リトルモア刊)より
P：鈴木理策
2007 年

A Flock of Wild Swans
From picture book "Ningyo Hime (The Little Mermaid)"
(Little More)
P : Risaku Suzuki
2007

P146-147
絶望
絵本『人魚姫』(リトルモア刊)より

P：鈴木理策
2007年

Despair
From picture book "Ningyo Hime (The Little Mermaid)" (Little More)
P : Risaku Suzuki
2007

P148
馬頭観心柱
絵本『銀河鉄道の夜』（リトルモア刊）より
2009年

The Weather Post
From picture book "Ginga Tetsudo no Yoru (Night on the Galactic Railroad)" (Little More)
2009

P149
銀河の岸
絵本『銀河鉄道の夜』（リトルモア刊）より
2009年

Galactic Shore
From picture book "Ginga Tetsudo no Yoru (Night on the Galactic Railroad)" (Little More)
2009

P150-151
舞い降りる鳥達
絵本『銀河鉄道の夜』（リトルモア刊）より
2009年

Birds Descending
From picture book "Ginga Tetsudo no Yoru (Night on the Galactic Railroad)" (Little More)
2009

P152-153
燐光の川の岸
絵本『銀河鉄道の夜』（リトルモア刊）より
2009年

The Shore of the Phosphorescent River
From picture book "Ginga Tetsudo no Yoru (Night on the Galactic Railroad)" (Little More)
2009

P154-155
天の川のサカナ
絵本『銀河鉄道の夜』（リトルモア刊）より
2009年

Fish in the Milky Way
From picture book "Ginga Tetsudo no Yoru (Night on the Galactic Railroad)" (Little More)
2009

P156
雑誌『すばる』2009年5月号（集英社）より
2009年

From literary magazine "Subaru" May 2009 edition (Shueisha)
2009

P157
左
雑誌『すばる』2010年1月号（集英社）より
2009年

Left
From literary magazine "Subaru" January 2010 edition (Shueisha)
2009

右
雑誌『すばる』2010年9月号（集英社）より
2010年

Right
From literary magazine "Subaru" September 2010 edition (Shueisha)
2010

P158-159
作品集『futo−Kiyokawa Asami × Takimoto Mikiya × Morimoto Chie』（マドラ出版刊）
著者：清川あさみ
P：瀧本幹也
AD：森本千絵
2002年

Collection book "futo–Kiyokawa Asami × Takimoto Mikiya × Morimoto Chie" (Madra Publishing)
Author : Asami Kiyokawa
P : Mikiya Takimoto
AD : Chie Morimoto
2002

P160
上左
書籍『刺繍天国』（文藝春秋刊）装画
著者：村井雪子
装幀：大久保明子
2006年

Upper left
Illustration for the book "Shishu Tengoku" (Bungeishunshu)
Author : Yukiko Murai
Book design : Akiko Okubo
2006

上右
書籍『12星座の恋物語』（新潮社刊）装画
著者：角田光代、鏡リュウジ
2006年

Upper right
Illustration for the book "12 Seiza no Koi Monogatari" (Shinchosha)
Author : Mitsuyo Kakuta, Ryuji Kagami
2006

下
書籍『やがて目覚めない朝が来る』（ポプラ社刊）装画
著者：大島真寿美
2007年

Below
Illustration for the book "Yagate Mezamenai Asa ga Kuru" (Poplar Publishing)
Author : Masumi Oshima
2007

P161
上左
書籍『愛に似たもの』（集英社刊）装画
著者名：唯川恵
2007年

Upper left
Illustration for the book "Ai ni Nita Mono" (Shueisha)
Author : Kei Yuikawa
2007

上右
書籍『そんなはずない』（角川書店刊）装画
著者：朝倉かすみ
装幀：鈴木成一デザイン室
2007年

Upper right
Illustration for the book "Sonna Hazu Nai" (Kadokawa Shoten)
Author : Kasumi Asakura
Book design : Suzuki Seiichi Design Office
2007

下
書籍『アップリケ』（ヨシモトブックス）装画
著者：野沢直子
発売：ワニブックス
2010年

Below
Illustration for the book " Appliqué" (Yoshimoto Books)
Author : Naoko Nozawa
Publisher : WANI BOOKS
2010

P162
醜
書籍『com-po-ji』（祥伝社刊）より
著者：清川あさみ、武田双雲
2010年

MINIKUI
From book "com-po-ji" (Sodensha)
Author : Asami Kiyokawa, Souun Takeda
2010

嫌
書籍『com-po-ji』（祥伝社刊）より
著者：清川あさみ、武田双雲
2010年

IYA
From book "com-po-ji" (Sodensha)
Author : Asami Kiyokawa, Souun Takeda
2010

太
書籍『com-po-ji』（祥伝社刊）より
著者：清川あさみ、武田双雲
2010年

FUTOI
From book "com-po-ji" (Sodensha)
Author : Asami Kiyokawa, Souun Takeda
2010

Stitch Story 4
ファッション　Fashion

P166-167
Asami Kiyokawa presents,
ETRO × SWITCH Show Window Collaboration
（エトロ銀座本店／東京）
P：石井康幸（M0）
2009年

Asami Kiyokawa presents,
ETRO × SWITCH Show Window Collaboration
(ETRO flagship store in Ginza, Tokyo)
P : Yasuyuki Ishii (M0)
2009

P168
Asami Kiyokawa presents,
ETRO × SWITCH Show Window Collaboration
雑誌『Switch』2009年10月号（スイッチ・パブリッシング）掲載
AW：清川あさみ
2009年

225

Asami Kiyokawa presents,
ETRO × SWITCH Show Window Collaboration
Futured in "Switch" magazine's October 2009 edition
(SWITCH PUBLISHING)
AW : Asasmi Kiyokawa
2009

P169
Asami Kiyokawa presents,
ETRO × SWITCH Show Window Collaboration
（エトロ銀座本店／東京）
2009 年

Asami Kiyokawa presents,
ETRO × SWITCH Show Window Collaboration
(ETRO flagship store in Ginza, Tokyo)
2009

P170-171
松屋銀座 2009 CHRISTMAS STARS
made with CRYSTALLIZED™ - Swarovski Elements
（松屋銀座／東京）

Matsuya Ginza 2009 CHRISTMAS STARS
made with CRYSTALLIZED™ - Swarovski Elements
(Matsuya Ginza, Tokyo)

P172
木村カエラ × 清川あさみ
雑誌『Zipper』2005 年 9 月号（祥伝社刊）掲載
M：木村カエラ
P：中川真人 (3rd)
H&M：橋本孝裕 (SHIMA)
AD, ST, AW：清川あさみ
2005 年

Kaela Kimura × Asami Kiyokawa
Featured in "Zipper" magazine's September 2005 edition
(Shodensha)
M : Kaela Kimura
P : MAKOTO NAKAGAWA (3rd)
H&M : Takahiro Hashimoto(SHIMA)
AD, ST, AW : Asami Kiyokawa
2005

P173
フォーレット原宿 グランバザール広告
M：RIYO
P：端 裕人
Hair：YAS
Make：Yuki
AD, ST：清川あさみ
2005 年

Advertisement for FORET Harajuku Grand Bazaar
M : RIYO
P : Hiroto Hata
Hair : YAS
Make : Yuki
AD, ST : Asami Kiyokawa
2005

P174-175
ファッションビル cocoti 渋谷 広告・シンボルマーク
M：伽奈 (étrenne)
P：瀧本幹也
Hair：YAS
Make：Aki
AD, ST, AW：清川あさみ
2006 年

Advertisement and logo for cocoti shibuya fashion building
M : Kana (étrenne)
P : Mikiya Takimoto
Hair : YAS
Make : Aki

AD, ST, D : Asami Kiyokawa
2006

P176-177
「PARCO SWIM DRESS」2009 広告
M：佐々木 希
P：朴 玉順 (CUBE)
H&M：橋本孝裕 (SHIMA)
AD, ST, AW：清川あさみ
D：nanilani
2009 年

Advertisement "PARCO SWIM DRESS" 2009
M : Nozomi Sasaki
P : PAK OK SUN (CUBE)
H&M : Takahiro Hashimoto (SHIMA)
AD, ST, AW : Asami Kiyokawa
D : nanilani
2009

P178-179
「PARCO SWIM DRESS」2010 広告
M：桐谷美玲
P：TAKAKI_KUMADA
H&M：赤間直幸
AD, ST, AW：清川あさみ
D：nanilani
2010 年

Advertisement "PARCO SWIM DRESS" 2010
M : Mirei Kiritani
P : TAKAKI_KUMADA
H&M : Naoyuki Akama
AD, ST, AW : Asami Kiyokawa
D : nanilani
2010

P180
花魁（赤）
M：麻生久美子
P：蜷川実花
素材：布、モデリングペースト
サイズ：H300cm × W150cm
2004 年

OIRAN (red)
M : Kumiko Aso
P : mika ninagawa
Material : cloth, modeling paste
Size : H300cm × W150cm
2004

P181
花魁（青）
M：麻生久美子
P：蜷川実花
素材：布、モデリングペースト
サイズ：H300cm × W150cm
2004 年

OIRAN (blue)
M : Kumiko Aso
P : mika ninagawa
Material : cloth, modeling paste
Size : H300cm × W150cm
2004

P182 / P183 下右
書籍『PRISM』(幻冬舎刊) より
M：佐々木 希
P：アミタ マリ
H&M：津田雅世 & 小田代 裕 (mod's hair)
AD, ST, AW：清川あさみ
2010 年

P182 / P183 Lower right
From the book "PRISM" (Gentosha)
M : Nozomi Sasaki
P : mari amita
H&M : Masayo Tsuda & Yutaka Kodashiro (mod's hair)
AD, ST, AW : Asami Kiyokawa
2010

P183 上・下左
書籍『PRISM』(幻冬舎刊) より
M：佐々木 希
P：横浪 修
H&M：橘 房図
AD, ST, AW：清川あさみ
2010 年

P183 Above, Lower left
From the book "PRISM" (Gentosha)
M : Nozomi Sasaki
P : Osamu Yokonami
H&M : Fusae Tachibana
AD, ST, AW : Asami Kiyokawa
2010

Stitch Story 5
コミュニケーション　Communication

P186
木村カエラ「リルラリルハ」CD
P：MOTOKO (mili)
AW：清川あさみ
レーベル：コロムビアミュージックエンタテインメント
2005 年

Kimura Kaela "Real Life Real Heart" CD
P : MOTOKO (mili)
AW : Asami Kiyokawa
Label : Columbia Music Entertainment
2005

P187
JUJU「奇跡を望むなら…」CD
P：朴 玉順 (CUBE)
AD, AW：清川あさみ
D：藤田二郎 (FJD)
レーベル：ソニー・ミュージックアソシエイテッドレコーズ
2006 年

JUJU "Kiseki wo Nozomu Nara..." CD
P : PAK OK SUN (CUBE)
AD, AW : Asami Kiyokawa
D : Jiro Fujita (FJD)
Label : Sony Music Associated Records
2006

P188
コトリンゴ「にちよ待ち」CD
P：野村佐紀子
AW：清川あさみ
D：はらだゆきこ
レーベル：commmons
2007 年

Kotringo "Nichi Yo Machi" CD
P : Sakiko Nomura
AW : Asami Kiyokawa
D : Yukiko Harada
Label : commmons
2007

P189
佐々木 希「噛むとフニャン feat.Astro」CD

P : 朴 玉順 (CUBE)
AD, ST, AW : 清川あさみ
D : 藤田二郎 (FJD)
レーベル : SMEレコーズ
2010年

Nozomi Sasaki "Kamu To Funyan feat.Astro" CD
P : PAK OK SUN (CUBE)
AD, ST, AW : Asami Kiyokawa
D : Jiro Fujita (FJD)
Label : SME Records
2010

P190
つじあやの「はじまりの時」CD
P : 朴 玉順 (CUBE)
H&M : 橘 房図
AD, AW : 清川あさみ
ST : 相澤 樹
D : 藤田二郎 (FJD)
レーベル : SPEEDSTAR RECORDS (ビクター)
2006年

Ayano Tsuji "Hajimari no Toki" CD
P : PAK OK SUN (CUBE)
H&M : Fusae Tachibana
AD, AW : Asami Kiyokawa
ST : Miki Aizawa
D : Jiro Fujita (FJD)
Label : SPEEDSTAR RECORDS (Victor Entertainment)
2006

P191
森山直太朗「二〇〇七 姫路城」DVD
AD, AW : 清川あさみ
D : 藤田二郎 (FJD)
レーベル : ユニバーサルミュージック NAYUTAWAVE
2008年

Naotaro Moriyama "2007 Himejijo" DVD
AD, AW : Asami Kiyokawa
D : Jiro Fujita (FJD)
Label : UNIVERSAL MUSIC, NAYUTAWAVE
2008

P192
一青窈「水蝶花」DVD
AD, AW : 清川あさみ
D : 藤田二郎 (FJD)
レーベル : フォーライフミュージックエンタテインメント
2010年

Yo Hitoto "Suichoka" DVD
AD, AW : Asami Kiyokawa
D : Jiro Fujita (FJD)
Label : FOR LIFE MUSIC ENTERTAINMENT
2010

P193
「パラダイス キス」DVD
©矢沢漫画制作所 / 祥伝社・パラキス製作委員会
AD, ST, AW : 清川あさみ
2005年

"Paradise kiss" DVD
©矢沢漫画制作所 / 祥伝社・パラキス製作委員会
AD, ST, AW : Asami Kiyokawa
2005

P194
元ちとせ「Orient」CD
©2010 Epic Records Japan Inc.
AD, AW : 清川あさみ
D : 藤田二郎 (FJD)
レーベル : EPICレコードジャパン
2010年

Chitose Hajime "Orient" CD
©2010 Epic Records Japan Inc.
AD, AW : Asami Kiyokawa
D : Jiro Fujita (FJD)
Label : Epic Records Japan Inc.
2010

P195
元ちとせ「Occident」CD
©2010 Epic Records Japan Inc.
AD, AW : 清川あさみ
D : 藤田二郎 (FJD)
レーベル : EPICレコードジャパン
2010年

Chitose Hajime "Occident" CD
©2010 Epic Records Japan Inc.
AD, AW : Asami Kiyokawa
D : Jiro Fujita (FJD)
Label : Epic Records Japan Inc.
2010

P196-197
キリンMCダノン ウォーターズ株式会社「アルカリイオンの水」
CM
AD, CD, CMプランナー : 佐野之美
AW : 清川あさみ
制作 : 株式会社ADK
2007年

Commercial for Kirin MC Danone Waters Co., Ltd.'s Alkaline
Ion Water
AD, CD, CM Planner : Yukimi Sano
AW : Asami Kiyokawa
Produced by Asatsu-DK Inc.
2007

P198-199
サンリオ・クリスマスキャンペーン「Jewelry Heart Christmas」
広告・CM
©1976, 2005 SANRIO CO.,LTD.
AD, AW, D : 清川あさみ
2005年

Advertisement and Commercial for Sanrio's Christmas
campaign "Jewelry Heart Christmas"
©1976, 2005 SANRIO CO.,LTD.
AD, AW, D : Asami Kiyokawa
2005

P200
ラパン・レース篇 CM
AD, AW : 清川あさみ
CD : 石井康裕
CMディレクター : 伊藤由美子
広告主 : スズキ株式会社
代理店 : 株式会社博報堂
プロダクション : 株式会社二番工房
2006年

Commercial for Suzuki Lapin: Race
AD, AW : Asami Kiyokawa
CD : Yasuhiro Ishii
CM director : Yumiko Ito
Advertiser : Suzuki Motor Corporation
Agent : Hakuhodo Inc.
Production : Niban Kobo Inc.
2006

P201
三井住友VISAカード「2007カレンダー」
AD, AW : 清川あさみ
CD : 石井康裕
2006年

Mitsui Sumitomo Visa Card "2007 Calendar"
AD, AW : Asami Kiyokawa
CD : Yasuhiro Ishii
2006

P202-203
Modern Lights
2003年

Modern Lights
2003

P204-205
Modern Lights
AD, AW : 清川あさみ
M : ナガシマトモコ、藤本一馬 (orange pekoe)
2003年

Modern Lights
AD, AW : Asami Kiyokawa
M : Tomoko Nagashima, Kazuma Fujimoto (orange pekoe)
2003

P206
Child's Dream
2005年

Child's Dream
2005

P207
M : 今宿麻美
2003

M : Asami Imajuku
2003

P208
左
サボテンの花
サイズ : H109cm × W76cm
素材 : 布、刺繍糸
2002年

Left
SABOTEN NO HANA
Size : H109cm × W76cm
Material : cloth, thread
2002

右
FACE
サイズ : H113cm × W89cm
素材 : 布、接着芯
2001年

Right
FACE
Size : H113cm × W89cm
Material : cloth, foundation
2001

P209
作品集『caico』(求龍堂刊) より
P : 荒木経惟
AW : 清川あさみ
2008年

From collection book "caico" (Kyuryudo)
P : Nobuyoshi Araki
AW : Asami Kiyokawa
2008

謝辞
本書をまとめるにあたり、ご協力頂いた沢山の関係者の皆様、誠にありがとうございました。
心より感謝致します。

清川あさみ作品集
ASAMI KIYOKAWA 5 STITCH STORIES

2012年9月9日	初版第1刷発行
2014年5月24日	第2刷発行

著者	清川あさみ
アートディレクション	山本知香子
デザイン	本間理恵子（山本デザイン）
写真	藤本邦治
翻訳	アールアイシー出版
編集	荒川佳織

発行人	三芳寛要
発行元	株式会社 パイ インターナショナル
	〒170-0005　東京都豊島区南大塚2-32-4
	TEL 03-3944-3981　FAX 03-5395-4830　sales@pie.co.jp

編集・制作	PIE BOOKS
印刷・製本	図書印刷株式会社

©2012 Asami Kiyokawa / PIE International
ISBN978-4-7562-4322-5　C0072
Printed in Japan

本書の収録内容の無断転載・複写・複製等を禁じます。
ご注文、乱丁・落丁本の交換等に関するお問い合わせは、小社までご連絡ください。